船舶焊接综合实训

主　编　李　伟

副主编　徐海青　史晨明　陈　炯

参　编　吴振勇　孙淑侠　孙俊峰

北京理工大学出版社
BEIJING INSTITUTE OF TECHNOLOGY PRESS

内 容 简 介

本书主要讲授船舶结构的焊接生产实训内容，共分为5个项目，内容包括气割与气焊实训、焊条电弧焊实训、CO_2气体保护焊实训、氩弧焊实训、埋弧自动焊实训，共19个实训任务。全书在内容、结构上都做了新的尝试，采用项目引导的方式将需要掌握的知识点、技能点融入各学习模块，突出训练学生对于各类焊接工艺的焊接实施、焊缝检验等的操作能力。

本书内容完全满足船舶焊接工艺、焊接实训等课程的教学大纲要求，可作为船舶工程技术、船舶智能焊接技术等专业的教材，也可供从事焊接工作的科研、工程技术人员参考。

图书在版编目（CIP）数据

船舶焊接综合实训 / 李伟主编 .-- 北京：北京理工大学出版社，2023.5
ISBN 978-7-5763-1971-2

Ⅰ. ①船…　Ⅱ. ①李…　Ⅲ. ①造船－焊接工艺　Ⅳ. ① U671.83

中国版本图书馆 CIP 数据核字（2022）第 258680 号

出版发行 / 北京理工大学出版社有限责任公司
社　　址 / 北京市海淀区中关村南大街5号
邮　　编 / 100081
电　　话 / （010）68914775（总编室）
（010）82562903（教材售后服务热线）
（010）68944723（其他图书服务热线）
网　　址 / http：//www.bitpress.com.cn
经　　销 / 全国各地新华书店
印　　刷 / 河北鑫彩博图印刷有限公司
开　　本 / 787毫米 ×1092毫米　1/16
印　　张 / 13.5
字　　数 / 302千字
版　　次 / 2023年5月第1版　2023年5月第1次印刷
定　　价 / 65.00元

责任编辑 / 封　雪
文案编辑 / 毛慧佳
责任校对 / 刘亚男
责任印制 / 王美丽

图书出现印装质量问题，请拨打售后服务热线，本社负责调换

前言

按照《国家职业教育改革实施方案》部署，本书是国家级示范性高等职业院校“十二五”重点建设规划教材的修订版，主要依据教育部于2019年公布的《高等职业学校焊接技术与自动化专业教学标准》编写，同时参考了2020年“1+X”特殊焊接技术职业技能等级标准和《焊工国家职业技能标准（2018年版）》。

本书在教学项目中融入职业资格标准的具体内容，结合实际任务开展案例项目式分析，以项目、实训任务为依托的编写方式，由浅入深、循序渐进地编排教学内容。本书的侧重点在于基本动手能力的培养和焊接操作技术的训练，依据实际项目的考核要求进行技能操作训练，让学生按照操作的规范进行实训，有助于提升教学效果。

本书开发工作的重点主要有以下几个方面：

第一，以行业企业调查为引导，强调实践和理论并重。依据企业的实际需要编写，本书的教学任务来源于企业的岗位需求，具体内容也尽可能体现生产实际过程，在较大程度上为学生营造了真实的工作情景，有助于提高学生的实际工作能力。

第二，以国家职业标准为依据，以焊接工作流程的实施为主线，以相关专业知识为支撑，以任务引入为切入点，增强岗位针对性，提高学生学习兴趣，增强学习效果。

第三，体现职业教育改革，适应工作式实训要求。本书在适应船舶行业教学实际条件的基础上，采用项目化教学的方式设计实训过程，在实训中强化技能训练，强化安全意识，使学生养成遵守安全规程的职业素养，力求将认知基本概念和原理、选择工艺参数、培养具体操作技能等环节融合成一个有机整体。

本书由九江职业技术学院李伟担任主编，由九江职业技术学院徐海青、大连航运职业技术学院史晨明、九江职业技术学院陈炯担任副主编。另外，九江职业技术学院吴振勇、武汉船舶技术学院孙淑侠、中船九江海洋装备（集团）有限公司孙俊峰也参与了本书的编写。其中，徐海青编写项目1，李伟编写项目2，陈炯编写项目3，史晨明编写项目4中的实训任务4.1～4.3，孙淑侠编写项目4中的实训任务4.4，吴振勇编写项目5中的实训任务5.1和5.2，孙俊峰编写项目5中的实训任务5.3。

由于编者水平有限，书中难免存在不足之处，敬请读者批评指正。

编　者

目 录 / Contents

01

项目 1　气割与气焊实训　1

实训任务 1.1　手工气割　1

实训任务 1.2　平板对接气焊　12

实训任务 1.3　T 形材火焰矫正　23

实训任务 1.4　铜管对接火焰钎焊　32

02

项目 2　焊条电弧焊实训　44

实训任务 2.1　平敷堆焊　44

实训任务 2.2　板对接平焊　55

实训任务 2.3　板对接立焊　68

实训任务 2.4　管对接横焊　79

实训任务 2.5　板对接仰焊　88

03

项目 3　CO_2 气体保护焊实训　97

实训任务 3.1　平板件 V 形坡口对接焊　97

实训任务 3.2　插入式管板平角焊　112

实训任务 3.3　钢管 CO_2 环对接焊　125

04 项目 4　氩弧焊实训 140

实训任务 4.1　薄铝板角接平焊 140

实训任务 4.2　水平转动管对接氩弧焊 149

实训任务 4.3　薄壁容器钨极氩弧焊 156

实训任务 4.4　小直径铜管垂直固定焊 162

05 项目 5　埋弧自动焊实训 172

实训任务 5.1　埋弧自动平对接焊 172

实训任务 5.2　T 形构件平角埋弧焊 181

实训任务 5.3　对接环缝双面焊 193

参考文献 210

01 项目1 气割与气焊实训

实训任务 1.1 手工气割

实训目标

1. 学习气割的基本原理；
2. 学习气割的基本操作技术；
3. 熟悉气割设备、辅助工具及其使用方法；
4. 熟知割炬和割嘴型号的选择方法，以及气割参数的调整方法；
5. 掌握中厚板直线、圆及曲线气割的操作技能；
6. 具备严谨、认真的工作作风与爱岗敬业的工作态度；
7. 具备安全意识与精益求精的工匠精神。

1.1.1 任务导入

本任务是用 G01-100 型割炬设备在钢板上进行火焰气割操作训练。将一块 Q235 型钢板表面清理干净，放置于气割平台上，完成如图 1-1-1 所示形状的气割操作。通过点火、气割和熄火的训练，学生可以掌握火焰气割的基本操作技能，熟悉手工气割设备的使用与调试方法。

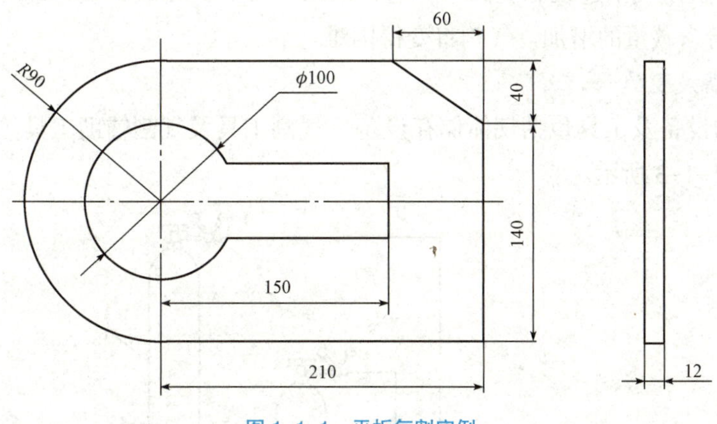

图 1-1-1 平板气割实例

任务分析

厚度在 20 mm 以下的钢板气割一般难度不大，可选用 G01-100 型割炬设备，割嘴至割件表面的距离为焰心的长度加上 2 ～ 4 mm，气割氧流长度超过工件板厚的 1/3，气割的钢板越厚，后倾角应越小，割嘴向后倾斜 15° ～30° 。

1.1.2 相关知识

1. 气割原理

气割是指利用气体火焰的热能，将工件气割处预热到一定温度后（燃点），喷出高速气割氧流，使其燃烧并放出热量，并利用气割氧气的高压吹走燃烧产物（图 1-1-2）的一种加工方法。

（1）氧气气割的三个过程。

1）预热，即用预热火焰将气割处的金属加热到燃点。

2）燃烧，即向被气割处的金属喷射气割氧气，使其燃烧。

3）吹渣，即金属燃烧生成氧化物熔渣并产生反应热，用高压氧气吹走熔渣。

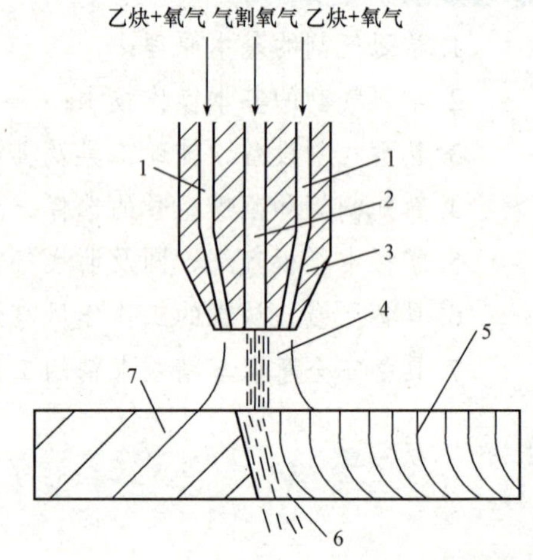

图 1-1-2 气割原理

1—混合气体通道；2—气割氧气通道；3—割嘴；4—预热火焰；5—气割纹道；6—氧化铁熔渣；7—割件

（2）氧气气割的条件。

1）金属在氧气中的燃点低于它的熔点。

2）金属气割时形成氧化物的熔点低于金属本身的熔点。

3）金属在气割氧射流中的燃烧是放热反应。

4）金属的导热性不应太高。

5）金属中阻碍气割过程和提高钢淬透性的杂质要少，如碳、锰、硅等元素的含量应较低，因为随着含碳量的增加，气割将变得困难。

2. 气割设备及工具

气割所用的设备及工具包括气体储存设备、气割工具及气割辅助工具等。气割设备及工具连接如图 1-1-3 所示。

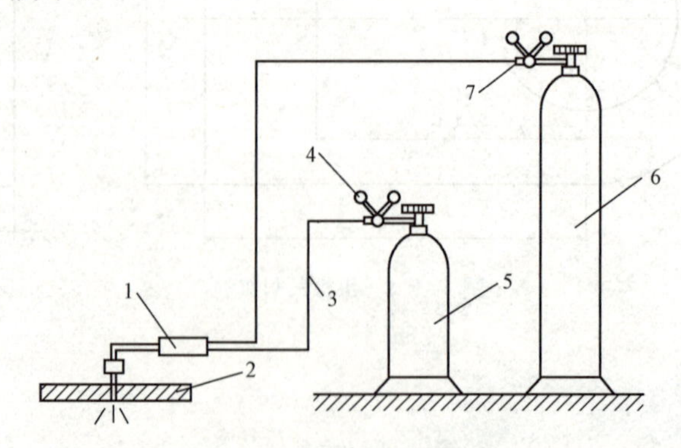

图 1-1-3 气割设备及工具连接

1—割炬；2—工件；3—胶管；4—燃气减压器；5—燃气瓶；6—氧气瓶；7—氧气减压器

（1）割炬。割炬的作用是将可燃气体与氧气以一定的比例和方式混合后，形成具有一定热量和形状的预热火焰，并在预热火焰的中心喷射气割氧气进行金属的气割。

按可燃气体与氧气混合方式的不同，割炬分为射吸式割炬和等压式割炬，目前常用的是射吸式割炬，如图 1-1-4 所示。

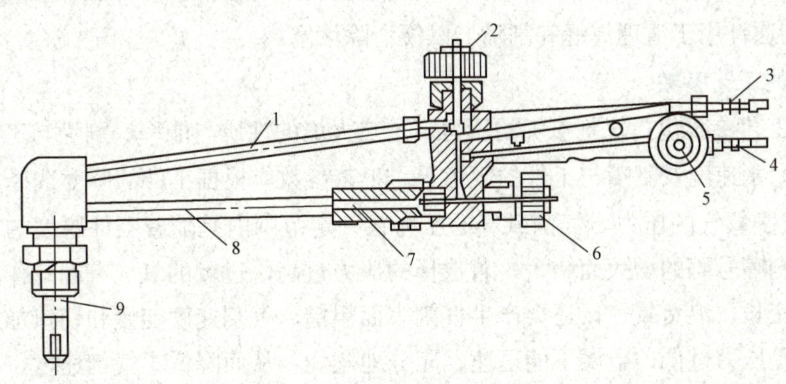

图 1-1-4　射吸式割炬

1—气割氧气管；2—气割氧气阀；3—氧气管；4—乙炔管；5—乙炔调节器；6—氧气调节器；7—射吸管；8—混合气管；9—割嘴

每种型号的割炬都配有 3 ～ 4 个不同孔径的割嘴。割嘴按结构分为环形（组合式）和梅花形（整体式）两种，如图 1-1-5 所示。

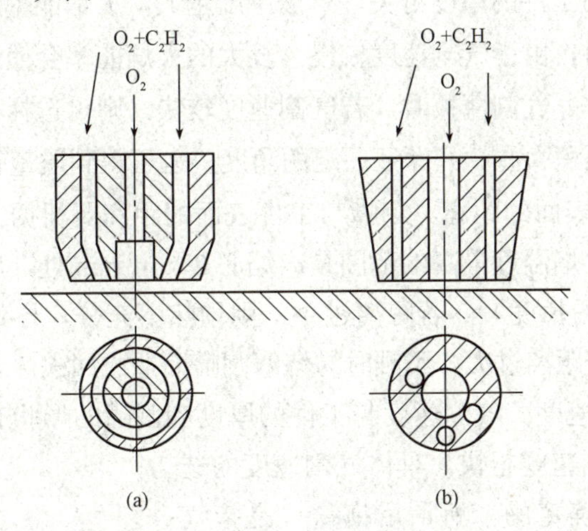

图 1-1-5　割嘴的形状

（a）环形；（b）梅花形

（2）气割辅助工具。

1）橡胶管。氧气管为蓝色，乙炔管为红色。氧气管允许的工作压力为 1.5 MPa，乙炔管允许的工作压力为 0.3 MPa，两者的强度不同，严禁交换使用。橡胶管的长度不得小于 5 m，以 10 ～ 15 m 为宜。通常，氧气管的内径为 8 mm，乙炔管的内径为 10 mm。

2）护目镜。护目镜主要用于保护眼睛不受亮光的刺激和防止金属粒溅伤人。镜片的颜色和深浅用色号区分，一般宜用 3 ～ 7 号的黄绿色镜片。

3）点火枪。使用点火枪点火最为安全和方便。当使用打火机和火柴时，必须将火种从割嘴（或焊嘴）的后面送入，以免被烧伤。

（3）其他工具。

1）清理切口的工具有钢丝刷、锤子、锉刀。

2）连接和启闭气体通路的工具有钢丝钳、金属丝、皮管夹头、扳手等。

3）钢制通针用于清理焊缝和割嘴，以便清除堵塞。

3. 气割的工艺参数

气割的工艺参数包括气割氧气的压力、预热火焰的性质与能率、割嘴与工件表面的距离、气（切）割速度及割嘴与工件的倾角等。工艺参数应根据工件的厚度选择。

（1）气割氧气的压力。气割氧气的压力在一定范围内是随着工件厚度的增加而增加的，或随着割嘴号码的增大而增大。若选择的压力过高，过剩的氧气有冷却作用，使工件的预热时间变长，浪费氧气，还会产生气割表面粗糙、气割速度变慢和切口加大的不良后果。如果选择压力过低，金属不能迅速、充分地燃烧，从而降低了气割速度，并会在气割背面产生很难清理干净的挂渣，严重时会出现割不透的现象。

（2）预热火焰的性质与能率。氧乙炔焰气割时的预热火焰采用中性焰或轻微氧化焰，要随时注意火焰性质的调节。碳化焰会给切口处增碳，使气割的效果变差，所以不能采用。

预热火焰的能率与工件的厚度有关。一般厚度越大，火焰能率越大；反之，火焰能率应越小。气割厚钢板时，由于气割速度较慢，较大的火焰能率会使切口的上缘熔化，这时可采用较小的火焰能率。气割薄板时，若气割速度较快，则可选择稍大些的火焰能率，只要使割嘴与工件的距离稍大些，并保证一定的角度，也可得到质量较好的切口。

（3）割嘴与工件表面的距离。割嘴与工件表面的距离要根据预热火焰的长度和工件的厚度确定。中心焰火焰温度最高的范围是离焰心 2 ～ 4 mm 处，所以割嘴与工件的距离 $h=L+2$ mm（L 是焰心的长度）。若距离过小，则预热不充分，导致气割氧气的流动能力下降，使排渣困难；若距离过大，飞溅时易堵塞割嘴而造成回火。

（4）气（切）割速度。气割速度与工件的厚度和割嘴的形状有关。工件越厚，气割速度越慢；反之，气割速度越快。具体气割速度的选择是根据气割后拖量确定的。所谓后拖量，是指气割面上气割气流轨迹的始点与终点在水平方向上的距离，如图 1–1–6 所示。气割的后拖量是不可避免的，但应以切口产生的后拖量较小为原则来选择气割速度。当后拖量为割板厚度的 1/10 时，为正常气割速度。环形割嘴比梅花形割嘴的气割速度快。

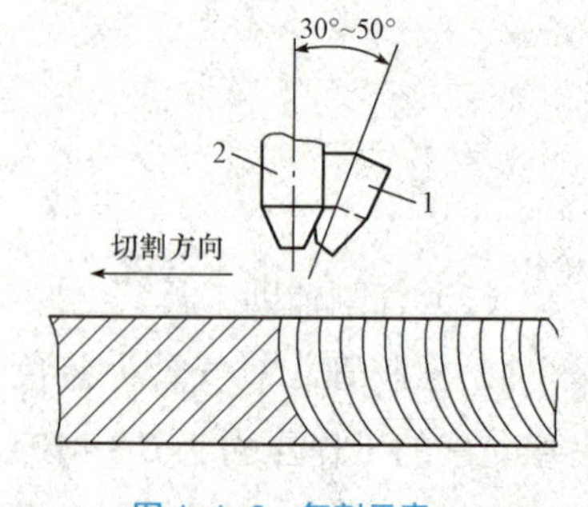

图 1–1–6　气割示意

1—厚度小于 10 mm；2—厚度大于 10 mm

（5）割嘴与工件的倾角。割嘴与工件的倾角可根据工件的厚度来确定，它直接影响气割速度和后拖量。当割嘴沿气割相反方向倾斜一定角度时，能使氧化燃烧产生的熔渣吹向气割线的前缘。直线气割时，应充分利用燃烧反应产生的热量来减小后拖量，从而提高气割速度。气割倾角大小随割件厚度变化的情况见表 1-1-1。

1）当工件厚度为 4 ～ 20 mm 时，割嘴可沿气割相反方向倾斜 5° ～ 10°。

2）当工件厚度为 20 ～ 30 mm 时，割嘴应垂直于工件。

3）当工件厚度为 30 mm 以上时，开始气割时应将割嘴沿气割方向倾斜 5° ～ 10°；割穿后，割嘴应垂直于工件；快割完时，割嘴逐渐沿气割的相反方向倾斜 5° ～ 10°，熔渣被气割气流吹走。在吹渣的同时，火焰仍在进行着预热、燃烧的过程，直至将金属逐渐割穿，形成分离。

表 1-1-1　气割倾角大小随割件厚度变化的情况

割件厚度 /mm	4 ～ 20	20 ～ 30	>30		
			起割	割穿后	停割
倾角方向	后倾	垂直	前倾	垂直	后倾
倾角度数 /（°）	25 ～ 45	0	5 ～ 10	0	5 ～ 10

1.1.3　任务实施

1. 安全文明生产

（1）穿戴好规定的劳保用品进行操作。

（2）根据工件的厚度和受力等情况，选用适当大小的焊条并调整适当大小的电流。

（3）清理工件表面焊接处的腐蚀层，保证焊接质量。

（4）工作时，必须穿戴好绝缘服和防护面具，严禁穿戴化纤服装，防止熔渣飞溅灼伤。

（5）雨天要避免露天作业，当无法避免时，要搭防雨棚，穿戴绝缘用具，再行施工。

（6）敲打熔渣时，不可用力过猛，以免熔渣飞溅，损伤眼睛。

（7）在停止工作或暂时离开工作岗位时，必须切断电源。

（8）作业点火时，应先开乙炔阀，熄火时顺序相反。开、关动作不可过猛，点火时发出响声，是回火的象征，应立即熄火，关闭阀门。不准割枪、焊接器带火放下。

（9）根据工件厚度，调整适当火力并选用适当的割、焊炬。

（10）割、焊工件时，应先除去铁锈层，防止在割、焊操作中铁锈飞溅，造成灼伤。

（11）工作人员要暂时离开工作岗位时，必须熄火，不允许割、焊炬带火放下。

（12）工作完成后，切断电源，整理好电焊钳线，熄火，关闭气阀门，拆除管带，整理并收好工具和工件。

（13）检查工作场地周围有无火灾隐患，如有，应及时清除火源后方可离开，防止发生火灾。

2. 气割任务准备

（1）材料准备。

1）板料 1 块，材料为 Q235 钢，体积为 500 mm×200 mm×12 mm；

2）将工件表面的氧化皮、铁锈、油污等脏物用钢丝刷、砂布或砂纸清理干净。

（2）气割用具。

1）设备和工具。乙炔瓶、氧气瓶、减压器、射吸式割炬。

2）辅助器具。护目镜、点火枪、通针、钢丝刷、300 mm 钢直尺、石笔、划规、样冲、小锤、橡胶软管等。

3）劳动保护用品。气焊眼镜、工作服、手套、胶鞋等。

（3）工作场地、设备及工具检查。气割前要认真检查工作场地是否符合安全生产和气割工艺的要求，检查整个气割系统的设备和工具是否正常，检查乙炔瓶、回火防止器工作状态是否正常。使用射吸式割炬时，应将乙炔胶管拔下，检查割炬是否有射吸力，若无射吸力，不得使用。将气割设备连接好后，开启乙炔瓶瓶阀和氧气瓶瓶阀，调节减压器，将乙炔和氧气压力调至需要的压力。

3. 焊接实施

（1）用钢丝刷将割件表面的铁锈、氧化皮和脏物等清理干净，并布置好割件的垫块。割件垫平，其下应留有一定的间隙，以利于氧化熔渣的顺利吹出，也可防止氧化铁飞溅灼伤操作者，必要时可以加挡板。

（2）依据图样的实际尺寸画线，在板料上用石笔画出气割线（虚线），如图 1–1–7 所示。

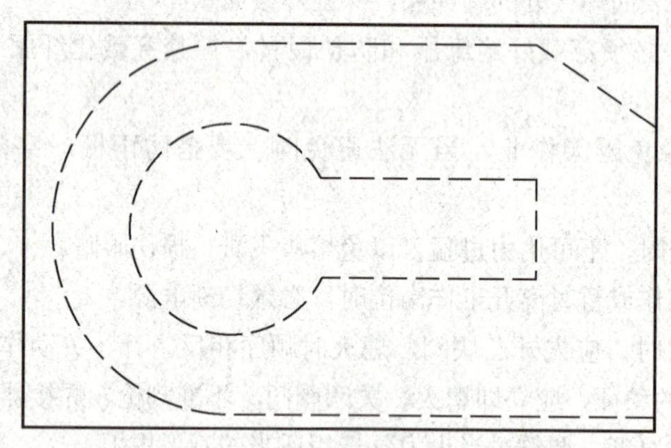

图 1–1–7　画线示意

（3）检查割炬的射吸能力，并用通针修复和调整喷嘴内外的同轴度，使气割氧气流的形状（风线形状）形成笔直而清晰的圆柱体，在选择正确的气割工艺参数后，点燃割炬。

气割时右手握住割炬手把，并以右手大拇指和食指握住预热氧调节阀（便于调整预热火焰能率，且一旦发生回火能及时切断预热氧），左手大拇指和食指握住气割氧调节阀（便于气割氧的调节），左手其余三指平稳地托住射吸管，使割炬与工件保持垂直。气割时手的姿势如图 1–1–8 所示。

图 1-1-8　气割时手的姿势

（4）点燃割炬、调好火焰之后就可以进行气割。气割操作姿势如图 1-1-9 所示。双脚呈外八字形蹲在工件的一侧，右臂靠住右膝盖，左臂放在两腿中间，这样便于气割时移动。无论是站姿还是蹲姿，都要做到重心平稳，手臂肌肉放松，呼吸自然。端平割炬，双臂依气割速度的要求缓慢移动或随身体移动，割炬的主体应与被割物体的上平面平行。

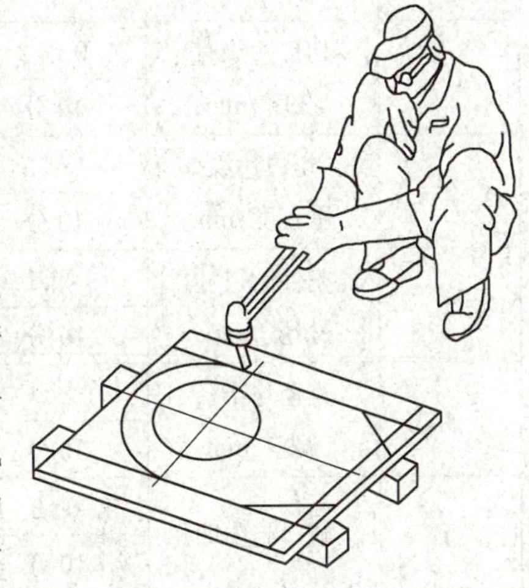

图 1-1-9　气割操作姿势

（5）开始气割时，对于中厚钢板应由割件边缘棱角处开始预热，将割件预热至气割温度，逐渐加大气割氧气的压力，并将割嘴稍向气割方向倾斜 5°～10°。当割件边缘全部割透时，再加大气割氧气流，并使割嘴垂直于割件。根据割件厚度以适当的速度进入正常气割过程。为充分利用预热火焰和提高效率，气割时可根据被气割钢板的厚度将割嘴向后倾斜 0°～30°，且钢板越薄，角度应越大，如图 1-1-10 所示。

（6）在正常气割过程中，为了保证切口质量，割炬移动速度要均匀，割嘴离割件表面要保持一定距离。要注意观察，如果气割的火花向下垂直飞去，则表示速度合适；若熔渣和火花向后飞，甚至上返，则表示速度太快致使后拖量增大，甚至导致割不透；若切口两侧棱角熔化，边缘部位产生连续珠状钢粒，则表示气割速度太慢。气割中，若身体需要更换位置，应先关闭气割氧调节阀，待身体位置调整好后，再重新预热、起割。在中厚钢板正常气割过程中，割嘴要始终垂直于割件，可以稍做横向月牙形或之字形摆动，移动速度要切慢，而且要连续进行，尽量不中断气割，避免割件温度降低。

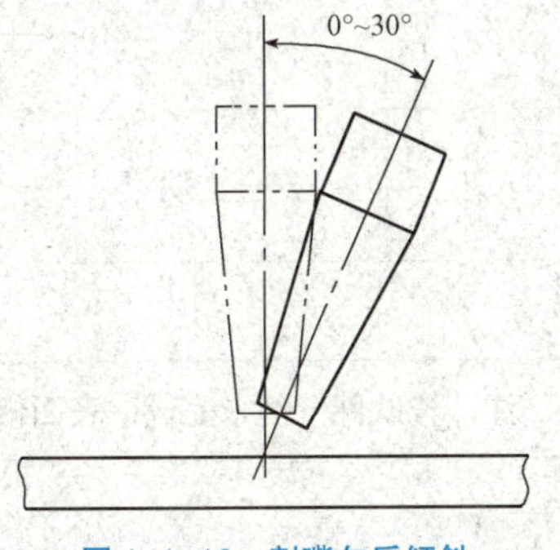

图 1-1-10　割嘴向后倾斜

（7）在临近终点时，割嘴应略向后方倾斜，以便钢板的下部提前割透，使切口在收尾处平直整齐。停割后，先关闭气割氧调节阀，再关闭乙炔调节阀熄火，最后关闭预热氧调节阀。气割中厚钢板如果发生割不透的现象，允许停割，并从割线的另一端重新起割。

（8）气割操作结束后，仔细清理气割熔渣，检查切口质量，并将废料、熔渣清理干净，将工具等摆放整齐。

1.1.4 任务评价

实训任务质量检验前要将工件表面的熔渣及飞溅物清理干净，应保持原始状态。平板气割考核评分方法见表 1-1-2。

表 1-1-2 平板气割考核评分办法

序号	检查项目	评判等级				得分
		Ⅰ	Ⅱ	Ⅲ	Ⅳ	
1	切口边缘直线度 /mm	0 ～ 2	2 ～ 3	3 ～ 4	<0 或 >4	
		10 分	7 分	5 分	1 分	
2	切口边缘垂直度 /mm	<1	1 ～ 2	2 ～ 3	>3	
		10 分	7 分	5 分	1 分	
3	割件的尺寸精度 /mm	<±1	>±1	>±2	>±3	
		10 分	7 分	5 分	1 分	
4	直径与半径偏差 /mm	<±1	>±1	>±2	>±3	
		10 分	7 分	5 分	1 分	
5	缺口与内凹	0 处	1 处	2 处	>2 处	
		10 分	7 分	5 分	1 分	
6	外观成形	成形美观，切口处均匀、细密	成形较好，切口处均匀、平整	成形尚可，切口倾斜过大	切口倾斜过大，上、下缘熔化	
		25 分	15 分	5 分	0 分	
7	安全文明	优	良	中	差	
		25 分	10 分	5 分	0 分	
汇总（100 分）						
注：若试件气割未完成；表面修补及切口处呈现珠链状钢粒；该件做 0 分处理						

1.1.5 任务拓展

1. 气割所用材料

（1）氧气。氧气在常温和标准大气压下是无色、无味的气体，密度为 1.43 kg/m^3，比空气密度略大。当温度降到 -183 ℃时，氧气变成淡蓝色液体。气焊和气割对氧气的要求是纯度越高越好。一般工业用气体氧的纯度分为两级：一级纯度的质量分数不低于 99.5%，常用于质量要求较高的气焊（气割）；二级纯度的质量分数不低于 98.5%，常用于没有严格要求的气焊（气割）。

（2）乙炔。乙炔在常温和标准大气压下为无色气体，是一种带有特殊臭味的碳氢化合物，其在标准状态下的密度为 1.179 kg/m^3，比空气略轻。工业用的乙炔主要由水分解电石而得到。乙炔是可燃性气体，与空气混合燃烧时所产生的火焰温度为 2 350 ℃，与氧气混合燃烧时产生的火焰温度为 3 000 ℃～ 3 300 ℃，因此，足以迅速熔化金属而进行焊接和气割。

乙炔是一种具有爆炸性的危险气体，当压强为 0.15 MPa，温度达到 580 ℃～ 600 ℃时就会自行爆炸，乙炔长期与铜或银接触后会生成爆炸性化合物。

（3）液化石油气。液化石油气的主要成分是丙烷（C_3H_8）、丁烷（C_4H_{10}）、丙烯（C_3H_6）等碳氢化合物。石油气在标准大气压下呈气态，当压力升到 0.8 ～ 1.5 MPa 时变为液态，即液化石油气。石油气气态时略带臭味，标准状态下的密度为 1.8 ～ 2.59 kg/m^3，比空气密度大；其与空气和氧气形成的混合气体有爆炸性，但比乙炔安全。液化石油气在氧气中燃烧的速度和温度都比乙炔在氧气中燃烧的速度和温度低，其燃烧的温度为 2 800 ℃～ 2 850 ℃，用于气割时的预热时间稍长，但气割质量容易保证、割口光洁。由于液化石油气价格低，比乙炔安全，质量又较好，用它代替乙炔进行金属气割较为普遍。

2. 半自动气割机

半自动气割机是一种最简单的机械气割设备，具有轻便灵活、搬运方便的特点，它是以小车的行走取代手工控制气割，主要用于气割直线及坡口。

CG1–30 型半自动气割机是目前常用的半自动气割机，其外形如图 1–1–11 所示。它适用工作量大且集中的气割工作，是一种结构简单、操作方便的小车式半自动气割机。气割时，小车带动割嘴在专用轨道上自动移动，割嘴可进行直线气割；当轨道具有一定曲率时，割嘴还可以进行一定曲率的曲线气割。

图 1–1–11　CG1–30 型半自动气割机

半自动气割机的工作原理是一台小车带动割嘴在专用轨道上自动地移动，但轨道的方向、位置需要人工调整。当轨道有一定弧度时，割嘴还可以进行一定曲率的曲线气割；如果轨道是一根带有磁铁的导轨，小车利用爬行齿轮在导轨上爬行，割嘴可以在倾斜面或垂直面上进行气割，但小车与导轨间应有扣联装置。常用的小车式气割机的型号及主要技术参数见表 1–1–3。

表 1–1–3　常用的小车式气割机的型号与主要技术参数

型号	气割厚度 /mm	气割速度 /mm · min^{-1}	圆形导轨直径 /mm	割炬数量 / 个	电源电压 /V	电动机功率 /W
CG1–30	5 ～ 50	0 ～ 750	200 ～ 2 000	2	220	24
CG1–75	150 ～ 350	0 ～ 750	—	1	220	24

3. 手工气割要领

在气割开始前要仔细检查工作场地是否符合安全要求，整个气割系统的设备是否能正常工作，若有故障，应及时排除。对工件表面的油污、氧化皮等应清除干净。割件应垫平，其下应留有一定的间隙，以利于氧化熔渣的顺利吹出，也可防止氧化铁的飞溅灼伤操作者，必要时可以加挡板。调节氧气和乙炔阀门的压力，使其达到要求。一切准备工作完成后方可点燃火焰，并调到合适的形状开始气割。

气割时，先点燃割炬，调整好预热火焰，然后进行气割。气割操作姿势因个人习惯而不同。初学者可按基本的“抱切法”练习，如图 1-1-12 所示。

图 1-1-12　抱切法姿势

操作时，双脚呈八字形蹲在工件一侧，右臂靠住右膝，左臂在两脚之间，以便在气割时移动方便，右手把住割炬手把，并以大拇指和食指把住预热氧调节阀，以便调整预热火焰和当回火时及时切断预热氧气。上身不要弯得太低，呼吸要有节奏，眼睛应注视割件和割嘴，并着重注视割口前的割线。一般从右向左气割。整个气割过程中，割炬运行要均匀，割炬与工件间的距离保持不变。每割完一段移动身体时要暂时关闭气割氧调节阀。

4. 手工气割的参数与气割注意点

中等厚度钢板（12 mm）手工气割的参数见表 1-1-4。在正常气割过程中，割嘴要始终垂直于割件，做横向月牙形或之字形摆动。

表 1-1-4　中等厚度钢板手工气割参数

割件厚度 /mm	割炬型号	割嘴型号	乙炔消耗量 /（$L \cdot h^{-1}$）
12	CG1	3	310

起割时，割嘴应后倾 20° ～ 30°。先将割件画线外边缘预热到红热状态（割件发红），预热火焰的焰心与工件表面的距离应保持为 2 ～ 4 mm，缓慢开启气割氧调节阀，待氧化铁被氧气流吹掉时，可加大气割氧气流，当听到“啪、啪”的声音时表明割件已被切透。这时再根据割件厚度，灵活掌握气割速度，沿气割线前进方向施割。

在整个气割过程中，割炬运行要均匀，割嘴离工件表面的距离应保持不变。在气割较长的工件时，每割 300 ～ 500 mm 须移动操作位置。这时应先关闭气割氧气手轮，使割炬火焰离开割件，待移动身体位置后，再将割嘴对准气割处并适当预热，然后缓慢打开气割氧继续向前气割。

气割临近终点时，割嘴应沿气割方向略向后倾斜一定角度，以利于割件下面提前割透，保证收尾时的切口质量。停割后，要仔细清除切口边缘的挂渣，以便于之后的加工。气割结束时，应先关闭气割氧气手轮和预热氧气手轮。如停止工作的时间较长，应先旋松氧气减压器，再关闭氧气瓶瓶阀和乙炔输送阀。中厚钢板如遇到割不透，允许停焊，并从割线的另一端重新开始起割。

当气割过程中割炬发生回火时，应先关闭乙炔开关，然后关闭氧气开关，待火熄灭、割嘴不烫手时方可重新进行气割。

5. 自动、半自动气割技术

同时使用 2 ～ 3 把割炬，利用自动、半自动气割机改变割炬的倾斜角度，即可气割出多种形式的焊接坡口。

（1）单面 V 形坡口的气割。加工有钝边或无钝边的 V 形坡口时，可以选用两种方法进行。第一种方法是前面一把割炬垂直于割件表面，担负气割边料的作用；后一把割炬则向板内倾斜，担负坡口气割的作用，割完后，钝边处于板的下部。此种方法主要用于厚度不太大的板料的气割。第二种方法是前面的割炬向板边倾斜，后面的割炬垂直于气割坡口的钝边，如图 1-1-13 所示。

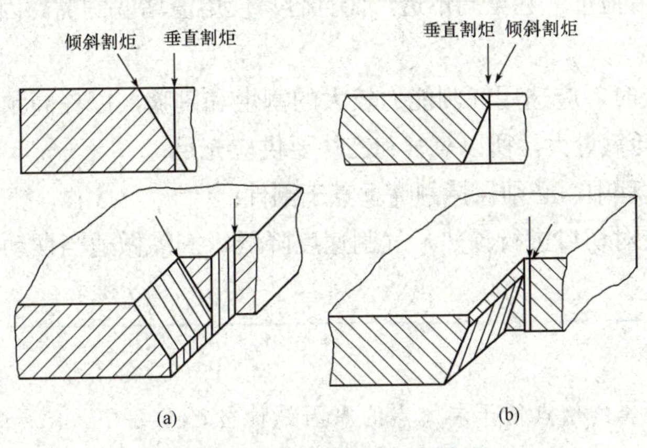

图 1-1-13　单面 V 形坡口的气割

（a）方法一；（b）方法二

（2）双面 V 形坡口气割。进行双面 V 形坡口气割时，可用 2 ～ 3 把割炬同时进行，如图 1-1-14 所示。气割厚度 <50 mm 割件的坡口时，3 把割炬的安装方法如下：割炬①向外倾斜，负责气割板料底面的坡口；割炬②垂直于板料气割钝边；割炬③向割件内倾斜，可气割板料上斜坡口面。若钢板厚度 >50 mm，进行双面 V 形坡口气割时，3 把割炬安装的倾斜位置不变，只是将割炬间的前后距离缩短。进行双面 V 形坡口气割时，割炬间距与割件厚度的关系见表 1-1-5。

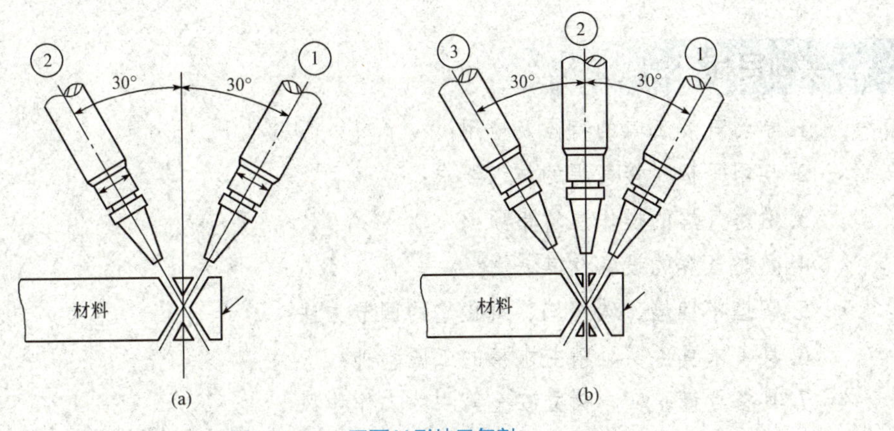

图 1-1-14　双面 V 形坡口气割

（a）2 把割炬；（b）3 把割炬

表 1-1-5　双面 V 形坡口气割时，割炬间距与板厚的关系

板厚 /mm		20	30	40	60	80	100
割炬间距 /mm	*a*	10 ～ 12	8 ～ 10	0 ～ 2	0	0	0
	b	25	22	20	18	16	16
注：*a*—割炬①与②之间的距离；*b*—割炬②与③之间的距离							

6. 大厚度钢板的气割（板厚超过 100 mm）

气割大厚度钢板时，由于工件上下受热不均匀，使下层金属燃烧比上层金属慢，容易使切口形成较大的后拖量，甚至割不透，而且容易使熔渣堵塞割嘴。因此，厚钢板气割时应采取以下措施：

（1）气割厚板时，应选用气割能力较大的割炬和割嘴，以提高预热火焰能率，由于大厚度钢板气割时耗氧量大，所以氧气和乙炔要供应充足；

（2）在气割过程中，必须保持割嘴垂直于割件；

（3）起割前应对切口进行预热，气割速度降低，割嘴做适当摆动以加宽切口，以利于排渣。

●任务思考

1. 气割时要金属的燃点低于其熔点的原因是什么？
2. 气割时的火焰分为几类？
3. 气割割嘴的倾角大小根据什么来调节？
4. 火焰气割的规范调节参数有哪些？

实训任务 1.2　平板对接气焊

实训目标

1. 学习气焊工具的特点及应用；
2. 学习平板对接气焊的技术要求；
3. 熟悉气焊的操作注意事项；
4. 熟悉气焊的设备及其使用；
5. 掌握中性焰、碳化焰、氧化焰的调节方法；
6. 具备求真务实、精益求精的工匠精神；
7. 具备严谨求实、树立安全第一的工作作风。

1.2.1　任务导入

本任务让学生通过平板对接气焊操作练习来学习平板对接气焊操作技术。材料体积规格为 420 mm×220 mm×18 mm，完成一对 Q235 钢板对接气焊单面焊双面成形操作任务，如图 1-2-1 所示。学生应通过气焊的焊枪摆动及送丝的训练，掌握气焊的平对接操作。

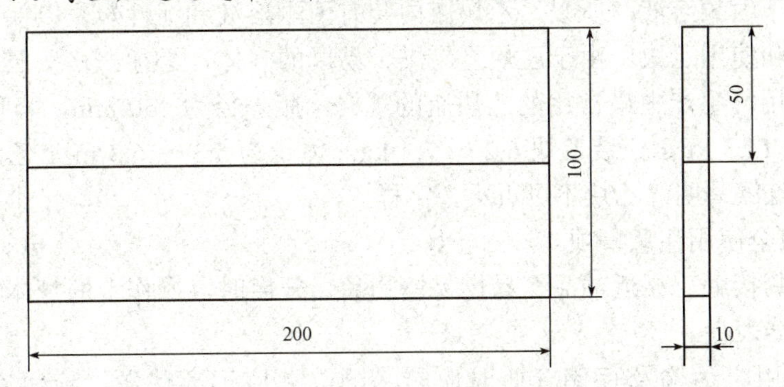

技术要求：
1. 采用手工气焊双面成形；
2. 根部间隙为 0.5 mm；焊缝余高为 0 ～ 2 mm，焊缝宽度为 6 ～ 8 mm；
3. 工件材料为 Q235B，焊丝为 ER50-4，直径为 2.5 mm。

图 1-2-1　对接气焊任务示意

任务分析

平板对接气焊是最常用的一种气焊方法，这种方法的焊接变形大，焊缝成形不容易控制，为保证焊接质量，焊接操作时应注意以下几点：

（1）定位焊产生焊接缺陷时，必须将其铲除或打磨修补，以保证焊接质量。

（2）焊缝要均匀，焊缝边缘与母材金属过渡要圆滑，无过深、过长的咬边。

（3）焊缝背面必须均匀焊透，焊缝不允许有焊瘤和凹坑缺陷。

（4）焊缝直线度要好。

1.2.2　相关知识

1. 气焊工具的特点及应用

气焊工具主要有氧气瓶、乙炔瓶、减压器、回火保险器和焊枪（焊炬）。

（1）气瓶。

1）氧气瓶。氧气瓶是一种用来存储和运输氧气的高压容器，如图 1-2-2（a）所示。通常将从空气中制取的纯氧压入氧气瓶。目前，工业中最常用的氧气瓶规格是：瓶体外径为 219 mm，瓶体高度约为 1 370 mm，容积为 40 L，当工作压力为 15 MPa 时，储存 6 m^3 氧气。由于氧气瓶压力高，而且氧气是极为活泼的助燃气体，必须严格按照气瓶的安全使用注意事项使用。

瓶阀是控制瓶内氧气进出的阀门。使用时，如将手轮逆时针方向旋转，则开启瓶阀；顺时针旋转则关闭瓶阀。氧气瓶的安全是由瓶阀中的金属安全膜来实现的。一旦瓶内压力达到 18 MPa，安全膜即自行爆破泄压，确保瓶体安全。

氧气瓶外表面涂天蓝色漆，用黑色漆写明“氧气”字样。

2）乙炔瓶。乙炔瓶是一种用来存储和运输乙炔的容器，如图 1-2-2（b）所示。乙炔能大量溶解于丙酮溶液，所以，乙炔瓶内装有丙酮溶液和活性炭，以保证安全、方便地储存、运输和使用乙炔。由于乙炔是易燃、易爆的气体，必须严格按照气瓶的安全使用注意事项使用。生产中最常用的乙炔瓶的规格：瓶外径为 250 mm，容积为 40 L，充装丙酮 13.2 ～ 14.3 kg，充装乙炔 6.2 ～ 7.4 kg，体积为 5.3 ～ 6.3 m^3。乙炔瓶外表面涂白色漆，并用红漆写明“乙炔不可近火”字样。

3）气瓶安全使用注意事项。

①气瓶严禁接触、靠近油品、易燃易爆物品，开启时，操作者的身体和面部应避开出气口及减压器表盘。

②夏季使用、运输及存储气瓶时应防暴晒，并应远离热源，应将空、实瓶分开放置。

③现场使用的气瓶应直立于地面或放置到专用瓶架上，防止倾倒。

④储存及运输过程中，瓶阀上应戴安全帽，瓶身上应装防振圈，装、卸车及运输时，应避免撞击，要轻装轻卸。

⑤冬季使用时，若发生冻结或出气不畅，严禁用明火加热，只能用热水或蒸汽解冻。

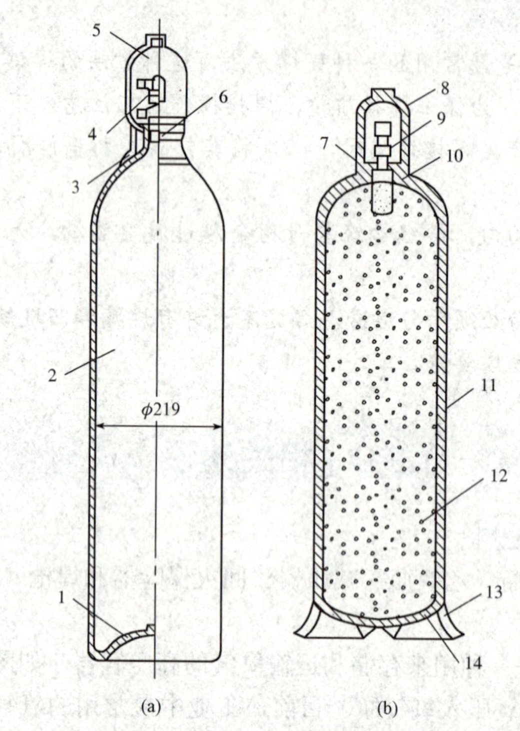

图 1-2-2　氧气瓶和乙炔瓶

（a）氧气瓶的构造；（b）乙炔瓶的构造

1，14—瓶底；2，11—瓶体；3—瓶箍；4—氧气瓶阀；5，8—瓶帽；

6—瓶头；7—瓶口；9—瓶阀；10—石棉；12—多孔性填料；13—瓶座

（2）减压器。减压器是将气瓶中高压气体的压力降到气焊、气割所需工作压力的一种调节装置。氧气、乙炔的减压器如图 1-2-3 所示。

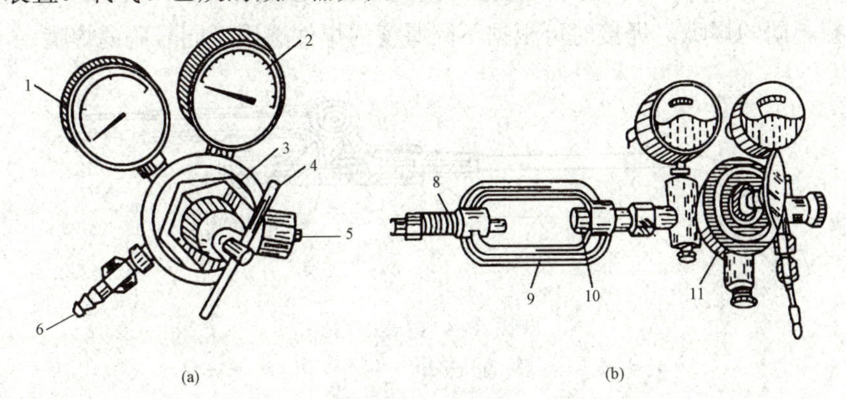

图 1-2-3　减压器

（a）氧气；（b）乙炔

1—减压表；2—高压表；3—外壳；4—调压螺钉；5—进气接头；6—出气接头；
8—固定螺钉；9—夹环；10—连接管；11—乙炔减压器阀

1）减压器的作用。

①减压作用。由于储存在气瓶内的气体都是高压气体，如氧气瓶内的最高压力可达 15 MPa，乙炔瓶内的最高压力可达 1.5 MPa，而气焊、气割工作中，氧气的压力为 0.1 ～ 0.4 MPa，乙炔的压力在 0.15 MPa 以下，所以，气焊、气割工作中必须使用减压器将气体压力减小至合适的压力值。

②稳压作用。气瓶内气体的压力是随着气体的消耗而逐渐下降的，但在气焊、气割工作中，气体的工作压力必须保持稳定不变，这就需要靠减压器来稳定气体的工作压力，使气体在工作中的压力不随气瓶内气体压力的下降而下降。

2）减压器的分类。减压器按用途分为氧气减压器、乙炔减压器、液化石油气减压器等；按构造分为单级式和双级式；按工作原理分为正作用式和反作用式。目前，常用的是单级正作用式减压器。

氧气减压器和乙炔减压器的区别在于，乙炔减压器与乙炔瓶的连接是用特殊的夹环并借助固定螺钉加以固定的。

3）减压器使用时的注意事项。

①安装减压器前，应将气瓶阀门开启后再关闭，将瓶口处的灰尘及污物吹去。注意，瓶口不要对着人。

②出气口与胶管的连接处要用专用夹具或钢丝扎紧。

③减压器不得沾有油脂。

④减压器停止工作时，必须把调压手柄完全放松。结束焊接工作时，应将减压器卸下并妥善保管。

⑤减压器停止工作前，必须松开减压器的调节螺钉。打开气瓶阀门时，人不可站在减压器正面或背面，而应站在侧面，并缓开阀门，以防高压气体破坏减压器和减压表。

⑥把减压器连接到气瓶出口时，要使用大小合适的扳手，预紧力不要过大，以保证设备的使用寿命。

⑦定期检查减压器的压力表。

（3）焊枪（焊炬）。目前普遍使用的射吸式焊枪如图 1-2-4 所示。射吸式焊枪配有 5 个规格不同的焊嘴，焊接时可根据不同厚度的焊件选用不同号码的焊嘴。

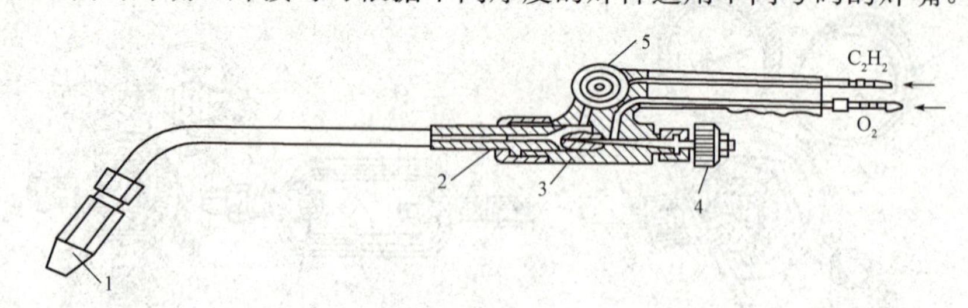

图 1-2-4　射吸式焊枪

1—焊嘴；2—射吸管；3—喷嘴；4—氧气阀；5—乙炔阀

2. 气焊过程

（1）焊道起头。用中性焰、左向焊法进行起头，即将焊炬由右向左移动，使火焰指向待焊部分；填充焊丝，使焊丝的端部位于火焰的前下方距焰心 3 mm 左右的位置。

焊道起头时，由于刚开始加热，焊件的温度低，焊炬倾斜角应大些，这样有利于对焊件进行预热；同时，在起焊处应使火焰往复移动，以保证焊接处加热均匀。在熔池未形成前，操作者要密切观察熔池的形成，并将焊丝端部置于火焰中进行预热，待焊件由红色变成白亮，且出现清晰的熔池时，便可熔化焊丝，将焊丝熔滴滴入熔池，而后立即将焊丝抬起，火焰向前移动，形成新的熔池。

（2）焊炬和焊丝的运动。为了获得优质、美观的焊缝并控制熔池的热量，焊炬和焊丝应做均匀、协调的摆动。这样既能使焊缝边缘良好熔透，并控制液体金属的流动，使焊缝成形良好，又不至于过热。

焊炬和焊丝的运动包括三个动作，即沿焊件接缝的纵向移动，以便不间断地熔化焊件和焊丝，形成焊缝；焊炬沿焊缝做横向摆动，充分加热焊件，并借混合气体的冲击力，把液体金属搅拌均匀，使熔渣浮起，得到致密性好的焊缝；焊丝在垂直焊缝的方向送进并做上下移动，以调节熔池热量和焊丝的填充量。

焊炬和焊丝在操作时的摆动方法和幅度，要根据焊件材料的性质、焊缝位置、接头形式及板厚等进行选择。焊炬与焊丝的摆动方法如图 1-2-5 所示。

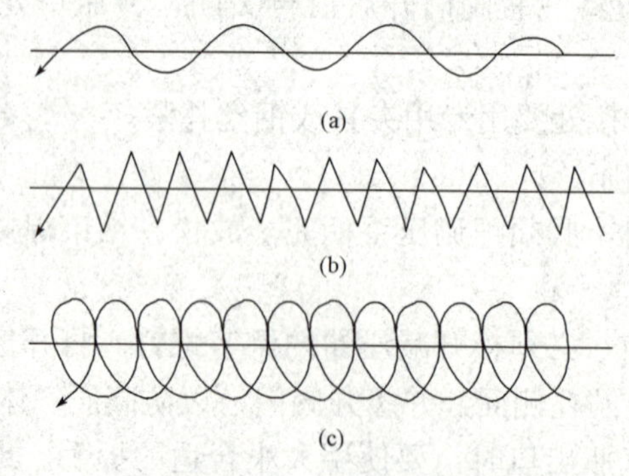

图 1-2-5　焊炬与焊丝的摆动方法

（a）焊薄板；（b）焊中厚板；（c）焊厚板

（3）焊道接头。在焊接过程中，当中途停顿后继续施焊时，应用火焰把原熔池重新加热熔化形成新的熔池后再加焊丝，重新开始焊接，每次续焊应与前一焊道重叠 5 ～ 10 mm，重叠焊道要少加或不加焊丝，以保证焊缝高度合适及圆滑过渡。

（4）焊道的收尾。当焊到焊件的终点时，由于端部散热条件差，应减小焊炬与焊件间的夹角，同时要提高焊接速度并多加一些焊丝，以防止熔池扩大，形成烧穿。收尾时为防止空气中的氧气和氮气侵入熔池，可用温度较低的外焰保护熔池，直至终点熔池填满，火焰才可缓慢地离开熔池。

在焊接过程中，焊嘴倾斜角是不断变化的。在预热阶段，为了较快加热焊件，迅速形成熔池，焊嘴倾斜角为 50° ～ 70°；在正常焊接阶段，焊嘴倾斜角通常为 30° ～ 50°；在结尾阶段，焊嘴倾斜角则为 20° ～ 30°，如图 1-2-6 所示。

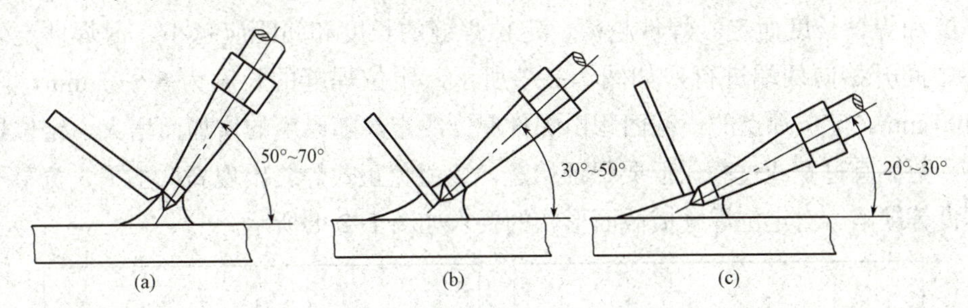

图 1-2-6　焊嘴倾斜角在焊接过程中的变化

（a）焊前预热；（b）焊接过程中；（c）结尾时

1.2.3　任务实施

1. 气焊安全文明生产

气焊与气割操作的主要危险是火灾与爆炸，因此，防火、防爆是安全文明生产的主要任务。气焊与气割所用的乙炔、液化石油气、氯气等也是易燃、易爆气体；氧气瓶、乙炔瓶、液化石油压力容器和乙炔发生器均属于压力容器。

在焊补燃料容器和管道时，还会遇到其他许多易燃、易爆及各种压力容器，还使用明火。如果焊接设备和安全装置有死机故障，或者操作人员违反安全操作规程进行等，都有可能引发爆炸和火灾事故。

2. 焊前准备

（1）焊件的准备。

1）Q235 钢板的厚度为 1.5 mm，长度为 200 mm，宽度为 150 mm。

2）焊件表面的氧化皮、铁锈、油污等脏物要用钢丝刷、砂布或砂纸清理，使焊件露出金属光泽。

（2）焊件装配技术要求。

1）装配平整。

2）预留反变形量。

（3）焊接材料。焊丝牌号为 H08A，直径为 2 mm。

（4）焊接设备。

1）主要设备和工具。乙炔气瓶、氧气瓶、射吸式焊炬。

2）辅助器具。通针、火柴或打火枪、小锤、钢丝钳等。

3）劳动保护用品。气焊眼镜、工作服、手套、胶鞋。

3. 焊接操作过程

（1）装配。将两块规格为 200 mm×150 mm×1.5 mm 的 Q235 钢板水平旋转到耐火砖上（目的是不让热量传走）并摆放整齐，为了使背面焊透，需要留出约 0.5 mm 的间隙。

（2）定位焊。其作用是装配和固定焊件接头的位置。定位焊缝的长度和间距根据焊件的厚度和焊缝长度而定。焊件越薄，定位焊缝的长度和间距应越小。薄焊件定位焊可由焊件中间开始向两端进行，如图 1–2–7 所示，定位焊缝的长度为 5 ～ 7 mm，间隔为 50 ～ 100 mm。定位焊点的横截面积由焊件厚度决定，随厚度的增加而增大。定位焊点不宜过长，更不宜过宽或过高，但要保证熔透，以避免正式焊缝出现高低不平、宽窄不一及熔合不良等缺陷。对定位焊缝横截面形状的要求如图 1–2–8 所示。

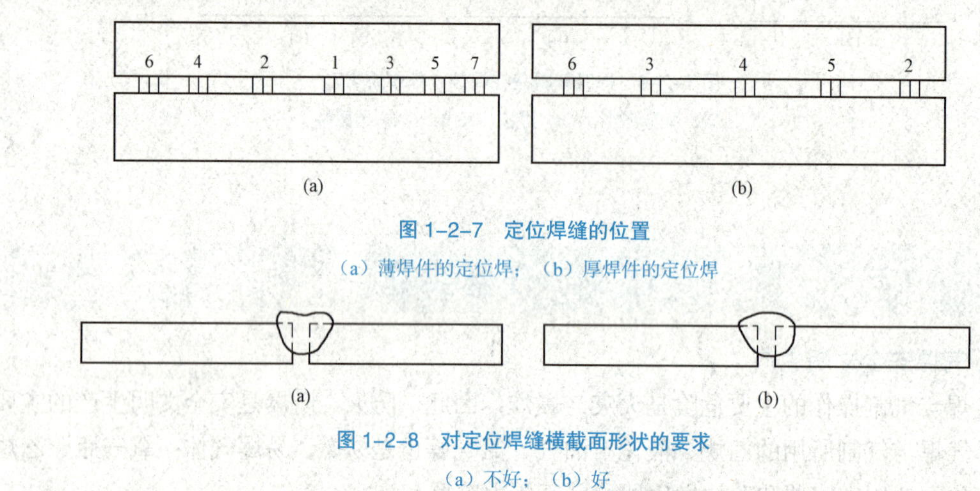

图 1–2–7　定位焊缝的位置

（a）薄焊件的定位焊；（b）厚焊件的定位焊

图 1–2–8　对定位焊缝横截面形状的要求

（a）不好；（b）好

定位焊后，为防止产生角变形，并使焊缝背面均匀焊透，可采用焊件预先反变形法，即将焊件沿接缝向下折 160° 左右（图 1–2–9），然后用胶木锤将接缝处校正平齐。

图 1–2–9　预先反变形法

（3）焊接。平焊是最常用的一种气焊方法，其操作方便、焊接质量可靠。平焊时多采用左向焊法，焊丝、焊炬与工件的相对位置如图 1–2–10 所示，火焰焰心的末端与焊件表面保持 2 ～ 4 mm 的距离。

从接缝一端预留 30 mm 处施焊，其目的是使焊缝处于板内，这样传热面积大，基体金属熔化时，周围温度已升高，冷凝时不易出现裂纹。施焊到终点时，整个板材的温度已升高，再焊预留的一段焊缝，接头应重叠 5 mm 左右，如图 1-2-11 所示。

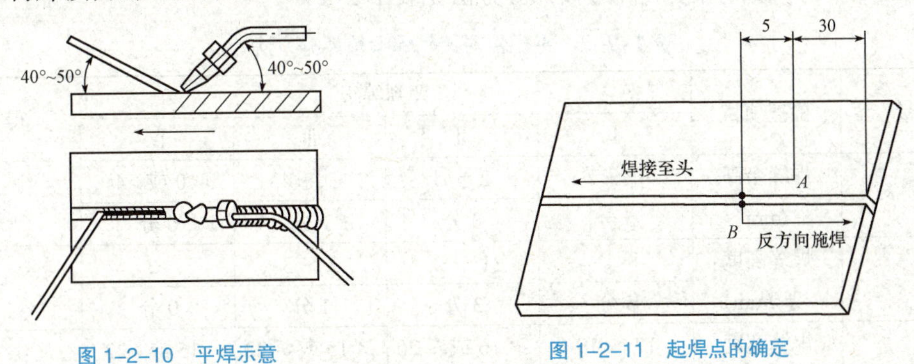

图 1-2-10　平焊示意

图 1-2-11　起焊点的确定

（4）左焊法。采用左焊法时焊接速度要随焊件的熔化情况而变化。应使用中性焰，否则易出现熔池不清晰、有气泡、火花飞溅或熔池沸腾等现象，并对准接缝的中心线，使焊缝两边缘熔合均匀，背面焊道均匀。焊丝位于焰心前下方 2 ～ 4 mm 处，若焊丝在熔池边缘上被粘住，不要用力拔焊丝，用火焰加热焊丝与焊件接触处时，焊丝便可脱离。

在焊接过程中，焊炬和焊丝要做上下往复相对运动，其目的是调节熔池温度，使焊缝熔合良好，并控制液体金属的流动，使焊缝成形美观。

在整个焊接过程中，应使熔池的形状和大小保持一致。常见的熔池形状如图 1-2-12 所示。对接焊缝的具体要求见表 1-2-1。

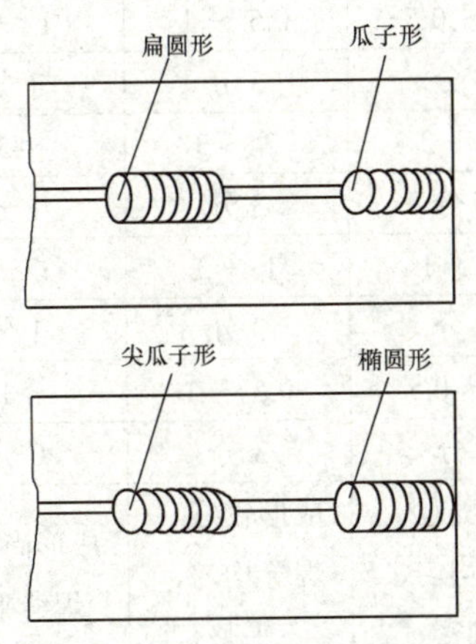

图 1-2-12　常见的熔池形状

表 1-2-1　对接接缝的具体要求

焊件厚度 /mm	焊缝高度 /mm	焊缝宽度 /mm	层数
0.8 ～ 1.2	0.5 ～ 1	4 ～ 6	1
2 ～ 3	1 ～ 2	6 ～ 8	1
4 ～ 5	1.5 ～ 2	6 ～ 8	1 ～ 2
6 ～ 7	2 ～ 2.5	8 ～ 10	2 ～ 3

1.2.4 任务评价

检验焊接质量前要将焊件表面的焊渣及飞溅物清理干净，焊缝不允许修磨和补焊，应保持原始状态。平板件对接气焊考核评分方法见表 1–2–2。

表 1–2–2 平板件对接气焊考核评分方法

序号	检查项目	评判等级				得分
		Ⅰ	Ⅱ	Ⅲ	Ⅳ	
1	焊缝余高 /mm	0 ～ 2	2 ～ 3	3 ～ 4	<0 或 >4	
		5 分	3 分	1 分	0 分	
2	焊缝高度差 /mm	<1	1 ～ 2	2 ～ 3	>3	
		5 分	3 分	1 分	0 分	
3	焊缝宽度 /mm	17 ～ 19	≥ 16 或≤ 20	≥ 15 或≤ 22	<15 或 >22	
		5 分	3 分	1 分	0 分	
4	焊缝宽度差 /mm	<1.5	1.5 ～ 2	2 ～ 3	>3	
		5 分	3 分	1 分	0 分	
5	咬边 /mm	无咬边	深度≤ 0.5		深度 >0.5	
		5 分	每 0.5 mm 扣 2 分		0 分	
6	正面成形	优	良	中	差	
		5 分	3 分	1 分	0 分	
7	背面成形	优	良	中	差	
		5 分	3 分	1 分	0 分	
8	背面凹量 /mm	0 ～ 0.5	0.5 ～ 1	1 ～ 2	>3	
		5 分	3 分	1 分	0 分	
9	背面余高 /mm	0 ～ 2	2 ～ 3	>3	>5	
		5 分	3 分	1 分	0 分	
10	角变形 /mm	0 ～ 1	1 ～ 3	3 ～ 5	>5	
		5 分	3 分	1 分	0 分	
11	错边量 /mm	0 ～ 0.5	0.5 ～ 1	>1	—	
		5 分	3 分	0 分	—	
12	外观成形	成形美观，焊缝均匀、细密	成形较好，焊缝均匀、平整	成形尚可，焊缝平直	焊缝弯曲，高低、宽窄明显	
		25 分	15 分	5 分	0 分	
13	安全文明	优	良	中	差	
		20 分	10 分	5 分	0 分	
汇总（100 分）						
注：若试件焊接未完成；表面修补及焊缝正反两面有裂纹、夹渣、气孔、未熔合缺陷；该件做 0 分处理；试板两端 20 mm 的缺陷不计						

1.2.5 任务拓展

1. 氧乙炔火焰性质

正确调节和选用氧乙炔火焰，对保证焊接质量非常重要，所以焊接时应合理地选用火焰，以得到理想的焊接接头。氧乙炔火焰的调节包括火焰性质的调节和火焰能率的调节。

1）火焰性质的调节。刚点燃的火焰通常为碳化焰，然后根据所焊材料的不同进行调节。如要得到中性焰，应逐步增加氧气量，使火焰由长变短，颜色由淡红色变为蓝白色，直至焰心及外焰的轮廓特别清楚、内焰与外焰间的明显界限消失。

在中性焰的基础上要得到碳化焰，必须减少氧气量或增加乙炔量。这时火焰变长，焰心轮廓不清。焊接时所用的碳化焰，其内焰长度一般为焰心长度的2倍左右。

在中性焰的基础上要得到氧化焰，应逐渐增加氧气量。这时整个火焰将缩短，当听到有急速的“嘶嘶”声时便是氧化焰。

氧乙炔火焰的种类、外形及构造如图 1-2-13 所示。

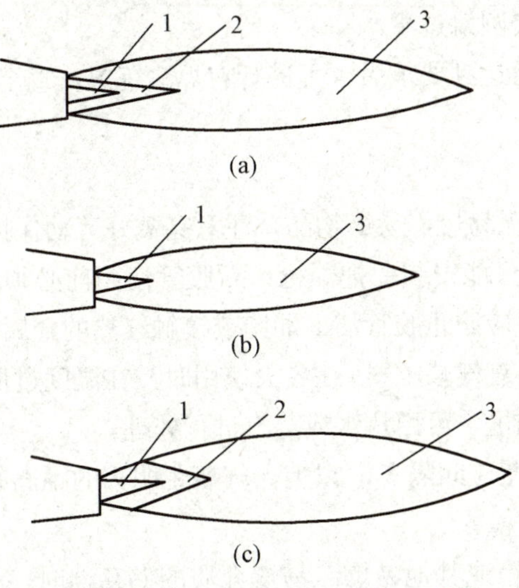

图 1-2-13　氧乙炔火焰的种类、外形及构造

（a）中性焰；（b）氧化焰；（c）碳化焰

1—焰心；2—内焰；3—外焰

2）火焰能率的调节。气焊火焰能率是指每小时混合气体的消耗量（L/h）。气焊时，应根据焊件厚度及热物理性能等的不同，选择不同的焊炬型号及焊嘴号码，并通过调节阀门来调节氧乙炔混合气体的流量，以得到不同的火焰能率。当要减小中性焰或氧化焰的能率时，应先调节氧气阀门以减少氧气的流量，然后调节乙炔阀门以减少乙炔的流量。当要增加火焰能率时，应先调节乙炔阀门以增加乙炔流量，再调节氧气阀门增加氧气流量。调节碳化焰能率的方法与上述顺序相反。

以上各种火焰，因各自的性质不同而适合焊接不同的材料。各种金属材料气焊时火焰种类的选择见表 1-2-3。

表 1-2-3　各种金属材料气焊时火焰的选择

焊件材料	火焰种类	焊件材料	火焰种类
低碳钢、低合金钢、纯铜、铝及铝合金、铅、锡	中性焰	黄铜、锰钢、镀锌钢板	氧化焰
青铜	中性焰及轻微氧化焰	高速工具钢、硬质合金钢、铸铁	碳化焰
不锈钢及铬镍钢	中性焰及乙炔稍多的中性焰	镍	氧化焰或碳化焰

3）注意事项。

①在焊件上做多条焊道练习时，焊道间隔以 20 mm 左右为宜。

②在练习过程中，焊炬和焊丝的移动要配合好，焊道的宽度、高度和直线度必须均匀、整齐，表面的波纹要规则、整齐，没有焊瘤、凹坑、气孔等缺陷。

③焊缝边缘和母材要圆滑过渡。

④用左焊法练习焊道达到要求后，可进行右焊法练习，直至技术熟练、焊道笔直、成形美观。

2. 气焊的安全要求

（1）气焊场地内应无易燃、易爆物品，注意穿戴好劳动保护用品。

（2）每个减压器上只能安装一把焊枪；新胶管使用前必须清理干净里面的灰尘及杂物，保证畅通。使用时，应防止胶管沾上油脂或接触红热的金属。

（3）减压器（主要是氧气减压器）在冬天使用时，在温度过低的情况下易结冰，此时，不能用明火烤或用锤子敲击，可用热水或蒸汽进行处理。

（4）氧气瓶和乙炔瓶应间隔 5 m 以上，气瓶距明火的距离必须保持 6 ～ 10 m，并避免在阳光下暴晒和剧烈碰撞。

（5）用气焊焊接油箱或其他易燃、易爆介质的储存器时，必须将容器上的孔盖全部打开，并先用碱水将其冲洗干净，再用水蒸气或压缩空气吹干后方可施焊。

（6）乙炔能和氯气或次氯酸盐等化合而发生燃烧和爆炸，因此，当乙炔燃烧发生火灾时，绝对禁止用四氯化碳灭火器灭火。

任务思考

1. 气焊的火焰能率是什么？如何调节？
2. 气瓶减压器的作用有哪些？
3. 气焊中定位焊缝的位置要求有哪些？
4. 气焊左焊法的操作步骤有哪些？

实训任务 1.3　T 形材火焰矫正

实训目标

1. 学习气体火焰矫正的应用；
2. 学习火焰矫正的基础知识；
3. 熟练判断变形的种类和测量出大致的变形量；
4. 熟练标记加热部位和实施火焰矫正；
5. 具备严谨认真、精益求精的工匠精神；
6. 具备安全意识、责任意识及爱岗敬业、无私奉献的劳动精神。

1.3.1　任务导入

本任务针对如图 1-3-1 所示的 T 形材焊接成形后角变形的弯曲情况，利用火焰矫正的方法矫正弯曲度。10 mm×200 mm×300 mm 的 T 形材底板变形后，在操作中以一定宽度的加热线加热变形的中间位置，理解火焰矫正加热状态对矫正效果的影响，火焰矫正的关键是进行局部加热以后的变形规律。

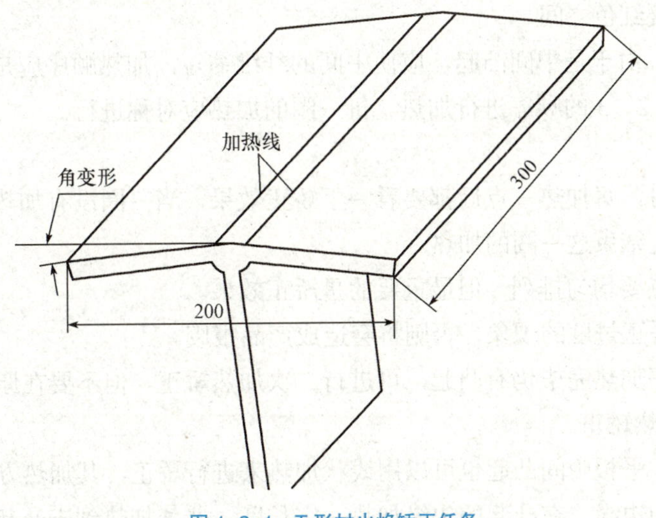

图 1-3-1　T 形材火焰矫正任务

任务分析

火焰矫正角变形时，在翼缘板上面（对准焊缝外）纵向线状加热（控制在 650 ℃以下），控制加热范围不超过两焊脚的面积范围，不用水冷却。线状加热时，不应在同一位置反复进行。影响火焰矫正效果的因素主要有火焰加热位置、加热形状、宽度、长度、大小、温度等。加热位置应选择在钢材弯曲处其纤维需缩短的部位。加热深度一般控制在钢材厚度的4%以下，如用三角形加热方式，则为构件宽度的50%左右。加热深度一般较难测量，大多凭经验判断。

1.3.2 相关知识

生产中所用的各种金属材料，在存放和使用过程中容易发生变形。变形的材料必须经过矫正才能使用。人们所制造的各种产品及产品的零部件，有可能形状和尺寸不符合要求。在机械生产中，矫正的方法很多，对于小的零件可以进行手工矫正；稍大一点的工件可进行机械矫正；对于刚性较大或结构变形复杂的零件，则应进行加热矫正（也称火焰矫正）。

1. 平板中间凸起的情况

（1）点状加热矫正。平板中间凸起（或凹陷）的现象，往往是边缘纤维缩短，或是中部纤维拉长所致，加热矫正只能使中部纤维缩短。

①加热火焰。火焰矫正最好用氧乙炔火焰，其温度高，加热速度快，矫正效果好。氧液化石油气火焰较氧乙炔火焰温度低，矫正时加热时间稍长，加热面积稍大，应适当调整加热点的位置；氧天然气火焰的温度更低，加热时间和加热面积比前者稍大。

②加热温度。从理论上讲应加热到至少600 ℃，加热时一般靠观察颜色，即钢板颜色呈现为褐红色和樱红色之间。

③加热顺序。由于是中间凸起，应使中间的纤维缩短，加热顺序应是从边缘到中间，按图1-3-2中1、2、3的顺序进行加热。每一圈的加热应对称进行。

④注意事项。

a. 加热矫正时，每加热一点后都要看一下矫正效果，当一圈没有加热完，但收缩量已经达到要求时，应结束这一圈的加热。

b. 每一圈的点要均匀排列，但最重要的是矫正效果。

c. 不得出现矫正过度的现象，否则将会造成产品报废。

d. 如果按顺序加热完毕仍有凸起，可进行二次加热矫正，但不要在原来的点上进行。

（2）线状加热矫正。

①加热方式。平板中间凸起也可以用线状加热来进行矫正，其加热方式如图1-3-3所示，找准凸起处的边缘，在凸起的边缘加热一定长度，严禁加热到未凸起处，然后在这一加热带相对位置的凸起边缘，加热一定长度。

②加热顺序。其加热线按图中1、2、3、4、5的顺序进行。在加热过程中，应观察其矫正状况，在即将矫平时，一定注意不要过度加热，以防矫正过度。

③注意事项。在加热线的方向上，两端应在凸起区内起终，两端还应适当让出一定长度；图中虚线是凸起的边缘；加热线均未与虚线相连。

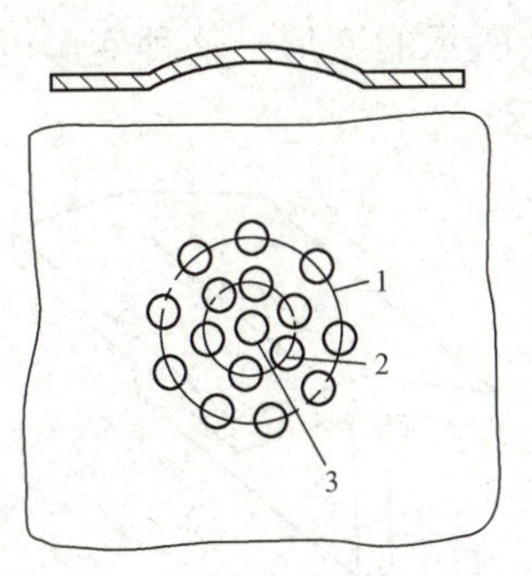

图 1-3-2　板类工件中间凸起的点状加热矫正

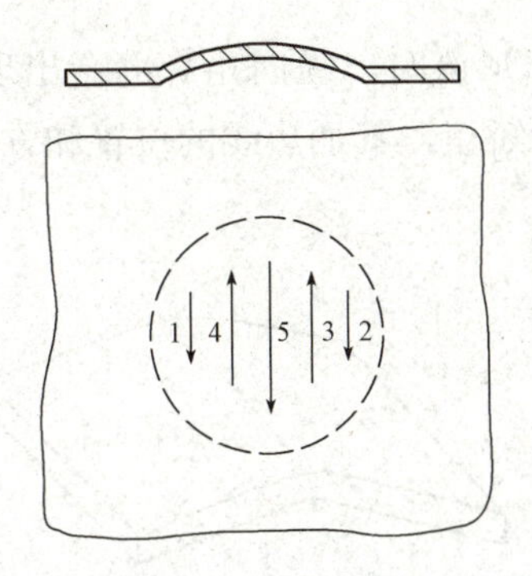

图 1-3-3　板类工件中间凸起的线状加热矫正

2. 平板边缘起皱的情况

平板边缘起皱的加热矫正如图 1-3-4 所示。这种情况往往是纤维沿边缘方向拉长所致，其加热矫正的方法应以缩短边缘长度为宜。

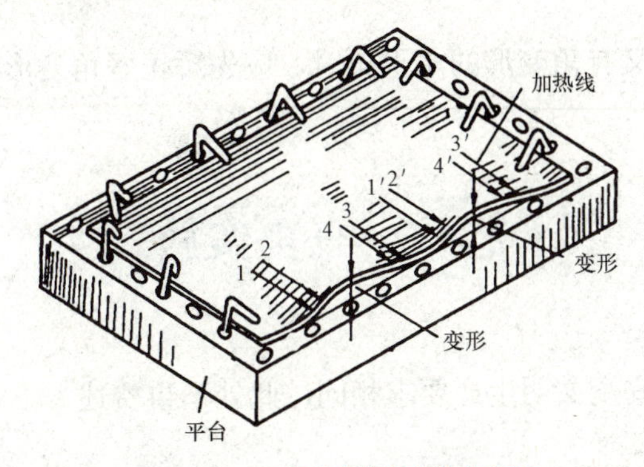

图 1-3-4　平板边缘起皱的加热矫正

矫正时宜采用线状加热，其加热的位置和方向按图 1-3-4 中的 1、2、3、4、1′、2′、3′、4′ 进行，加热宽度视板厚而定，由于出现这种变形的钢板一般较薄，故宜采用火焰的最小加热宽度。

3. 厚板不平的情况

当厚度较大的钢板出现不平时，可视变形的情况而采取不同的加热矫正方法。当出现如图 1-3-5 所示的变形时，宜采用线状加热矫正，加热线的数量应视变形区域而定，一般两条加热线的距离为 50 ～ 100 mm。特别注意，加热厚度要严格控制，否则将会过度矫正。

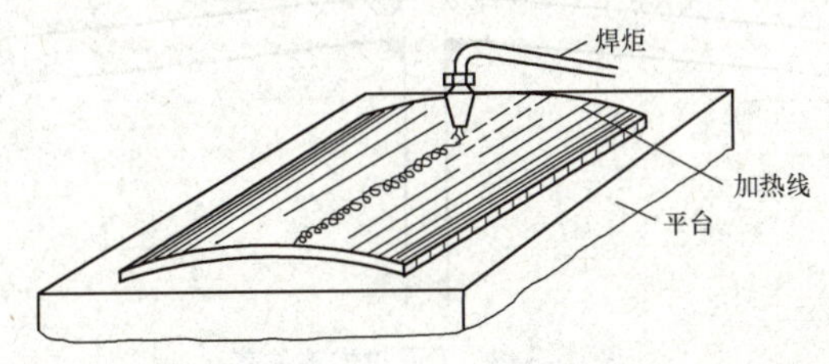

图 1-3-5　厚板不平的加热矫正

（4）厚板角变形的情况。当厚板出现如图 1-3-6 所示的角变形时，应采用线状加热矫正，其加热位置和方向如图中所指。加热的厚度应大些，一般应超过厚度的 2/3。当平对接焊缝出现角变形时，其矫正方法与此相同。

制造 T 形梁时，纵向角焊缝会出现如图 1-3-7 所示的变形，这种变形可用同样的矫正方法进行矫正，其加热线的位置和方向如图中所示。

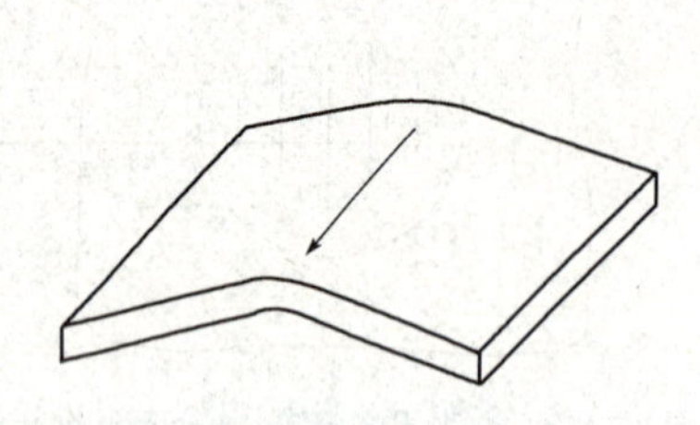

图 1-3-6　厚板角变形的加热矫正

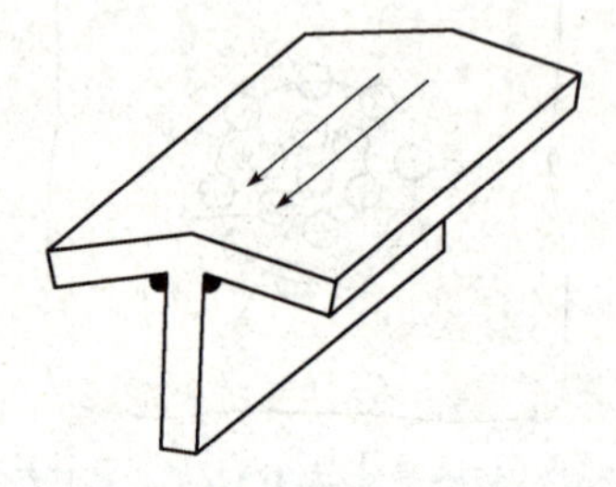

图 1-3-7　T 形梁翼板角变形的加热矫正

（5）矫正步骤。矫正复杂的变形时，首先应拟订好矫正步骤。如果不考虑这一点，盲目进行，将会给矫正工作带来更大的困难。在矫正后面的变形时，一般应考虑尽量不影响已矫正好的部分。

矫正既有弯曲变形又有角变形的 T 形梁时，应先矫正好角变形，再矫正上拱变形，最后矫正旁弯。

1.3.3　任务实施

1. 安全文明生产

其安全要求与气焊安全文明生产要求相同，此处不再赘述。

2. 任务准备

（1）技能训练的准备。

1）两把 H01-6 型焊炬，5 号焊嘴。

2）已经产生变形的低碳钢 T 形梁。

（2）确定加热位置。加热位置如图 1-3-8 所示。火焰矫正的效果和加热位置有很大关系。如果加热位置选择不当，不但原变形得不到矫正，反而可能产生新的变形，与原来的变形叠加，使变形量更大。

图 1-3-8　T 形材加热位置

要想获得正确的加热位置，就必须在火焰矫正前和矫正过程中，对焊件变形部位的变形程度进行检测，一般加热位置都选在变形量的最大处。

检测变形量的方法如下：

1）焊件的弯曲变形、角变形和波浪变形，一般用钢直尺或细钢丝来测量，如图 1-3-9 所示。

2）焊件的扭曲变形一般是将焊件放在平台上利用 90° 角尺来测量的。

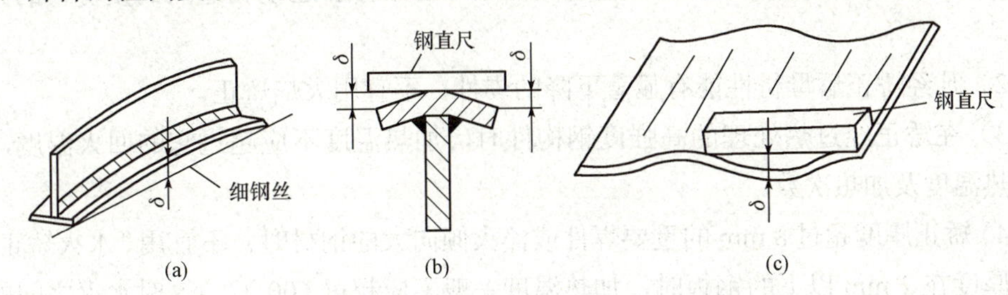

图 1-3-9　用细钢丝或钢直尺检测变形量

（a）弯曲变形；（b）角变形；（c）波浪变形

3. 矫正实施

（1）矫正 T 形梁的角变形可用两把 H01-6 型焊炬，5 号焊嘴同时从两条焊缝背面进行线状加热。

加热线宽度视焊件厚度而定，一般为钢板厚度的 50% ～ 200%。矫正厚度较小、加热深度在 5 mm 以下的焊件时，可采用微弱的氧化焰，以提高矫正效果；矫正变形大或需加热深度超过 5 mm 的焊件时，最好采用中性焰。若采用氧化焰，会造成焊件表面严重氧化。

矫正时不宜对工件过度加热，以免产生相反的变形。加热温度最好用温度计来测量。若无此条件，可根据钢材表面颜色与采用加热温度对照来确定，见表 1-3-1。

表 1-3-1　钢材表面颜色与采用加热温度对照　℃

钢材表面颜色	温度	钢材表面颜色	温度
深褐红色	550 ～ 580	深樱红色	730 ～ 770
褐红色	580 ～ 650	樱红色	770 ～ 800
暗褐红色	650 ～ 730	淡樱红色	800 ～ 830

（2）矫正上拱变形可用 H01-6 型焊炬，5 号焊嘴。采用中性焰对立板进行三角形加热，如图 1-3-10（a）所示。加热时应先从上拱的最高点开始，再交叉地向两端进行。经一次矫正后，若还有上拱，可进行第二次加热，但加热位置不应重叠。

（3）矫正旁弯变形可用上述火焰在底板上进行三角形加热，如图 1-3-10（b）所示。加热三角形应分布在底板外凸的一侧，加热方法与矫正上拱变形相同。

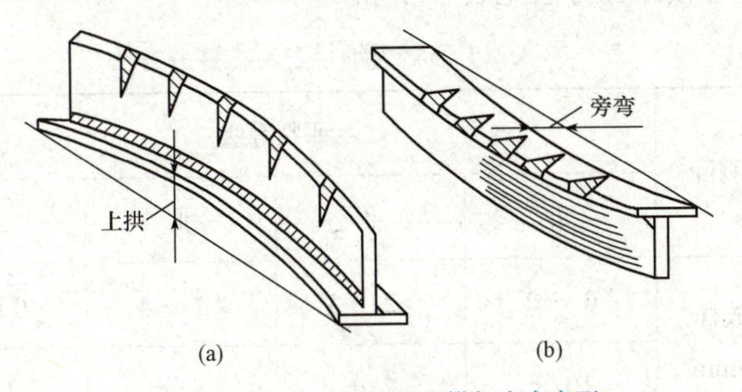

图 1-3-10　矫正 T 形材上拱与旁弯变形

（a）上拱；（b）旁弯

由于矫正旁弯变形后会引起新的上拱变形，还需采用上述方法矫正上拱变形。

4. 火焰矫正注意事项

（1）火焰矫正的温度一般不宜超过 800 ℃，否则会引起金属过热而使母材的力学性能下降。

（2）凡经矫正后母材性能有显著下降的焊件，不宜用火焰矫正。

（3）在矫正经过热处理的高强度钢构件时，加热温度不应超过它的回火温度，并应控制加热温度及加热次数。

（4）矫正厚度超过 8 mm 的重要焊件或淬火倾向大的钢材时，不宜用“水火矫正法”；当矫正厚度在 2 mm 以下的钢板时，加热温度一般不应超过 600 ℃，这时水火之间的距离要小一些；当矫正厚度为 4 ～ 8 mm 的钢板时，加热温度为 600 ℃～ 800 ℃，水火之间的距离一般为 20 ～ 30 mm，如图 1-3-11 所示。

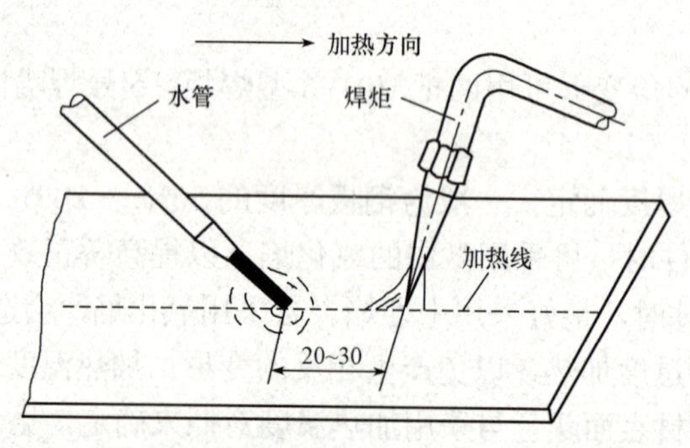

图 1-3-11　矫正厚度为 4 ～ 8 mm 的钢板

（5）若一次矫正未能消除焊件的变形，可进行多次矫正，但加热位置应尽量避免重叠。

（6）焊（割）嘴与焊件表面的距离一般应保持为 10 ～ 20 mm，以防金属表面被熔化。

（7）在现场架设桥梁桁架等重要部件时，不宜进行火焰矫正。若必须矫正，应增设支承架，待构件处于无应力状态后方可进行。

1.3.4　任务评价

检验火焰矫正质量前要将工件表面的污渍清理干净，表面不允许修磨，应保持原始状态。T 形材火焰矫正考核评分方法见表 1-3-2。

表 1-3-2　T 形材火焰矫正考核评分方法

序号	检查项目	评判等级				得分
		Ⅰ	Ⅱ	Ⅲ	Ⅳ	
1	部件放样尺寸 /mm	0 ～ 2	>2 ～ 3	>3 ～ 4	<0 或 >4	
		10 分	7 分	5 分	1 分	

续表

2	成形后的外观尺寸及装配 /mm	<1	>1 ～ 2	>2 ～ 3	>3	
		10 分	7 分	5 分	1 分	
3	火焰矫正的加工顺序	正确	错 1 次	错 2 次	错 2 次以上	
		10 分	7 分	5 分	1 分	
4	各种工量具的使用	熟悉工量具	工量具用错 1 次	工量具用错 2 次	工量具用错 2 次以上	
		10 分	7 分	5 分	1 分	
5	操作的熟练程度	较熟练	熟练	一般	较差	
		10 分	7 分	5 分	1 分	
6	外观成形	表面成形美观	成形较好，表面均匀、平整	表面成形尚可	表面成形较差	
		30 分	25 分	15 分	5 分	
7	安全文明	优	良	中	差	
		20 分	10 分	5 分	0 分	
汇总（100 分）						
注：若试件矫正未完成；表面修补及正反两面有裂纹、凹痕等缺陷；该件做 0 分处理						

1.3.5 任务拓展

火焰矫正基础知识如下。

（1）火焰矫正的原理。火焰矫正是采用火焰对钢材纤维伸长部位进行局部加热，利用钢材热胀冷缩的特性，使加热部分的纤维在四周较低温度部分的阻碍下膨胀，产生压缩塑性变形，而冷却后纤维缩短，使纤维长度趋于一致，使变形得以矫正。

（2）火焰矫正的效果。决定火焰矫正效果的因素主要有火焰加热的方式、火焰加热的位置及火焰加热的温度。火焰加热的方式主要有点状加热、线状加热和三角形加热，如图 1-3-12 所示。

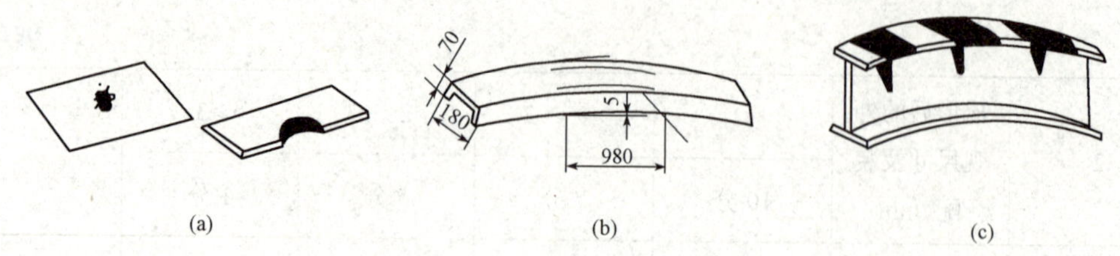

图 1-3-12　火焰加热的方式

（a）点状加热；（b）线状加热；（c）三角形加热

火焰矫正的适用范围及加热要领见表 1-3-3。

表 1-3-3　火焰矫正的适用范围及加热要领

加热方式	适用范围	加热要领
点状加热	薄板凹凸不平、钢管弯曲等的矫正	变形量大，加热点距小，加热点直径适当大些；反之，点距大，点径小些；薄板加热温度低些，厚板加热温度高些
线状加热	中厚板弯曲，T 形、I 形梁焊后角变形等的矫正	一般加热线宽度为板厚的 50% ～ 200%，加热深度为板厚的 1/3 ～ 1/2。变形越大，加热深度应越大
三角形加热	变形较严重、刚性较大的构件变形的矫正	一般加热三角形高度约为材料宽度的 20%，加热三角形底部宽应视变形程度而定，加热区域大，收缩量也较大

火焰加热的位置应选择在金属纤维较长的部位或者凸出部位，如图 1-3-13 所示。

生产中常采用氧乙炔火焰加热，采用中性焰。一般钢材的加热温度为 600 ℃～ 800 ℃，低碳钢不高于 850 ℃；厚钢板和变形较大的工件，加热温度为 700 ℃～ 850 ℃，加热速度要慢；薄钢板和变形较小的工件，加热温度为 600 ℃～ 700 ℃，加热速度要快；严禁在 300 ℃～ 500 ℃温度时进行矫正，以防止钢材脆裂。

（3）提高矫正速度和效果的措施。

1）一般应选择较大火焰能率的焊（割）炬，当矫正薄钢板时，火焰能率不宜过大，否则易使钢板厚度方向的热量分布趋于均匀，反而影响矫正效果。

2）采用“水火矫正法”可以提高矫正的速度。在使用火焰加热的同时，再附加一定的机械力。例如，矫正 I 形梁的角变形，可采用火焰加热和千斤顶同时进行矫正，如图 1-3-14 所示。当采用点状加热法矫正薄板的波浪变形时，为提高矫正速度和避免冷却后在加热处产生凸起，往往在加热一个点后立即用木槌锤击该点及其周围区域。锤击时，背面要用木槌垫底，切勿用铁锤，以免产生新的变形。

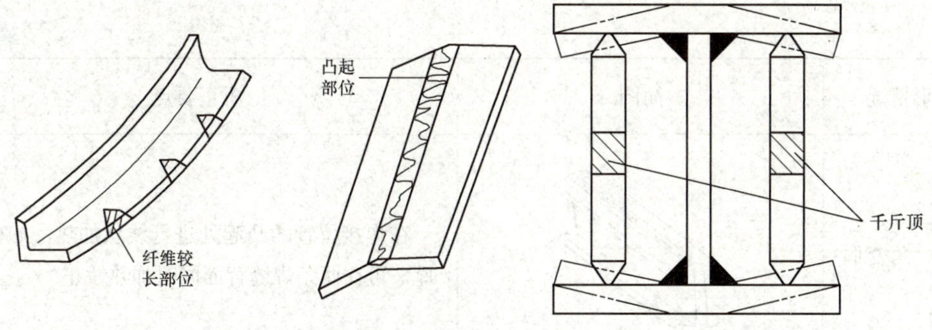

图 1-3-13　火焰加热的位置　　　　图 1-3-14　火焰加热和千斤顶同时矫正

（4）为了提高矫正质量和矫正效果，还可施加外力作用或在加热区域用水急冷，以提高矫正效率。但对厚板和具有淬硬倾向的钢材，不适宜用水急冷，以防止产生裂纹和淬硬。常用钢材及结构件的火焰矫正要点见表 1-3-4。

表 1-3-4　常用钢材及结构件的火焰矫正要点

变形情况		简图	矫正要点
薄钢板	中部凸起		将 3 条边固定在平台上，使波浪形集中在一边上，用线状加热，先从凸起的两侧处开始，然后向凸起处围拢。加热长度为板宽的 1/3 ～ 1/2，加热间距视凸起的程度而定。如一次加热不能矫平，则进行第二次矫正，但加热位置应与第一次错开，必要时，可用浇水冷却，以提高矫正效率
	边缘呈波浪形		矫正时，在钢板的两翼边处同时向一个方向进行线状加热，加热宽度按变形程度的大小确定，变形大，加热宽度大些
型钢	局部弯曲变形		采用点状加热，在型钢凸起处，加热速度要快，加热完一点后迅速移至另一点，加热完一排后再加热另一排
钢管	局部弯曲		采用点状加热，在管子凸起处，加热速度要快，加热完一点后迅速移至另一点，加热完一排后再加热另一排

续表

变形情况		简图	矫正要点
焊接梁	角变形	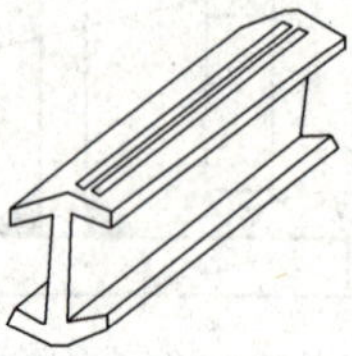	在焊接位置的凸起处进行线状加热，如板较厚，可在两条焊缝背面同时加热矫正
	上拱	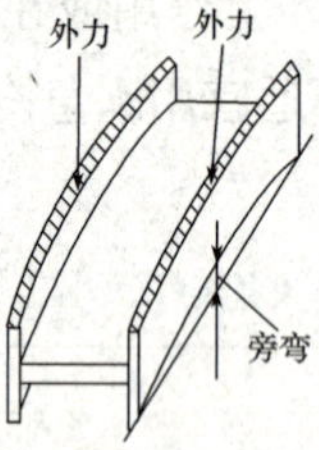	在上拱面板上用线状加热，在立板上部用三角形加热矫正
	下拱	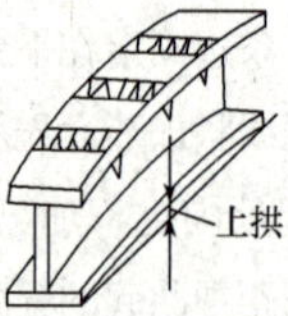	在上下两侧板的凸起处同时采用线状加热，并附加外力矫正

任务思考

1. 焊后工件变形的基本原因是什么？
2. 火焰矫正的基本方法有几类？
3. 火焰矫正的设备由几部分组成？各有什么作用？
4. 钢铁材料火焰矫正的温度一般是多少？

实训任务 1.4　铜管对接火焰钎焊

实训目标

1. 学习钎焊的基本原理；
2. 学习钎焊的操作技术；
3. 熟悉钎料和钎剂的选择方法；
4. 掌握均匀加热钎料与控制钎焊温度的方法；

5. 具备自觉遵守职业道德和实训操作规范的职业操守；

6. 具备良好的团队协作精神。

1.4.1 任务导入

本任务利用火焰钎焊将铜管对接在一起。火焰钎焊在船舶的空调系统结构制作过程中是一种比较常见的焊接方法，主要用于连接大量的铜管接头。学生将焊接接头装配后，完成如图1–4–1所示的铜管火焰钎焊操作，从而熟悉火焰钎焊设备的使用与调试。

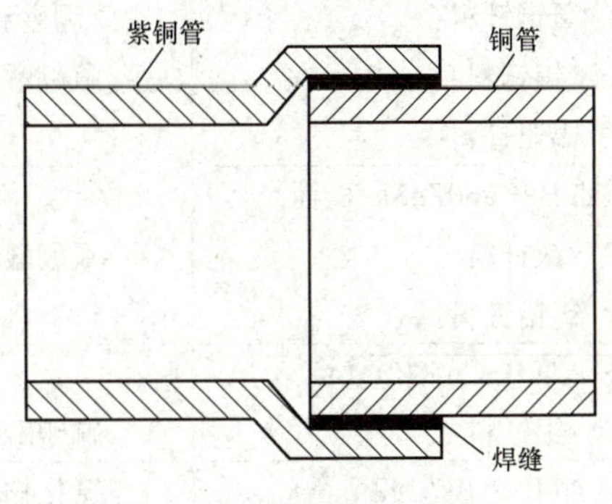

图 1–4–1 铜管火焰钎焊操作

任务分析

钎焊是采用比母材熔点低的金属材料作为钎料，将焊件和钎料加热到高于钎料的熔点而低于母材熔点的温度，利用液态钎料润湿母材填充接头间隙并与母材相互扩散，从而实现连接焊件的一种焊接方法。

1.4.2 相关知识

1. 钎焊基础知识

火焰钎焊是利用空气中的氧气与可燃气体，在焊炬内混合喷出燃烧的火焰将母材金属加热到钎焊温度后再加入钎剂、钎料。钎剂、钎料熔化后通过毛细管流动于钎缝间隙，利用液态钎料的润湿性，填充接头间隙并与母材金属相互扩散，从而连接焊件。

母材的组织、结构性质几乎不发生变化，这样可以保证其原有的使用性能。

（1）设备。氧乙炔火焰钎焊时所用设备和工具与气焊相同，可以利用普通的气焊焊炬，也可以采用专门用于钎焊的焊炬。

（2）钎料与钎剂。

1）钎料。钎焊时作为形成钎缝的填充金属材料称为钎料。钎料应具有合适的熔点（一般应低于被焊金属熔点几十摄氏度），与钎焊金属有良好的熔解和相互扩散作用，能很好地润湿被钎焊的金属，并使钎缝的间隙易于填充。

2）钎剂。钎剂的主要作用是清除钎焊焊件和液态钎料表面的氧化膜，保护钎焊金属和钎料加热过程中不再继续氧化，以及改善钎料对钎焊金属表面的润湿性。钎焊各种材料时常用的钎料和钎剂见表 1-4-1，可供选用时参考。

表 1-4-1　钎焊常用的钎料和钎剂

母材	钎料	钎剂
碳钢	黄铜钎料 银钎料（如 B-Ag45CuZn 等） 锡铅钎料（如 S-Sn40Pb58Sb2 等）	硼砂、硼砂和硼酸混合物 氟硼酸钾和硼酐（如 QJ102 等） 氯化锌、氯化铵溶液
不锈钢	黄铜钎料 银钎料 锡铅钎料	硼砂和氟化钙（如 QJ200 等） 氟硼酸钾和硼酐（如 QJ102 等） 氯化锌和盐酸溶液
铸铁	黄铜钎料（如 B-Cu60ZnSn-R 等） 银钎料 锡铅钎料	硼砂、硼砂和硼酸 氟硼酸钾和硼酐（如 QJ102 等） 氯化锌、氯化铵溶液
硬质合金	黄铜钎料（如 B-Cu58ZnMn） 银钎料	硼砂、硼酐 氟硼酸钾和硼酐（如 QJ102 等）
铝及铝合金	铝基钎料（如 B-A167CuZn 等） 锌锡钎料	氯化物和氟化物（如 QJ201 等） 氯化锌、氯化亚锡（如 QJ203 等）
铜及铜合金	铜磷钎料（如 B-Cu93P 等） 黄铜钎料（如 B-Cu54Zn 等） 银钎料（如 B-Ag45CuZn 等） 锡铅钎料	钎焊铜不用钎剂、钎焊铜合金用 QJ102 等 硼砂、硼酸 氯硼酸钾和硼酐 松香酒精、氯化锌溶液

2. 钎焊接头形式与间隙

（1）接头形式。钎焊接头的形式如图 1-4-2 所示。其中，对接接头强度低，斜接接头制作复杂，一般较少采用。常用的是搭接接头、套接接头、T 形接头、卷边接头等，这些接头的接触面积与搭接长度有关。搭接长度越长，接触面积越大，接头所能承受的力也越大。但搭接长度过大时，钎料无法填满整个间隙。因此，应根据被钎焊金属的厚度和要求，以及工作条件来选定接头的搭接长度。

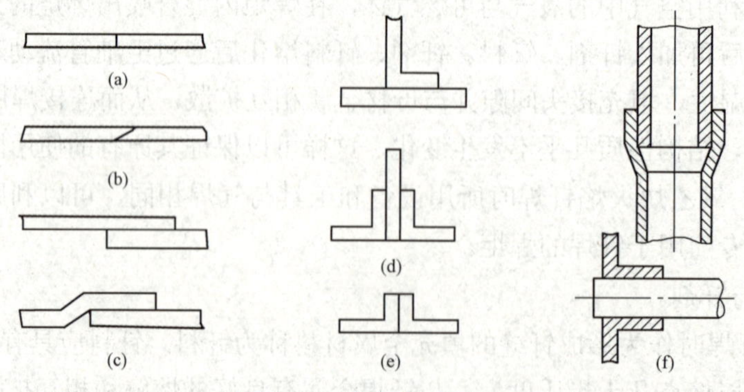

图 1-4-2　钎焊接头的形式

（a）对接接头；（b）斜接接头；（c）搭接接头；（d）T 形接头；（e）卷边接头；（f）套接接头

（2）钎焊间隙。在设计钎焊接头时，正确选择间隙大小是决定钎缝的致密性和强度的重要因素。间隙太小，由于接触表面不均匀，会妨碍钎料的流入；反之，破坏钎料的毛细管作用，使得钎料不能填满接头间隙。表 1–4–2 为常用金属材料钎焊接头的间隙。

表 1–4–2　常用金属材料钎焊接头的间隙

母材	钎料	钎焊接头间隙 /mm
碳钢	铜钎料	0.01 ～ 0.05
	黄铜钎料	0.05 ～ 0.20
	银基钎料	0.02 ～ 0.15
	锡铅钎料	0.05 ～ 0.20
不锈钢	铜钎料	0.02 ～ 0.07
	镍基钎料	0.05 ～ 0.10
	银基钎料	0.07 ～ 0.25
	锡铅钎料	0.05 ～ 0.21
铜及铜合金	黄铜钎料	0.07 ～ 0.25
	铜磷钎料	0.05 ～ 0.25
	银基钎料	0.05 ～ 0.25
	锡铅钎料	0.05 ～ 0.20
铝及铝合金	铝基钎料	0.10 ～ 0.30
	锡锌钎料	0.10 ～ 0.30

3. 焊前工件工装准备

（1）焊前的表面处理。钎焊前焊件的表面处理包括去油、除氧化膜及焊件表面镀覆镀层，焊件表面镀覆镀层是为了改善钎料对某些基体材料表面的润湿性，防止焊件材料在钎焊过程中被严重氧化及钎料形成脆性化合物。

（2）钎焊接头的固定。钎焊接头在钎焊过程中，特别是钎料开始流动时，必须保持设计的正确位置，并保证其要求的间隙。为此，在钎焊装配时要用各种方法固定工件，如紧配合、点焊、铆焊及夹具定位等。图 1–4–3 所示为钎焊典型接头的固定。

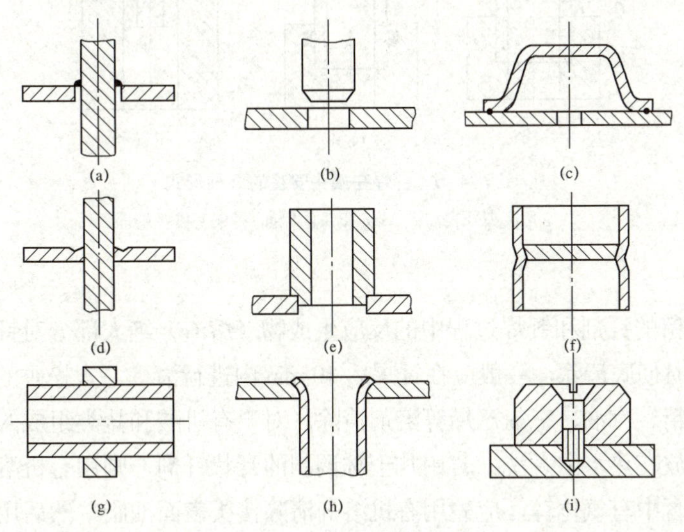

图 1–4–3　钎焊典型接头的固定

（a），（c）点焊；（b）液压；（d），（f）敛缝；（e）自重；（g）紧配合；（h）扩管；（i）螺钉固定

（3）钎料的放置和定位。钎料的放置应保证使钎料和钎焊金属加热温度均匀，并尽可能使钎料在钎焊过程中依靠重力流入接头。钎料从安放位置流动的距离一般应不大于 5 mm；否则，钎缝不易完全填满。图 1-4-4 所示为闭合接头的结构，钎料流入间隙的方向应对钎缝中的气体或钎剂的排出有利，可以靠开气孔解决。

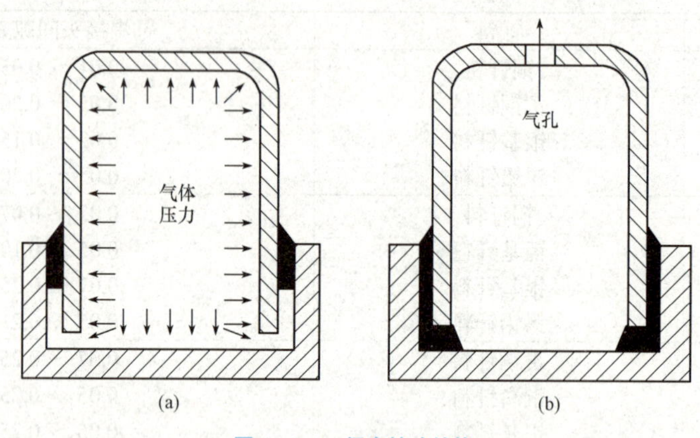

图 1-4-4　闭合接头结构

（a）无排气孔；（b）有排气孔

钎料通常为丝状、薄片状及粉末状，有时还可能是双金属钎焊板。对于粉末状钎料，可以加适当的胶粘剂调成膏状使用。图 1-4-5 所示为钎料在接头上安置的 3 种形式。

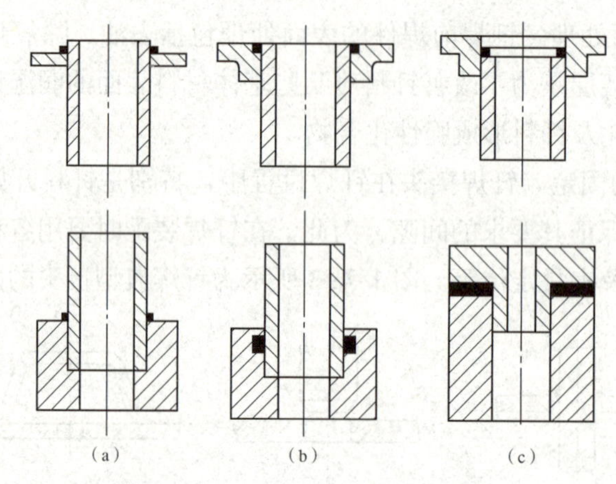

图 1-4-5　钎焊在接头安置的 3 种形式

（a）接头外表面；（b）接头内侧面；（c）接头端面

4. 焊后清理

钎焊后，残留的钎剂和钎焊过程中的反应生成物（熔渣）绝大部分对钎焊接头有腐蚀作用，因此必须及时彻底清除，一般应在钎焊后 10 min 内进行清理。含松香的钎剂不溶于水，可用异丙醇、酒精、汽油、三氯乙烯等溶剂清除。对于有机酸和盐类组成的钎剂，因它们溶于水，可将焊件放在热水中煮洗。若用凡士林调制的膏状钎剂，则用有机溶剂脱除，但用凡士林制成的焊锡膏中有氯化锌，应先用有机溶剂清除接头表面油脂，然后用热水煮洗。碳钢钎焊时用的硼砂、硼酸钎剂，钎焊后呈玻璃状，很难溶于水去除，应用吹砂机等机械方法清除，或用在 70 ℃～ 90 ℃的 2% ～ 3% 的重铬酸钾溶液中进行较长时间的浸洗的方法清除。

1.4.3 任务实施

1. 安全文明生产

（1）采用氧乙炔火焰钎焊时，要防止氧气瓶和乙炔瓶回火和爆炸，若发生回火，必须先关闭乙炔调节阀，然后关闭氧气调节阀。

（2）采用还原性气体作为保护气体进行炉中钎焊时，为防止还原性气体中的氢气与空气混合引起爆炸，炉子在加热前先通 10 ～ 15 min 的还原性气体，以充分排出空气，直到经炉子入口及出口排出的气体正常燃烧后，再开始加热。

（3）避免含有锌、锰、铝等元素的钎料所产生的氧化物对操作者造成伤害，并防止火焰钎焊时所用钎剂中含有的氧化物等直接影响操作者的身体健康。

2. 任务准备

（1）设备及工具：与薄板气焊所用设备及工具相同。

（2）焊炬：H01-6 型，2 号焊嘴。

（3）辅助工具：通针、扳手及钢丝刷。

（4）防护用品：护目镜、工作服、皮手套、胶鞋、口罩等。

（5）焊件：低碳钢管件接头一组。

（6）钎料和钎剂：丝状钎料为 B-Cu62Zn，直径 2 mm。钎剂为硼酸 75%、硼砂 25% 的混合物。

3. 钎焊实施

（1）焊前清理。低碳钢管件可用细砂布（0 号），沿接口周围仔细打磨待焊件表面呈现金属光泽，然后用毛刷或脱脂棉蘸酒精清洗接口表面；钎料可用 15% ～ 20% 硫酸铵水溶液在室温下进行清洗，或者在 12.5% 的硫酸中加 1% ～ 3% 的硫酸钠水溶液（温度为 30 ℃～ 77 ℃）中进行清洗。

（2）装配及定位焊。清理好的管件按图纸规定要求和尺寸装配好。单个接头可直接置于工作台上。多个接头的管件钎焊时需保证各接头之间的相对位置，保持管件的单边间隙为 0.05 ～ 0.1 mm，应用专用的夹具装配。用轻微的碳化焰进行定位焊。通常，直径在 20 mm 以下的接头只定位钎焊 1 点，直径在 20 mm 以上的接头可沿周围均匀分布定位钎焊 2 ～ 3 点。

（3）钎焊操作。采用中性焰或轻微的碳化焰进行钎焊。钎焊时，火焰焰心距离钎焊件表面 15 ～ 20 mm，用火焰的外焰对接头进行加热。在加热管接头过程中，要将焊炬沿接头的搭接部分做上下摆动，使整个焊件加热均匀。当接头表面呈现橘红色时，用钎料蘸上钎剂，沿钎接处涂抹，钎剂即开始熔化流动，并填满间隙，随即加入钎料。若加热温度不足，则液态钎料流动性差，间隙中的钎剂不能及时排出，从而形成钎缝中的钎剂夹渣。若加热温度比钎焊温度高太多，则钎料中的锌剧烈蒸发，使钎缝中产生气孔。

因此，钎焊操作中均匀加热并控制钎焊温度对于保证钎焊质量十分重要。加入钎料后，用外焰前后移动加热焊件搭接部分（火焰不能直接指向钎缝），使钎料均匀地渗入钎焊间隙，如图 1-4-6 所示。若发现钎料不能形成饱满的圆根，可以再加些钎料到钎缝处，使火焰继续沿管件圆周均匀加热，以便钎料均匀铺开，直到整个钎缝形成饱满的圆根。此后，还要用火焰沿钎缝加热两遍，这样做的目的是有利于钎缝中气体的排出，然后慢慢将火焰移开。

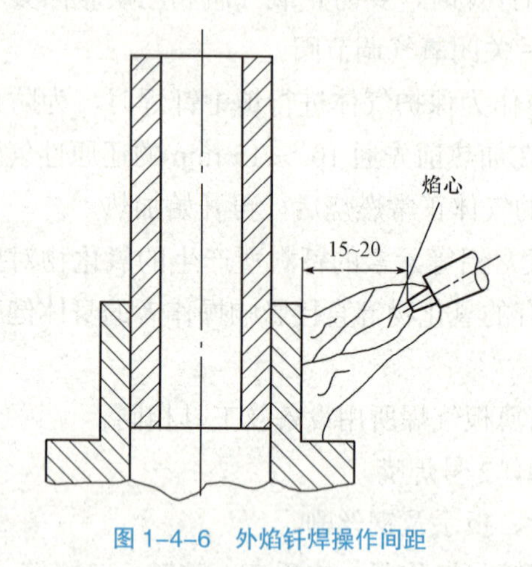

图 1-4-6　外焰钎焊操作间距

（4）焊后清理。焊后可以在用热水冲洗钎焊位置的同时用毛刷刷洗，直至去除残留的钎剂和熔渣。

1.4.4　任务评价

检验焊接质量前要将焊件表面的焊渣及飞溅物清理干净，焊缝不允许修磨和补焊，应保持原始状态。平板件 V 形坡口对接焊考核评分方法见表 1-4-3。

表 1-4-3　平板件 V 形坡口对接焊考核评分方法

序号	检查项目	评判等级				得分
		Ⅰ	Ⅱ	Ⅲ	Ⅳ	
1	焊缝余高 /mm	0 ～ 2	2 ～ 3	3 ～ 4	<0 或 >4	
		10 分	7 分	5 分	1 分	
2	焊缝高度差 /mm	<1	1 ～ 2	2 ～ 3	>3	
		10 分	7 分	5 分	1 分	
3	焊缝宽度 /mm	12 ～ 14	≥ 11 或≤ 15	≥ 10 或≤ 17	<10 或 >17	
		10 分	7 分	5 分	1 分	
4	焊缝宽度差 /mm	<1.5	1.5 ～ 2	2 ～ 3	>3	
		10 分	7 分	5 分	1 分	
5	咬边 /mm	无咬边	深度≤ 0.5		深度 >0.5	
		10 分	每 0.5 mm 扣 2 分		0 分	

续表

序号	检查项目	评判等级				得分
		Ⅰ	Ⅱ	Ⅲ	Ⅳ	
6	正面成形	优	良	中	差	
		10分	7分	5分	1分	
7	外观成形	成形美观，焊缝均匀、细密	成形较好，焊缝均匀、平整	成形尚可，焊缝平直	焊缝弯曲，高低、宽窄明显	
		20分	15分	5分	0分	
8	安全文明	优	良	中	差	
		20分	10分	5分	0分	
汇总（100分）						
注：若试件焊接未完成；表面修补及焊缝表面有裂纹、夹渣、气孔、未熔合缺陷；该件做0分处理						

1.4.5 任务拓展

1. 钎焊基本原理

钎焊的原理是利用某种热源将被焊材料加热到熔点以下的一定温度，再将钎料熔化，通过钎剂的作用，使液态钎料渗透到钎焊接头的缝隙中去，冷却后形成牢固的连接。在钎焊过程中，母材不熔化而钎料熔化，利用液态钎料润湿母材，并填充接头间隙来实现焊接。钎焊的实质就是液态钎料填充接头间隙并与母材发生相互作用后，焊缝冷却结晶的过程。这一过程的关键就是液态钎料填充接头间隙并与母材相互作用。

钎焊有两个要点：一是钎料的熔点要比被焊材料的熔点低很多，少则几十摄氏度，多则超过 1 000 ℃；二是液态钎料与被焊金属之间有良好的结合能力。在两块被焊金属之间，钎料是一个中间层，它决定了整个焊接接头的性能。

母材与钎料的焊接原理如下：

（1）液态钎料向母材的扩散。液态钎料向母材的扩散分为两种情况：一种情况是体积扩散，此时液态钎料组元向母体晶粒内部扩散，在钎料和母材交界邻近母材的一边形成固熔体层；另一种情况是晶间扩散，液态钎料组元扩散到母材的晶粒边界，会使晶界发脆，降低焊缝强度。

（2）母材向钎料的熔解。一般情况下，在钎焊过程中会发生母材熔于液态钎料的现象，这样会引起焊缝组织的变化，从而影响钎焊接头的质量。如果母材的熔解生成了脆性化合物，会使焊缝的延展性和强度降低。

2. 钎焊前焊件的表面处理

焊件表面如果不洁净，会产生气孔、裂纹等焊接缺陷，而且焊件表面的氧化物、油脂等阻碍了液态钎料的润湿作用，这样就会造成钎料无法填充接头间隙。为了保证钎焊质量，必须进行焊件的表面清洗工作。

（1）钎焊前焊件的去油。矿物油可用有机溶剂清洗，动植物油可用碱性溶液清洗，若两种油脂同时存在，必须用两种或更多方法清洗。

1）有机溶剂去油。常用的有机溶剂有汽油、丙酮、三氯乙烯等，其中三氯乙烯的去油效果最好，但毒性较大。具体做法是用汽油浸泡除油，用丙酮洗净，然后吹干即可。

2）碱性溶液去油。铜和铜合金、低碳钢、不锈钢、钛和钛合金等，可放在 80 ℃～ 90 ℃的 10%NaOH 水溶液中浸洗 8 ～ 10 min，然后用清水冲洗干净。

（2）氧化膜清理。氧化膜可用机械方法或化学方法去除。单件生产时，可用锉刀、砂纸、金属刷等清理；小批量生产时，可用喷砂、砂轮、机动金属刷清理；大批量生产，要求高生产率和高可靠性时，可采用化学方法清理，清理后应进行光亮处理和水冲洗，清洗后的焊件表面严禁用手摸或与污染物接触，清洗后的焊件应立即装配或放入干燥器保存，装配时应戴棉布手套操作，防止污染焊件。

（3）焊件表面镀覆金属。在母材表面镀覆一层金属，其目的是改善母材的钎焊性和钎料对母材的润湿性，减少母材与钎料的相互作用，防止产生裂纹，以及在界面产生脆性化合物。镀覆的方法有电镀、化学镀、熔化钎料热浸等。

3. 钎焊接头的设计

（1）钎焊接头的基本形式。钎焊接头的基本形式主要有对接接头和搭接接头两种。T形接头相当于对接接头，套接接头相当于搭接接头。钎焊接头多以搭接接头为基础进行多种形式的演化。钎焊接头的基本形式如图 1-4-7 所示。

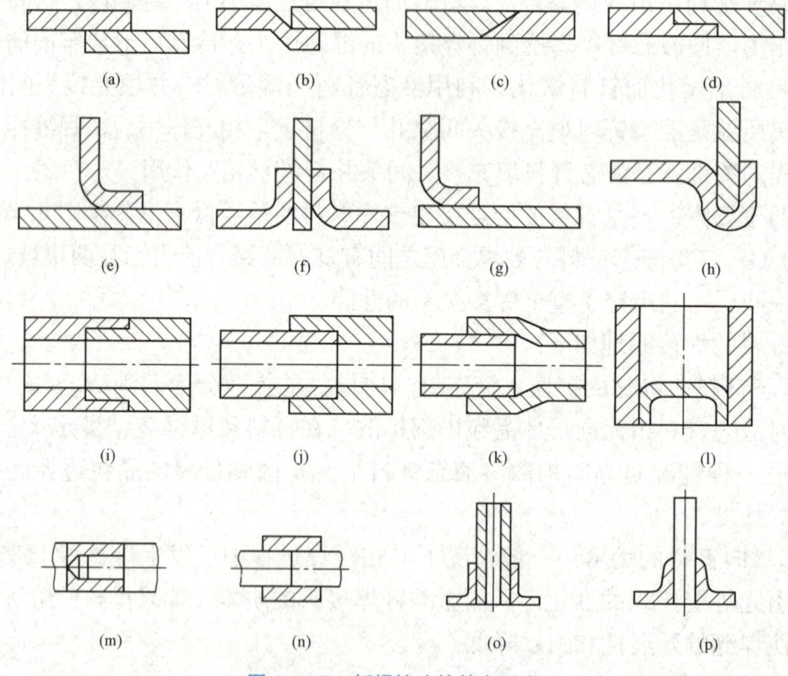

图 1-4-7　钎焊接头的基本形式

（a），（b）普通搭接接头；（c），（d）对接接头的局部搭接接头；
（e）～（h）T 形接头和角接接头的局部搭接接头；
（i）～（k）管件的套接接头；（l）管件与底板的套接接头；
（m），（n）杆件的钎焊接头；（o），（p）管件或杆件与凸缘的钎焊接头

（2）钎焊接头的搭接长度。为了使搭接接头与母材具有相等的承载能力，搭接长度 L 可按下式计算：

$$L=a\frac{R_m}{\sigma_t}\delta$$

式中 a——安全系数；

R_m——母材抗拉强度（MPa）；

σ_t——钎焊接头抗剪强度（MPa）；

δ——母材板厚度（mm）。

在生产实践中，搭接长度通常为钎焊金属厚度 3 倍以上，但较少超过 15 mm，因为搭接长度超过 15 mm 时，在钎焊操作时很难获得完美的钎缝。

（3）钎焊接头间隙。钎焊接头间隙的大小对钎焊接头强度有较大影响。无论搭接或对接，接头间隙越小，强度越高，但接头间隙过小会妨碍钎料填缝。接头间隙的大小不但与母材金属及钎料性能有关，而且与焊件的形状、体积及钎焊工艺有关。

钎焊接头间隙受下列因素影响：

1）对于流动性好的钎料，接头间隙应小些；对于流动性差的钎料，接头间隙应大些。

2）采用钎剂时，接头间隙应大些。

3）与水平面垂直位置的接头间隙应小些，以免钎料流出，而水平位置及搭接长度大的接头间隙应大些。

4）当母材与钎料的相互作用强烈时，接头间隙应大些。例如，用铝基钎料钎焊铝材，由于母材的熔解会使钎料熔点提高，流动性降低，预留的接头间隙应大些。

4. 钎料和钎剂的特性

（1）钎料的分类。钎料通常按其熔点分成软钎料和硬钎料两大类。

1）软钎料。软钎料是指熔点低于 450 ℃的钎料，可分为以下几种：

①锡基钎料。锡基钎料是应用最广的一类钎料，含银、锌、铜的锡基钎料具有较高的熔化温度和工作温度，常用来钎焊在较高温度环境中工作的电子元器件与机电产品。

②铅基钎料。铅基钎料的耐热性比锡基钎料好，常用铅基钎料来钎焊铜或黄铜接头，也可用于微电子元器件的焊接。

③镉基、锌基钎料。镉基、锌基钎料属于熔点较高的软钎料。

a. 镉基钎料。其主要成分是镉银合金，耐热性及耐腐蚀性都很好。

b. 锌基钎料。其主要用于钎焊铝及铝合金，但强度低，延展性差。

④低熔点钎料。低熔点钎料主要包括镓基钎料、铋基钎料和铟基钎料。

a. 镓基钎料。适用加热温度不宜过高的场合，它可与银、铜和镍粉混合制成复合钎料使用。

b. 铋基钎料。能与多种金属形成熔点很低的共晶物，可用于制造热敏电子元器件。

c. 铟基钎料。可与锡、铅、锌等形成一系列低熔点共晶物，在玻璃、陶瓷和低温超导器件焊接中应用较广泛。

2）硬钎料。硬钎料是指熔点高于 450 ℃的钎料，可分为铝基钎料、银基钎料、铜基钎料、锰基钎料、镍基钎焊和钯基钎料。

①铝基钎料。铝基钎料以铝硅合金为基，主要用来钎焊铝和铝合金材料。

②银基钎料。银基钎料主要是银铜和银铜锌合金，有时加入镉、锡、镍等元素。银基钎料广泛应用于钎焊低碳钢、结构钢、铜和铜合金等材料。

③铜基钎料。铜基钎料主要分为铜锌、铜磷和铜锗钎料，用于钢、合金钢、铜和铜合金的钎焊。

④锰基钎料。锰基钎料的延展性好，对不锈钢、耐热钢具有良好的润湿能力，适合在低真空及保护气作用下钎焊500 ℃左右、长期工作的不锈钢和耐热钢部件。

⑤镍基钎料。镍基钎料具有优良的耐腐蚀性和耐热性，常用于钎焊奥氏体不锈钢、双相不锈钢、马氏体不锈钢等材料，也可用于碳钢和低合金钢材料的钎焊。

⑥钯基钎料。钯基钎料润湿能力强、蒸气压低、延展性好，适用不锈钢、镍基合金等材料的钎焊。

（2）钎剂的分类及要求。钎焊时使用的熔剂称为钎焊焊剂，简称钎剂。在钎焊过程中，钎剂的主要作用是减小钎料的表面张力，改善钎料对母材的润湿性，并消除钎料和母材表面的氧化物，保护焊件和液态钎料在钎焊过程中不被氧化。因此，对于大多数钎焊方法，钎剂是不可缺少的。

钎剂可分为软钎剂、硬钎剂、铝用钎剂和气体钎剂。

1）软钎剂。软钎剂是指软钎焊用的钎剂，按其成分可分为有机软钎剂和无机软钎剂两类，按腐蚀性可分为非腐蚀性软钎剂（如松香，在300 ℃下使用）和腐蚀性软钎剂（如氯化锌水溶液）两类。

2）硬钎剂。硬钎剂是指硬钎焊用的钎剂，如硼砂、硼酸及其混合物等。这类钎剂黏度大，活性温度高，必须在800 ℃以上使用。

3）铝用钎剂。铝用钎剂属于专用钎剂，铝及其合金熔点较低，化学活性很强，其表面氧化膜致密、稳定，且熔点极高，适用对难以清除氧化膜的金属材料进行钎焊。常用的铝用钎剂又可分为铝用软钎剂和铝用硬钎剂两类。

4）气体钎剂。气体钎剂是一种特殊类型的钎剂，分为炉中钎剂和火焰钎剂，钎焊后无固体残渣，焊件也不用清洗。所有用作气体钎剂的化合物，其气化产物均有毒性，故使用时必须采用相应的安全措施，如三氧化硼。

5. 焊接参数

钎焊的焊接参数主要是焊接温度和焊接时间。

（1）焊接温度是保证钎焊质量的关键因素，焊接温度通常高于钎料熔点25 ℃～60 ℃，以保证液态钎料能填满间隙。若希望钎料与母材充分反应，钎焊温度应适当提高一些，如用镍基钎料焊接不锈钢时，焊接温度可以高于钎料熔点100 ℃左右。

（2）焊接时间的选择以刚好均匀填满焊缝为原则。钎焊保温时间与焊件体积、钎料与母材相互作用的剧烈程度有关，焊件尺寸稍大，保温时间应长一些；如果钎料与母材作用强烈，则保温时间应短一些。若保温时间过长，将会造成熔蚀等缺陷。

任务思考

1. 钎焊前工件表面处理的原因有哪些？
2. 液态钎料填充接头间隙的必备条件是什么？
3. 影响钎焊接头间隙的因素有哪些？
4. 铜管钎焊对接的温度一般是多少？

●大国工匠

中船集团主题教育先进人物邓奕柱

作为一种牢固可靠的金属连接工艺，焊接技术在船舶建造中应用较为广泛，也出现了一批优秀的大国工匠。

邓奕柱，中共党员，中船黄埔文冲船舶有限公司船舶电焊工高级技师，高级技能专家，船舶电焊领域首席技师，全国技术能手，享受国务院政府特殊津贴，首届广州“黄埔工匠”。

1. 敢于争先的“尖刀”精神

1990 年 7 月，邓奕柱从文船技校焊接专业毕业后被分配到文船公司船体工程部从事焊接工作。在实习学徒期间，他认真学习各种手工焊接的操作技能，很快便掌握了手工焊全位置焊接方法，训练出过硬的实操技术和良好的工作作风，成为最早承担船体大合拢口焊接工作的实习生。1999 年，他在文船公司举行的青年职工技术比武中一举夺魁，同年被任命为搭载科专焊班组的组长。

2002 年，文冲船舶有限公司建造的一艘 1 200 TEU 集装箱船，在交付前发现挂舵壁板厚不满足设计要求，邓奕柱小组承担了修复任务。为了保证在交付时间前完成任务，邓奕柱克服施工位置狭窄、作业环境高温、工艺繁杂等困难，带领班组奋战四天四夜，高质量地完成焊接修复任务，顺利通过了船检的验收，保证船舶按期交付。此后，在许多船舶建造的难点项目中，邓奕柱焊接班一直都施工在第一线，始终保持敢打敢拼、爱岗敬业、身先士卒的作风，带领班组成员完成了许多别人难以承担的焊接任务。正是因为这种精神，邓奕柱带领的专焊班组被大家誉为“尖刀”精神的楷模。他带领所在班组主要从事焊接难度最大、技术要求最高的大合拢焊接等工作，涉及集装箱船、散货船、挖泥船、沥青船及重吊船等多种船型。

2. 积极探索焊接新工艺、新方法

焊接技术是船舶加工制造以及船舶工业发展中的一项关键技术，焊接工时占到建船总工时的 30%～40%，焊接效率和焊接质量将直接影响船舶加工制造的生产周期、成本费用以及船体质量等。为了提升焊接生产效率，邓奕柱积极参与焊接新工艺的研究，解决了集装箱船倾斜部位焊接的倾斜位置气电焊、大间隙（8～12 mm）垂直气电焊、全位置焊接小车、FAB 法埋弧焊接船舶大合拢等问题，有效改进了多种先进、高效的焊接自动化加工技术，在提高船舶建造效率、降低船舶建造成本、提高船舶建造质量等方面具有重要作用。

与此同时，邓奕柱积极开展“传、帮、带”，即“师带徒”一对一指导活动，把船舶焊接技术传授给更多的员工；另外，他还帮助文船公司成立船舶电焊工技能培训鉴定考评小组，编制了手工焊法、二氧化碳焊内部培训、船舶电焊工（中级、高级）职业技能比赛技术文件等若干重要资料。

2017 年，以其名字命名的“邓奕柱劳模创新工作室”在黄埔文冲成立。目前，邓奕柱带领班组成员先后在 8 400 t 重吊船、1 400 TEU 集装箱、13 800 t 重吊船项目中解决了焊接项目的诸多难题。

02 项目 2　焊条电弧焊实训

实训任务 2.1　平敷堆焊

实训目标

1. 学习 ZX7-400 焊机结构知识；
2. 学习平敷堆焊运条法；
3. 掌握垂直引弧法和划擦引弧法；
4. 熟悉平敷堆焊焊道连接、焊道收尾的方法；
5. 掌握平敷堆焊中常见缺陷产生的原因和防止措施；
6. 具备严谨认真、精益求精的工匠精神；
7. 具备安全意识、责任意识，以及爱岗敬业、无私奉献的劳动精神。

2.1.1　任务导入

本任务利用 ZX7-400 型焊机在焊件上进行定点引弧操作、引弧堆焊操作及平敷堆焊操作训练，即将一块低碳钢板表面清理干净，置于水平位置，在焊件上堆敷焊道，其技术要求如图 2-1-1 所示。通过引弧、引弧堆焊和平敷堆焊的训练，掌握引弧和稳弧操作技能，熟悉运条和运条方法，并掌握焊道的起头，以及焊道的接头和收尾的操作方法。

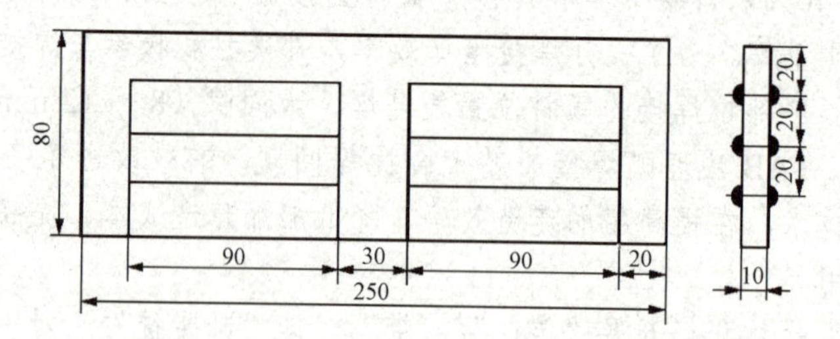

技术要求
1. 工件材料 Q235-A。
2. 在钢板上的运条轨迹处按正、反面进行引弧与平敷堆焊。
3. 要求焊缝基本平直，接头圆滑，填满收尾弧坑。
4. 焊缝宽度 c=（10±1）mm，焊缝余高 h=（2±1）mm。

图 2-1-1　平敷堆焊的技术要求

任务分析

平敷堆焊是将焊件置于水平位置，在焊件上堆敷焊道的一种操作方法。在焊件上用划擦引弧法引弧是焊条电弧焊的一种最基本的操作方法。平敷堆焊有许多优点，首先是容易焊接，熔滴由于重力易落入熔池，不易滴落在外，焊缝成形较好；其次是观察电弧方便，手持焊钳不易疲劳，还可以使用粗焊条和大电流，从而提高生产效率。

平敷堆焊应注意以下问题：

（1）引弧时手法要稳，否则容易将焊条粘在焊件上；

（2）焊条向熔池输送时，对电弧长度的控制应合适，否则易出现电弧不稳的现象；

（3）焊缝形成过程中应分清熔池和熔渣，以免产生夹渣缺陷；

（4）焊条向熔池输送时应将运条速度保持均匀、焊接电流调节恰当，以保证焊缝成形。

2.1.2 相关知识

1. 焊机结构特征

以 ZX7-400（PE50-400）为例，其前后面板结构及说明如图 2-1-2 所示。

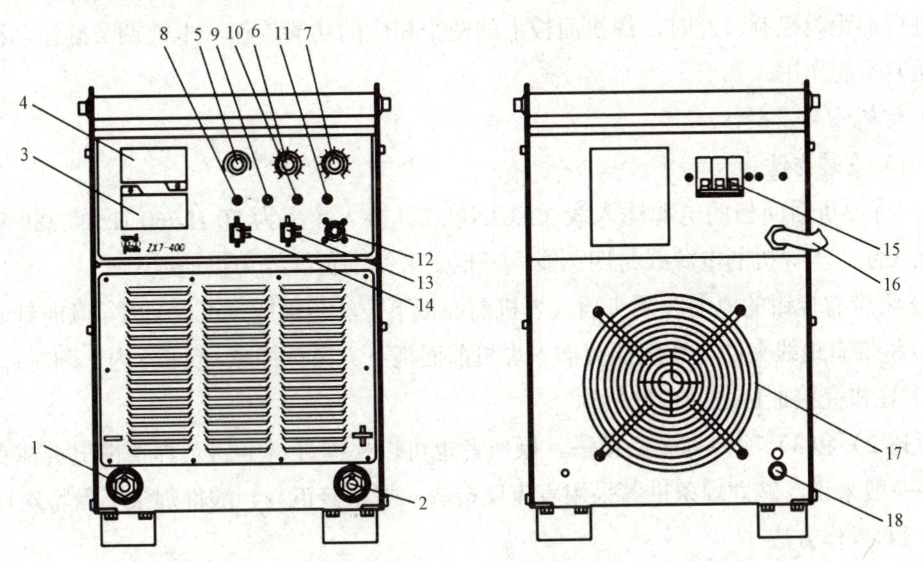

图 2-1-2 ZX7-400 前后面板结构

（a）前面板；（b）后面板

1—负极输出端子（黑色）；2—正极输出端子（红色）；3—电压表（显示空载电压或电弧电压）；4—电流表（显示设定电流或焊接电流）；5—电流调节旋钮；6—推力调节旋钮；7—引弧电流调节旋钮；8—欠压报警灯；9—过压报警灯；10—过流报警灯；11—过热报警灯；12—有线遥控器插座（选装）；13—斜特性开关；14—遥控器开关；15—空气开关（电源开关）；16—三相电源输入线 380 VAC；17—风扇罩；18—接地端子

2. 主要功能单元及其工作原理

ZX7-400 弧焊电源主要由功率主电路，控制、保护及显示电路，电源及驱动电路，遥控电路等几部分构成，其工作原理的简要说明如下。

（1）功率主电路。开机后，电网输入的三相交流电经整流电路整流、滤波，成为纹波较小的直流，然后由逆变电路逆变为高频交流电，最后经主变压器降压，后经整流电路整流、滤波，实现直流输出。

（2）控制、保护及显示电路。

1）控制电路主要控制输出电流，实现其输出外特性及动特性要求，并对主电路工作状态进行监控。

2）保护电路主要用于确保主电路安全工作。当主电路发生异常，如在开关器件上有过流产生、功率器件过热、电网电压下降到较低值时，切断主电路，以保证元器件及电网不受损坏。

3）显示电路采用数显表显示设定电流 / 焊接电流［斜特性时不显示设定电流空载电压 / 电弧电压（选装）］，操作者可以通过电流数显表直接预置较为准确的焊接电流，预置焊接电流值为燃弧电流值，实际焊接电流值包含有推力电流。

（3）电源及驱动电路。电源及驱动电路有两个方面的作用：一方面为驱动电路及控制电路提供电源；另一方面可以驱动功率器件实现逆变。

（4）遥控电路。遥控电路主要用于远距离或高空作业时，对焊接电流和推力电流等参数进行远距离控制。此时，焊机面板上的两个相应的功能旋钮（电流调节旋钮和推力调节旋钮）不起作用。

3. 焊机安装及操作

（1）安装方法。

1）将焊机后面板的电源输入线（ACINPUT）接入频率为 50 Hz/60 Hz 的 380 V 三相交流电（注：本焊机的电源线是四芯线，三根是火线，黄绿线为接地线）。

2）将带有焊钳的电缆线插头插入焊机前面板下方红色插座（正极）内，顺时针旋紧。

3）将带有地线夹的电缆线插头插入焊机前面板下方黑色插座（负极）内，顺时针旋紧。

4）在机壳接地标志处良好接地。

上述 2）和 3）项为直流反接法。操作者也可以根据母材金属及焊条情况选择直流正接法。一般来说，碱性焊条推荐采用直流反接法（焊条接正），酸性焊条不做特殊规定。

（2）操作方法。

1）按上述步骤安装无误后，将后面板上的空气开关合上，焊机即启动，这时电压表显示电压为空载电压值，电流表显示电流为负值，表示预置电流值，若转动电流调节旋钮，则电流值为 -40 ～ -26 A。

2）推力电流调节范围为 25 ～ 200 A。

3）根据焊条规格型号预调焊接电流和推力电流，将焊条夹好，利用短路引弧便可进行焊接操作。低碳钢焊接参数推荐可参考表 2-1-1。

表 2-1-1　低碳钢焊接参数推荐

焊条直径 /mm	推荐焊接电流 /A（选装）	推荐焊接电压 /V
1.0	20 ～ 60	20.8 ～ 22.4
1.6	44 ～ 84	21.76 ～ 23.36
2.0	60 ～ 100	22.4 ～ 24.0
2.5	80 ～ 120	23.2 ～ 24.8
3.2	108 ～ 148	24.32 ～ 24.92
4.0	140 ～ 180	24.6 ～ 27.2
5.0	180 ～ 220	27.2 ～ 28.8
6.0	220 ～ 260	28.8 ～ 30.4

4）本焊机可采用自适应加推力技术，有效解决了在加长线焊接时可能存在的不加推力的问题，能可靠满足使用加长线焊接时的需要。

5）前面板上有一个斜特性开关，当操作者不使用斜特性方式时，将此开关打在关位，即关闭斜特性。当操作者使用斜特性方式时，此时不显示预设电流，且推力调节旋钮不起作用。当线路过长时，也可使用斜特性，并将电流设定值调大（焊接时的最大电流约为 230 A），直至能够正常焊接。

引弧电流调节旋钮一般推荐放在较大位置，若工件太薄防止烧穿工件，或焊接时要减小引弧飞溅，则可以调至较小的位置。

推力电流的调节要适当，推力电流大，焊接时不易黏焊条；但推力电流过大，飞溅增加。在细焊条、小电流焊接或全位置焊接时，推力电流大小的选择尤为重要，具体参数要根据焊接工艺的要求来制订。

4. 平敷堆焊操作

（1）平敷堆焊操作姿势。操作时，左手持面罩，右手拿焊钳，焊钳上夹持焊条，如图 2-1-3 所示。平敷堆焊可采用蹲式操作，蹲姿要自然，两脚夹角为 70° ～ 85°，两脚距离为 240 ～ 260 mm。持焊钳的胳膊可半伸开，悬空无依托地操作。

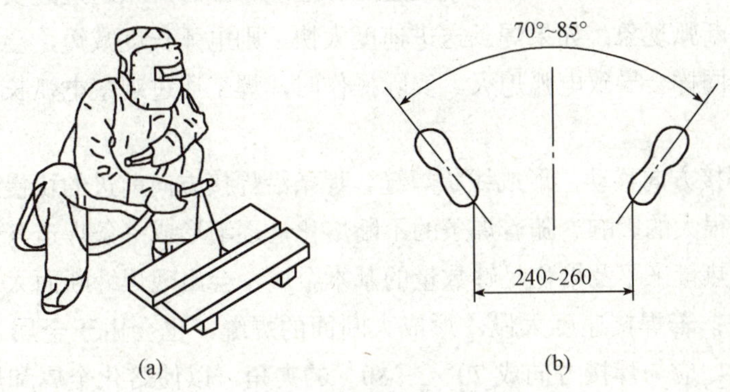

图 2-1-3　平敷堆焊操作姿势

（a）蹲式操作；（b）两脚的位置

（2）引弧。采用焊条电弧焊时，引燃焊接电弧的过程叫作引弧。焊条电弧焊常采用接触引弧法，即把焊条与焊件轻轻接触形成短路，再拉开焊条引燃电弧的方法。常用的引弧方法有如下两种。

1）垂直引弧法 [图 2–1–4（a）]。垂直引弧法是将焊条末端垂直地接触焊件表面，然后迅速将焊条提起，引燃电弧后，使焊条末端与焊件保持一定距离，这样能使电弧稳定燃烧。这种引弧方法的优点是不会使焊件表面造成划伤缺陷，又不受焊件表面的大小及焊件形状的限制，所以是正式生产时主要采用的引弧方法；缺点是焊条与焊件往往要碰击几次才能使电弧引燃和稳定燃烧，操作不易掌握。

2）划擦引弧法。划擦引弧法是先将焊条末端对准焊件，然后像划火柴一样将焊条向焊件表面接缝处轻轻划擦一下，引燃电弧，再迅速将焊条提升到使弧长保持 2 ～ 3 mm 高度的位置，使之稳定燃烧，如图 2–1–4（b）所示。这种引弧方式的优点是焊条离开焊件的速度比较慢，容易引燃，但容易损伤焊件表面，造成焊件表面划伤的痕迹。使用碱性焊条时为避免焊条与焊件粘结，适合采用此种引弧法。

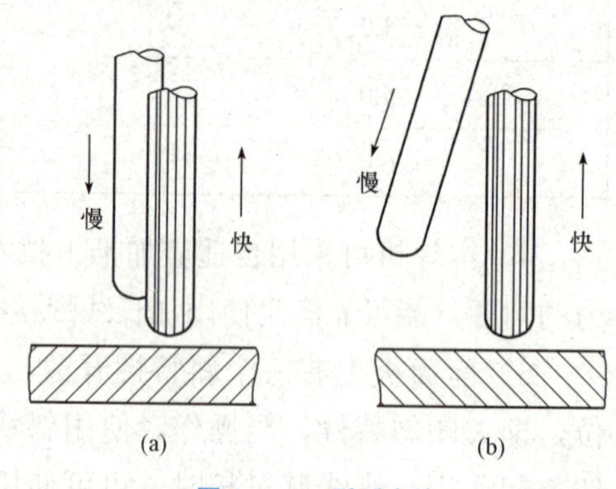

图 2–1–4　引弧方法

（a）垂直引弧法；（b）划擦引弧法

（3）运条。引燃电弧后，便可进行焊接，为了保持电弧燃烧稳定和获得良好的焊缝成形，焊条要做三个方向的运动，即三个基本动作：焊条向熔池送进、沿焊接方向移动和横向摆动，如图 2–1–5 所示。运条是整个焊接过程中最重要的环节，直接影响焊缝的外观成形，是衡量焊工操作技术水平的重要标志之一。

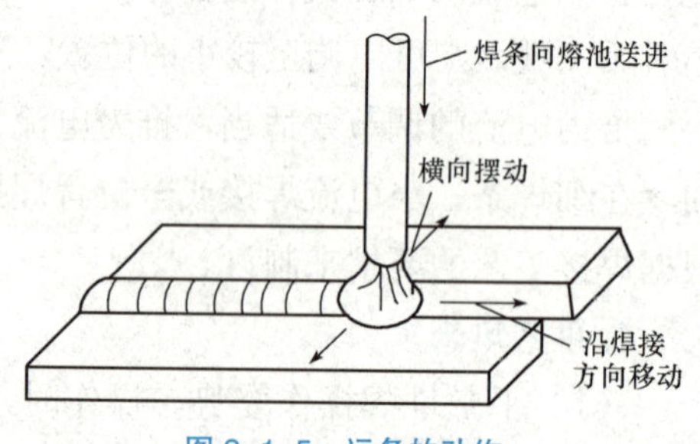

图 2–1–5　运条的动作

1）焊条向熔池送进，维持所需电弧长度。随着焊条连续被电弧熔化，弧长拉长。为了维持电弧长度，焊条送进速度应与焊条的熔化速度相适应。如果焊条送进速度太慢，则电弧长度增长，会发生断弧现象；如果焊条送进速度太快，则电弧长度减短，会使焊条和熔池接触，造成短路，同样会导致电弧熄灭。实际操作时，焊工通过观察电弧长度来操作焊条的送进速度。

2)焊条沿焊接方向移动，形成线状焊缝。焊条沿焊接方向前进的快慢就是焊接速度，它对焊缝质量有很大的影响。随着焊条的不断熔化，逐渐形成一条焊道（焊缝）。若焊接速度太快，电弧热量来不及熔化足够数量的基本金属，会出现焊缝断面太小及形成未焊透或未熔合等现象；若焊接速度太慢，形成大断面的焊缝，也会由于金属过热导致焊件烧穿。焊条移动时，应与焊接方向成 70° ～ 80° 的夹角，以使熔化金属和熔渣推向后方，如果熔渣流向电弧的前方，则会造成夹渣等缺陷，如图 2–1–6 所示。运条的这两个动作不能机械地分开，应融合在一起，这样才能焊出外形美观的焊缝。

3）焊条横向摆动，获得一定宽度的焊缝。有时为了增加焊缝的宽度，保证焊缝正确成形，焊条可做横向摆动；同时焊条的横向摆动也可延缓熔池金属的冷却结晶时间，有利于熔渣和气体的浮出。横向摆动的幅度根据焊缝的宽度要求和焊条直径而选定。焊条横向摆动要力求均匀，才能得到同样整齐的焊缝。常见的运条方式有直线往复形、月牙形、锯齿形，如图 2–1–7 所示。

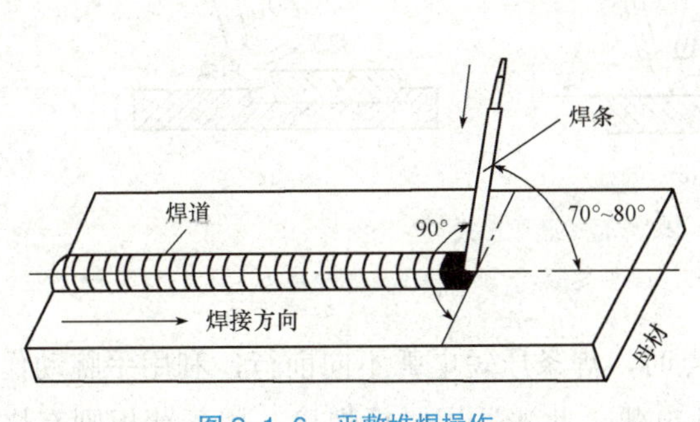

图 2–1–6 平敷堆焊操作

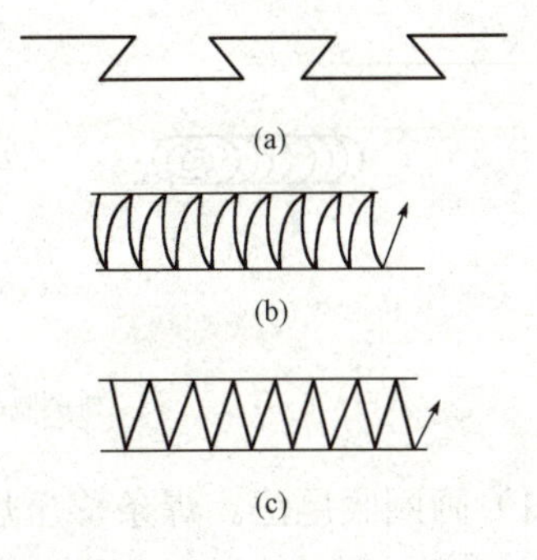

图 2–1–7 常见的运条方式

（a）直线往复形；（b）月牙形；（c）锯齿形

（4）焊道连接。由于受焊条长度的限制，一根焊条不能焊完整条焊道，焊接长焊道时需要将焊缝逐段连接起来。另外，由于焊接顺序的需要，后焊焊缝的端头或弧坑要连接前焊的焊缝。为了保证焊道的连续性，要求每根焊条所焊的焊道相连接，此连接处就称为焊道的接头。一条焊缝常常要用几根或十几根焊条焊接完成，这样，焊缝就由数段或 10 余段连接而成，为了保证焊缝外观质量，必须注意焊道之间的连接。焊道的连接形式有四种，如图 2–1–8 所示。无论采用哪种形式，都需要焊缝保持高低、宽窄一致。

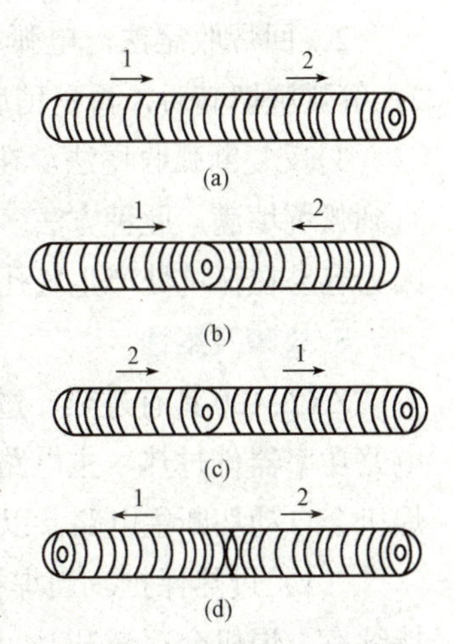

图 2–1–8 焊道的连接形式

（a）头接尾；（b）尾接尾；（c）尾接头；（d）头接头

1）头接尾。连接的方法是在先焊焊道焊尾前面约 10 mm 处引弧，弧长比正常焊接稍长些，然后将电弧移到原弧坑的 2/3 处，待填满弧坑后，便可进入正常焊接。如果电弧后移过多，则可能造成接头过高；后移太少，则造成接头脱节，弧坑填不满。

2）尾接尾。后焊焊道从接头的另一端引弧，焊到前焊道的结尾处，焊接速度略慢些，以填满焊道的焊坑，然后以较快的焊接速度再略向前，熄弧。

3）尾接头。后焊焊道结尾与先焊焊道起头相连接，再利用结尾时的高温熔化先焊焊道的起头处，将焊道焊平后快速结尾。

4）头接头。要求先焊焊道的起头处要略低些，连接时在先焊焊道的起头略前处引弧，并稍微拉长电弧，将电弧引向先焊焊道的起头处，再覆盖其端头，待起头处焊道焊平后向先焊焊道相反的方向移动。

（5）焊道收尾。由于焊条是有长度的，待焊条熔化到无药皮前 10 mm 处要收弧。焊道收尾的关键是焊条焊完后如何熄弧。在焊接过程中，由于电弧有吹力，熔池呈凹坑状，而且低于已凝固的焊道。如果收尾时立即断弧，则会使弧坑低于母材表面，使弧坑存在未填满的缺陷，导致弧坑低处截面面积减小，强度降低，甚至产生裂缝。另外，碱性焊条还会因熄弧不当引起弧坑而出现气孔，而在船体结构焊接中是不允许有弧坑存在的。

为避免出现弧坑，焊道收尾可采用以下三种方法，如图 2–1–9 所示。

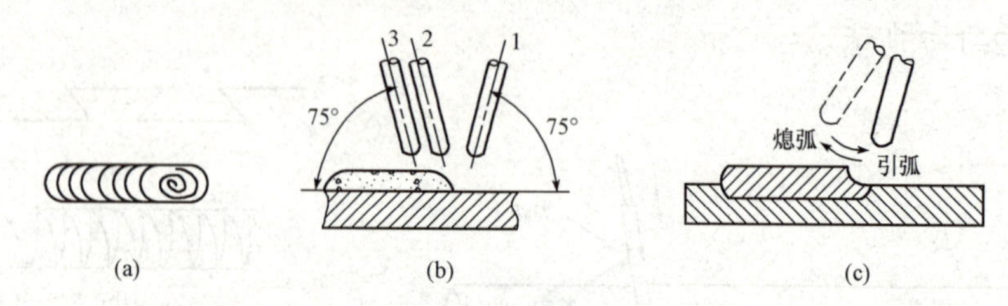

图 2–1–9　焊道的收尾形式

（a）画圈收尾法；（b）回焊收尾法；（c）反复断弧收尾法

1）画圈收尾法。焊条移至焊道终点时，焊条压短电弧不向前行，利用手腕动作（臂不动）作画圈动作，待填满弧坑后拉断电弧，此法适用厚板焊接，用于薄板则有烧穿的危险。

2）回焊收尾法。电弧在焊段收尾处停住，同时改变焊条的方向，由位置 1 移至位置 2，等弧坑填满后，再稍稍后移至位置 3，然后慢慢拉断电弧。此法宜用于低氢型焊条。

3）反复断弧收尾法。在焊段收尾处，于较短时间内，熄灭电弧和引燃电弧重复数次，直到弧坑填满。此种方法多用于薄板、大电流焊接或打底层焊缝。碱性焊条不宜用此法，因为容易在弧坑处产生气孔。

5. 故障及维修

ZX7–400 具有过热、过流、欠压、过压等保护功能，当焊机大负荷工作时间过长，主电路功率器件过热、主电路 IGBT 因故过流、电网电压过低或机器内部出现类似短路时，焊机会自动切断主电路，以保证焊机或电网不受损坏。

（1）过热保护。当焊机长时间大负荷运行，其负载持续率大大超过焊机的额定负载持续率，焊机会逐渐升温。为了避免焊机温升过高而损坏内部器件，当主功率器件温度升高到一定值后，焊机过热保护电路动作，前面板的过热报警灯亮，并切断主电路，焊机不输出电流，电流表显示设定电流，电压表显示 000。此时可以不关机，待功率器件温度降下来后，焊机将自动恢复正常工作。

（2）过流保护。当主电路 IGBT 因故出现过电流时，IGBT 可能会受损，此时焊机将自动切断主电路并锁定，焊机前面板上的过流报警灯亮，出现这种情况后须关机，稍后再开机，若继续出现过流，需维修人员处理，待故障排除后再使用焊机。

（3）欠压保护。当电网电压低至 280 V 以下时，焊机将不能正常工作，前面板的欠压报警灯亮，并切断主电路，出现这种情况后可不关机，待电网恢复正常后，焊机将自动恢复正常工作。

（4）过压保护。当电网电压超过 470 V 时，焊机将不能正常工作，前面板的过压报警灯亮并切断主电路。出现这种情况后可不关机，待电网恢复正常后，焊机将自动恢复正常工作。

（5）常见问题及解决方法。

1）开机后风扇不转或转速不正常：原因可能是电源缺相或电网电压太低，可检查电源线或电网，待电源线接好或电网恢复正常后，问题可解决。

2）不能建立正常电弧：原因同上。

3）引弧：若感觉引弧困难，可适当增大引弧电流；若感觉引弧暴躁或引弧熔池过大甚至引弧时烧穿工件，则适当减小引弧电流。

4）飞溅与断弧：焊接过程中出现黏条或断弧时，应适当增大推力；若飞溅大、焊缝成形差，应适当减小推力。

5）焊钳发烫：原因可能是焊钳额定电流太小，换额定电流大的焊钳即可。

2.1.3 任务实施

1. 安全文明生产

焊前，焊工必须穿戴好劳动防护用品，包括护目镜、面罩、工作帽、工作服、护脚和焊工手套等，还要选用合适的护目玻璃色号。牢记焊工操作时应遵循的安全操作规程，在作业中贯彻始终。

（1）预防电弧光伤害。焊接电弧产生的强烈弧光，主要是可见光和不可见的紫外线与红外线，对焊工的眼睛和皮肤有较大的刺激性，它能引起电光性眼炎和皮肤的灼伤。焊工必须佩戴具有符合要求的遮光镜片的面罩，穿戴好个人防护用品和用具，并采取适当的保护措施，以防周围人群受弧光伤害。

（2）防止金属飞溅造成的灼伤和火灾。焊工应穿戴好帆布工作帽及工作衣裤，做好自身的防护工作。检查工作服、皮手套和面罩无灼伤的破洞，以免火花溅进而灼伤皮肤。焊接工作场地不应有木屑、油脂和其他易燃物。

（3）预防爆炸、中毒及其他伤害。焊接工作场地应装置良好的通风设备，拖拉焊接电缆时要注意周围环境，不要用力过猛，避免拉倒人和物体，造成意外事故。焊接工作场地属于易燃、易爆等危险作业场所，严禁吸烟和明火作业。

2. 焊前准备

（1）焊机。准备 ZX7-400 型弧焊电源，由电工接好电源线和接地线，并用测电笔测量机壳的带电情况，然后由焊工本人接好焊机的输出焊接电缆线。

平敷堆焊焊前准备

（2）焊条。酸、碱性焊条具有不同的焊接工艺性能，焊工都应掌握。焊接时选用 E4303（酸性焊条）和 E5015（碱性焊条）两种型号的焊条，直径分别为 3.2 mm 和 4.0 mm。焊条使用前应放在焊条烘箱内按规定的温度和时间进行烘干。在正式焊接前，应对焊条进行现场检验，检验合格后方可进行试焊。

（3）焊件。准备 Q235-A 低碳钢板一块，规格为 250 mm×80 mm×10 mm（长 × 宽 × 厚）。用钢丝刷清理待焊处边缘 15 mm 范围内的污物和锈迹，每隔 20 mm 间距用石笔画直线或打样冲眼作为标记。

平敷堆焊技术准备

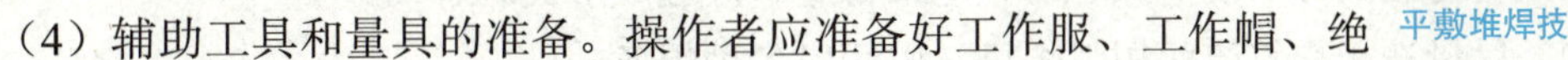
（4）辅助工具和量具的准备。操作者应准备好工作服、工作帽、绝

缘鞋、电焊手套、面罩、护目镜等劳动防护用品；焊接操作作业区附近应备好焊钳、錾子、钢丝刷、样冲、划针、手锤、敲渣锤、焊缝万能量规等辅助工具和量具。

3. 操作步骤

平敷堆焊操作要领　　平敷堆焊实操

（1）定点引弧操作步骤。

1）在焊件上按图 2-1-10 所示用粉笔画线。

2）在直线的交点处用划擦引弧法引弧。

3）引弧后，焊成直径为 13 mm 的焊点后灭弧。

4）如此不断重复，完成若干个焊点的引弧训练。

（2）引弧堆焊操作步骤。

1）在焊件的引弧位置，用粉笔画一个直径 13 mm 的圆。

2）用垂直引弧法在圆圈内撞击引弧。

3）引弧后，保持适当电弧长度，在圆圈内做画圈动作 2 ～ 3 次后灭弧，待熔化的金属冷却凝固之后，再在其上面引弧堆焊。

4）如此反复操作，直到堆起约 50 mm 的高度为止，如图 2-1-11 所示。

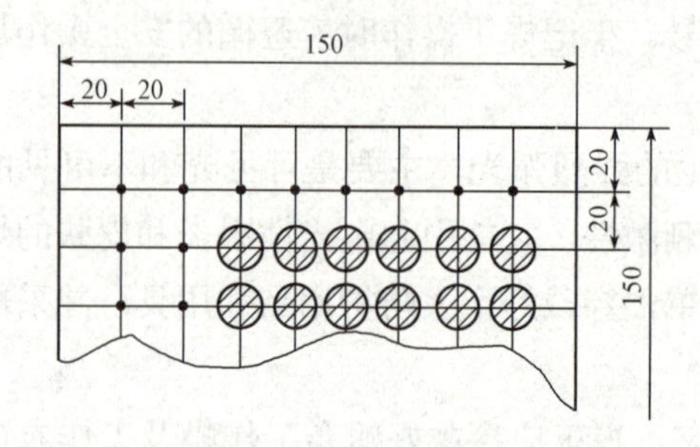

图 2-1-10　定点引弧

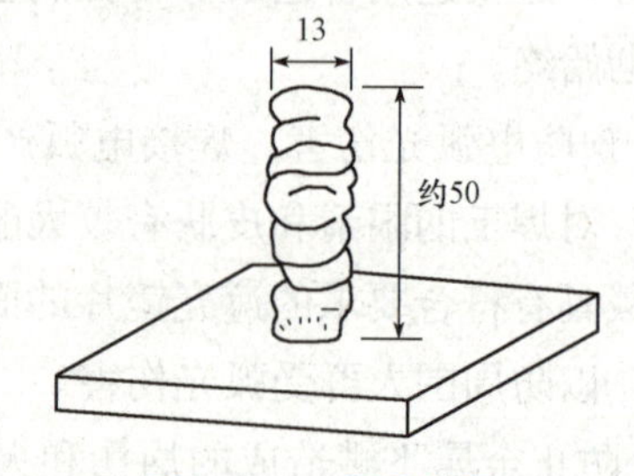

图 2-1-11　引弧堆焊

（3）平敷堆焊操作步骤。

1）在焊件上，以 20 mm 的间距用粉笔画出焊缝位置线。

2）使用直径 3.2 mm 和 4.0 mm 的焊条，在 100 ～ 200 A 范围内调节适合的焊接电流。以焊缝位置线作为运条的轨迹，采用直线运条法和正圆圈形运条法运条。

3）进行起头、接头、收尾的操作训练。

4）每条焊缝焊完后，清理熔渣，分析焊接中的问题，再进行另一条焊缝的焊接。

4. 操作注意事项

（1）通过平敷堆焊的技能训练，区分熔渣和熔化的金属。

（2）操作过程中变换不同的弧长、运条速度和焊条角度，以了解诸因素对焊缝成形的影响，并不断积累焊接经验。

（3）每焊完一条焊道可分别调节一次焊接电流，认真分析不同电流对焊接质量的影响，从中分析出最佳焊接电流值的焊接状态。

5. 重点提示

（1）设备选择与调节。

1）动特性要好，使引弧容易、电弧稳定、焊缝成形美观、飞溅小。

2）尽量选择交直流两用弧焊机，以适应各种焊条。

3）额定焊接电流 I_e 应适当，一般训练及考核用焊机的 I_e 值以 50 ～ 400 A 为宜。太小则不适合中厚板焊接；太大则不适合薄板焊接，且浪费电力。

4）抗过载能力要强。由于初学者焊接操作时短路时间较长，短路电流较大，易烧损焊机。

5）设备调节要尽量简单方便，日常维护应简单易行。

（2）引弧操作。

1）划擦引弧法比较容易掌握，但在不允许划伤焊件表面情况时，应采用垂直引弧法，垂直引弧法容易发生短路现象，操作时焊条上拉太快或提起过高不易引燃电弧，但动作太僵又可能使焊条与焊件粘结在一起，造成焊接回路短路。因此，一定要掌握好焊条离开焊件时的速度和距离。

2）在引弧过程中，如果焊条与焊件贴在一起，通过晃动不能取下焊条时应该立即将焊钳与焊条脱离，待焊条冷却后再将焊条掰下来。

3）引弧前，如果将焊条端部的药皮套筒用手（必须戴手套）去除，显露出金属，引弧就较为快捷。

（3）运条操作。

1）焊条向熔池方向送进、焊条沿焊接方向移动、焊条横向摆动三个动作不能机械地分开，应相互协调才能焊出满意的焊缝。

2）焊道起头时应对始焊处预热。从距离始焊点 10 mm 左右处引弧，回焊到始焊点。

3）焊道接头时，应在待接头的熔池前 10 mm 处引弧，然后拉长弧至接头处稍做摆动。当观察到液态金属与熔池边缘吻合后，立即向前移动焊条进行正常焊接。

2.1.4 任务评价

焊接质量检验前要将焊件表面的焊渣及飞溅物清理干净，焊缝不允许修磨和补焊，应保持原始状态。平敷堆焊考核评分方法见表 2-1-2。

平敷堆焊焊缝检测

表 2-1-2 平敷堆焊考核评分方法

序号	检查项目	评判等级				得分
		Ⅰ	Ⅱ	Ⅲ	Ⅳ	
1	焊缝余高 /mm	0 ～ 2	2 ～ 3	3 ～ 4	<0 或 >4	
		5 分	3 分	1 分	0 分	
2	焊缝高度差 /mm	<1	1 ～ 2	2 ～ 3	>3	
		5 分	3 分	1 分	0 分	
3	焊缝宽度 /mm	17 ～ 19	≥ 16 或≤ 20	≥ 15 或≤ 22	<15 或 >22	
		5 分	3 分	1 分	0 分	
4	焊缝宽度差 /mm	<1.5	1.5 ～ 2	2 ～ 3	>3	
		5 分	3 分	1 分	0 分	
5	咬边 /mm	无咬边	深度≤ 0.5		>2 处	
		5 分	每 0.5 mm 扣 2 分		0 分	

续表

序号	检查项目	评判等级				得分
		Ⅰ	Ⅱ	Ⅲ	Ⅳ	
6	正面成形	优	良	中	差	
		5分	3分	1分	0分	
7	背面成形	优	良	中	差	
		5分	3分	1分	0分	
8	背面凹量 /mm	0 ~ 0.5	0.5 ~ 1	1 ~ 2	>3	
		5分	3分	1分	0分	
9	背面余高 /mm	0 ~ 2	2 ~ 3	3	>5	
		5分	3分	1分	0分	
10	角变形 /mm	0 ~ 1	1 ~ 3	3 ~ 5	5	
		5分	3分	1分	0分	
11	错边量 /mm	0 ~ 0.5	0.5 ~ 1	>1	—	
		5分	3分	0分	—	
12	外观成形	成形美观，焊缝均匀、细密	成形较好，焊缝均匀、平整	成形尚可，焊缝平直	焊缝弯曲，高低、宽窄明显	
		25分	15分	5分	0分	
13	安全文明	优	良	中	差	
		20分	10分	5分	0分	
汇总（100分）						
注：若试件焊接未完成；表面修补及焊缝正反两面有裂纹、夹渣、气孔、未熔合缺陷；该件做0分处理。试板两端20 mm的缺陷不计						

2.1.5 任务拓展

1. 碳钢焊条的保管

焊条管理的好坏对焊接质量有直接的影响。因此，焊条的贮存、保管也很重要。

（1）各类焊条必须分类、分型号存放，避免混淆。

（2）焊条必须存放在通风良好、干燥的库房内。重要焊接工程使用的焊条，特别是低氢型焊条，最好贮存在专用的库房内。库房要保持一定的湿度和温度，建议温度为10 ℃～ 25 ℃，相对湿度在60% 以下。

（3）贮存焊条必须垫高，与地面和墙壁的距离均应大于0.3 m，使四周空气流通，以防受潮变质。

（4）为了防止破坏包装及药皮脱落，搬运和堆放时不得乱摔、乱砸，应小心轻放。

（5）为防止焊条受潮，尽量做到现用现拆包装，并且做到先入库的焊条先使用，以免由于存放时间过长而受潮变质。

（6）选用的焊条E4303（J422）和E5015（J507）烘干后使用，随用随取。

2. 焊条的烘干

（1）烘干目的。在焊条出厂时，所有的焊条都有一定的含水量。普通碱性焊条裸露在外一天，受潮就很严重，容易产生氢致裂纹、气孔等缺陷，造成电弧不稳定、飞溅增多、烟尘增大等现象。

（2）烘干温度。不同焊条品种要求不同的烘干温度和保温时间。在各种焊条的说明书中对此均做了规定。

1）酸性焊条药皮中一般均有含结晶水的物质和有机物。在烘干时，应以除去药皮中的吸附水，而不使有机物分解变质为原则。因此，烘干温度不能太高，一般规定为 75 ℃～ 150 ℃，保温 1 ～ 2 h。

2）碱性焊条在空气中极易吸潮，而且在药皮中没有有机物，在烘干时更需去掉药皮矿物质中的结晶水。因此，其对烘干温度的要求较高，一般为在 350 ℃～ 400 ℃的条件下保温 1 ～ 2 h。

3）焊接重要产品时，每个焊工应配备一个焊条保温筒，施焊时，将烘干的焊条放入保温筒内。筒内温度保持在 50℃～ 60℃，还可放入一些硅胶，以免焊条再次受潮。

4）焊条烘干一般可重复两次。对于酸性焊条的碳钢焊条，重复烘干次数可以达到 5 次；但对于酸性焊条中的纤维素型焊条以及低氢型的碱性焊条，则重复烘干次数不宜超过 3 次。

●任务思考

1. 焊前应将焊接处多大范围的表面清理干净？
2. 平敷堆焊训练中的常见问题有哪些？应如何解决？
3. 长焊道焊接时怎样保证其连续性？
4. 如何防止起焊处熔深不够？
5. 弧坑产生的原因是什么？如何防止？
6. 怎样对焊条进行保管和烘干操作？

实训任务 2.2　板对接平焊

实训目标

1. 学习单面焊双面成形技术；
2. 学习电源极性的选择方法；
3. 掌握焊条电弧焊运条方法的选择及应用；
4. 熟悉控制平对接的熔孔尺寸；
5. 掌握 V 形坡口对接单面焊双面成形的打底层断弧焊法；
6. 掌握板对接平焊中常见缺陷和排除方法；
7. 具备爱岗敬业、吃苦耐劳的工匠精神；
8. 培养一丝不苟与精益求精的学习习惯。

2.2.1 任务导入

本任务利用 ZX7–400 型焊机在 V 形坡口焊件上进行打底焊、填充焊及盖面焊操作训练，即将两块低碳钢板加工成 60° V 形坡口，钝边 0.5 ～ 1 mm，清除两侧坡口面及坡口边缘 20 ～ 30 mm 范围内的油污、锈、垢，通过反变形法，进行 V 形坡口对接单面焊双面成形，要求如图 2–2–1 所示。通过打底焊、填充焊及盖面焊的训练，掌握断弧焊、定位焊和 V 形坡口多层焊的操作技能，熟悉焊接电流的选择、电弧长度的控制、焊条角度的调整，以及磁偏吹的控制措施。

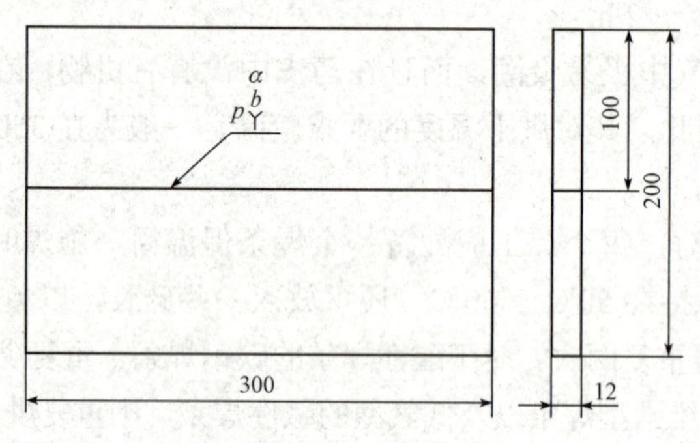

技术要求
1. 工件单料：Q235–A。
2. 单面焊双面成形。
3. 焊缝根部间隙 b=3.2 ～ 4 mm，钝边 p=0.5 ～ 1 mm，坡口角度 α=60° 。
4. 焊后变形量应小于 3° 。

图 2–2–1　板对接平焊

任务分析

对接平焊时焊件处于俯焊位置，焊接时熔滴金属主要靠自重自然过渡，操作技术比较容易掌握，允许用较大直径的焊条和较大的焊接电流。为获得优质焊缝，必须熟练掌握焊条角度和运条技术，将熔池控制为始终如一的形状和大小，一般熔池形状为半圆形或椭圆形，且表面下凹，焊条移动速度不宜过慢。打底焊时熔孔不容易观察和控制，在电弧吹力和熔化金属的重力作用下，容易使焊道背面产生超高、焊瘤等缺陷。填充焊和盖面焊时，如果焊接电流的调整幅度过小，容易出现夹渣等缺陷。

对接平焊应注意以下问题：

（1）若选择的焊接电流太小，熔渣与液态金属容易混在一起，当焊接速度过快时，熔渣会来不及浮出而产生夹渣。

（2）打底焊时，由于运条方法不当、焊接速度和焊接电流不合适，容易产生焊瘤、未焊透或背面成形不良。

（3）盖面焊时，若选择的焊接电流过大、电弧过长或坡口内填充量不足，当运条时焊缝两侧停顿时间少、焊条角度小，焊缝两侧便会出现咬边现象。

2.2.2 相关知识

1. 单面焊双面成形技术

单面焊双面成形技术是焊工应熟练掌握的基本操作技能，在单面焊双面成形操作过程中，不需采用任何辅助措施，只是在坡口根部组装定位焊时，按不同的操作手法留出适当的间隙，当在坡口正面用普通焊条进行焊接时，就会在坡口的正、反面都得到均匀、整齐、成形良好、符合质量要求的焊缝。这种特殊的焊接操作就叫作单面焊双面成形。作为焊工，在单面焊双面成形过程中，应牢记“心静、气匀、眼精、手稳”八个字。

（1）心静。焊工在焊接过程中，专心焊接，别无它想。任何与焊接无关的杂念，都会使焊工分心，在运条、断弧频率、焊接速度等方面出现错误，从而导致产生焊接缺陷。

（2）气匀。焊工在焊接过程中，无论是站位焊接、蹲位焊接，都要求焊工呼吸平稳、均匀，既不能大憋气，以免因缺氧而烦躁，影响焊工操作技能的发挥；也不要大喘气，使焊工身体上下浮动，影响手稳。

（3）眼精。在焊接过程中，焊工的眼睛要时刻注意观察焊接熔池的变化，注意熔孔尺寸，每一个焊点与前一个焊点重合面积的大小，熔池中液态金属与熔渣的分离等。

（4）手稳。眼睛看到哪儿，焊条就应该按运条方法，选择合适的弧长，准确无误地送到哪儿，保证正、背两面焊缝成形良好。

总之，这八个字是焊工经多年的实践总结出来的。“心静”“气匀”是前提，是对焊工思想素质的要求。在焊接岗位上，一心不可二用，否则不仅焊接质量不高，还容易发生安全事故。只有做到“心静”“气匀”，焊工的“眼精”“手稳”才能发挥作用。所以，这八个字既有各自独立的特性，又有相互依托的共性。

2. 焊接电源极性的选择

使用直流弧焊机时，要正确选择电源极性。电源极性有正极性和反极性两种。因焊机有正、负两极，所以有两种不同的接法，将焊件接到焊机的正极，焊钳接至负极，这种方法叫正接，又称为正极性。反之将焊件接至焊机负极，焊钳接至焊机正极，称为反接，或称反极性。通常应根据焊条性质和焊件厚度来选用不同的接法。如用碱性焊条时，必须采用直流反接才能使电弧燃烧稳定。实际上一般采用反接，这样可减少焊缝出现气孔和飞溅，噪声小，电弧燃烧稳定。

电弧焊时，直流弧焊机的正极部分放出的热量比负极部分高。所以，当焊条需要的热量高时就选用直流反接法；反之，选用正接法。选择焊机的极性时，还需要考虑焊条的性质。因为，有些焊条规定了其使用极性，如 E4315（J427）、E5015（J507）等焊条，就必须使用直流反接法焊接，使得电弧燃烧稳定，飞溅小，并有利于焊缝良好成形，如图 2-2-2（a）所示；若采用直流正接，如图 2-2-2（b）所示，电弧燃烧稳定，但电弧暴躁，飞溅很大。

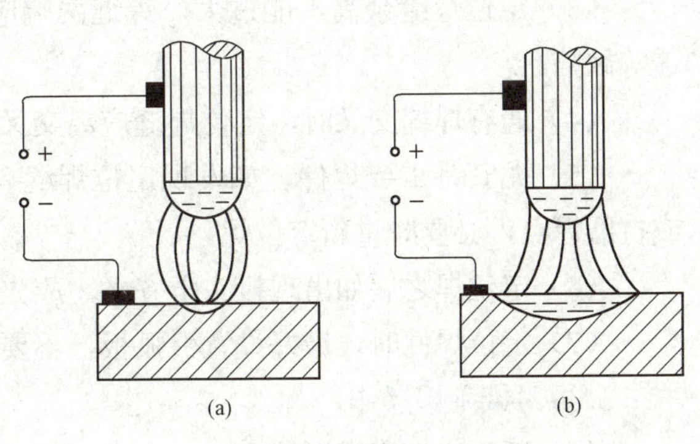

图 2-2-2　不同电源极性时电弧的形状

（a）直流反接；（b）直流正接

3. 焊接电弧偏吹

在焊接过程中，因焊条偏心、气流干扰和磁场的作用，常会使焊接电弧的中心偏离焊条轴线，这种现象称为电弧偏吹。电弧偏吹使电弧燃烧不稳定，飞溅范围加大，熔滴下落失去保护，容易产生气孔，甚至无法正常焊接，直接影响焊缝成形。

焊条偏心引起的偏吹如图 2-2-3 所示，是焊条制造中的质量问题造成的，如在施焊前发现，应及时更换偏心焊条。

气流的干扰来自作业环境的影响，在狭小通道内或大风天气焊接作业时，可采取遮挡大风或“穿堂风”的措施，对电弧进行保护。

只有使用直流弧焊机时，磁场的作用才会产生电弧偏吹。焊接电流越大，磁偏吹现象越严重。在操作中通过调整焊条角度，使焊条向偏吹的一侧倾斜（图 2-2-4），这是降低电弧偏吹概率较为有效的方法。当电弧在焊件两端出现的偏吹比较严重时，可以采取在焊件两端连接引弧板和引出板的措施，以降低偏吹概率。

另外，采用短弧焊接和使用小电流对克服电弧偏吹也能起到一定的作用。

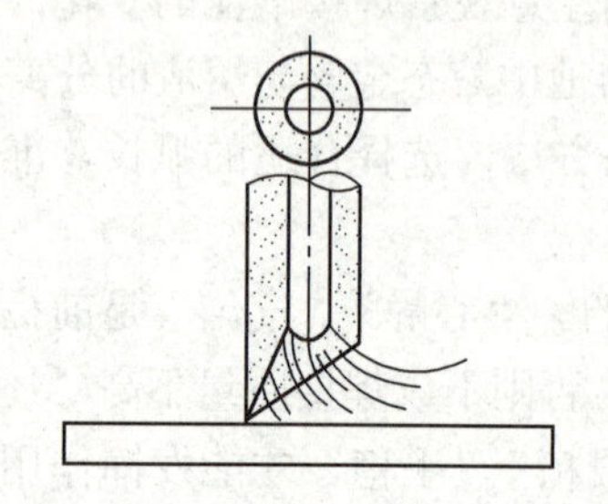

图 2-2-3　焊条偏心引起的电弧偏吹

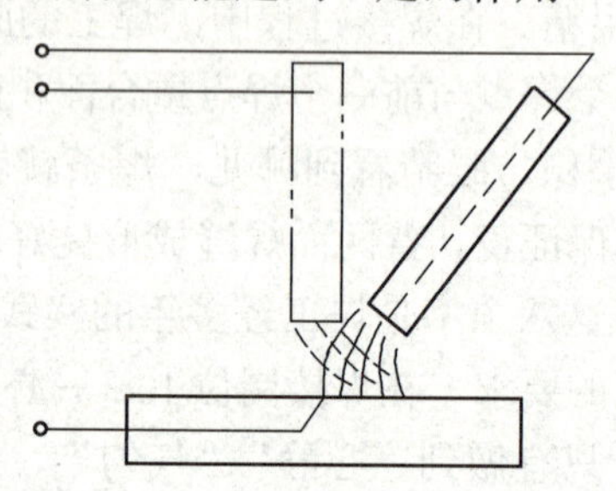

图 2-2-4　倾斜焊条角度减小电弧偏吹

4. 定位焊的要求

焊前为固定焊件的相对位置进行的焊接操作叫定位焊，俗称点固焊。焊接定位焊缝时必须注意以下几点：

（1）定位焊缝一般要形成最终的焊缝金属，因此选用的焊条应与正式焊接所用的焊条相同。

（2）为防止未焊透等缺陷，定位焊时电流应比正式焊时大 10% ～ 15%。

（3）定位焊缝余高不能过大，焊缝两端应与母材平缓过渡，以防止焊接时产生未焊透等缺陷。

（4）遇有焊缝交叉时，定位焊缝应离交叉处 50 mm 以上。

（5）尤其是重要焊件，如发现定位焊缝有开裂、未焊透、超高等缺陷时，必须铲除或打磨焊点，必要时重新定位焊。

（6）定位焊之后如出现接头不齐平，应先进行及时矫正，再正式焊接。

（7）定位焊件时，最好设置引弧板，不要在焊件上随意地引弧。

5. 板对接平焊操作

（1）断弧法打底层焊接。

1）引弧。在定位焊处划擦引弧，然后沿直线运条至定位焊缝与坡口根部相接处，以稍长电弧（弧长约为 3.5 mm）在该处摆动 2 ～ 3 个来回进行预热。当出现“出汗”现象时，立即压低电弧（弧长约 2 mm），在听到“噗噗”的电弧穿透响声的同时，还可看到坡口两侧、定位焊缝及坡口根部金属开始熔化，形成熔池并出现熔孔，说明引弧结束，可以进行断弧焊接。

2）焊条角度。平焊时焊条与焊接方向夹角为 45° ～ 55°，如图 2-2-5 所示。当坡口根部钝边大时，夹角要大些；反之，夹角小些。

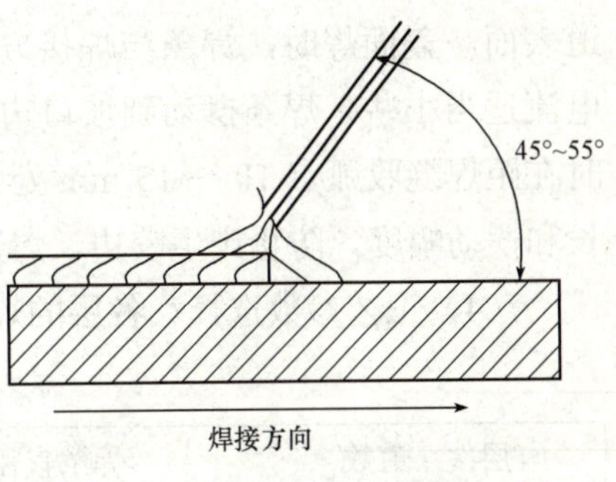

图 2-2-5　平焊时焊条与焊接方向夹角

3）运条方法。如图 2-2-6 所示，平焊位背断弧焊操作有一点击穿法、二点击穿法和三点击穿法。

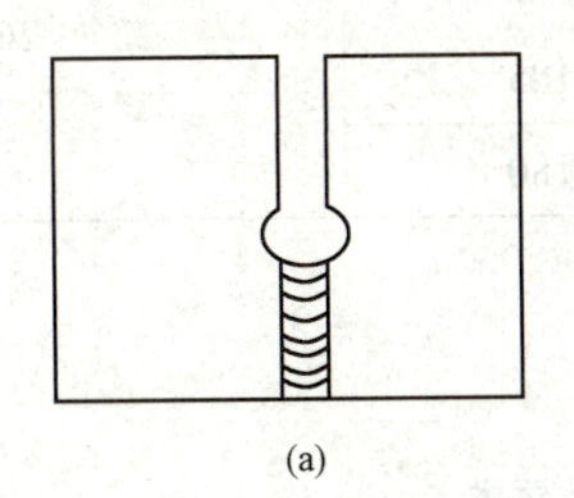

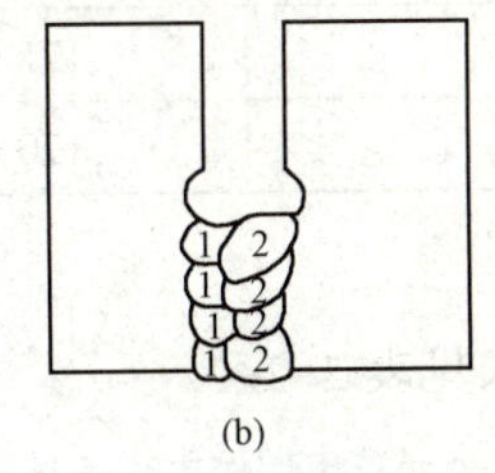

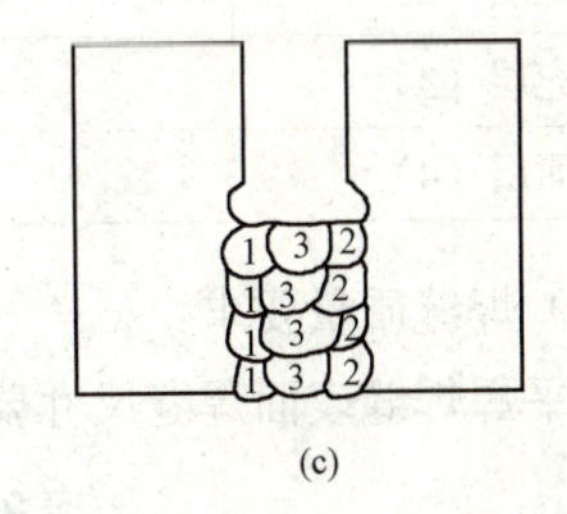

图 2-2-6　平焊位背断弧焊操作方法

（a）一点击穿法；（b）二点击穿法；（c）三点击穿法

一点击穿法是在始焊端定位焊缝上引弧，然后将电弧移至待焊处，来回摆动 2 ～ 3 次进行预热，预热后立即压低电弧，听到电弧穿透坡口根部而发出“噗噗”的声音，在焊接防护镜保护下看到定位焊缝以及相接的坡口两侧金属开始熔化并形成熔池，这时迅速提起焊条、熄灭电弧。此处所形成的熔池是整条焊道的起点，用此点击穿焊接后再引燃电弧。

二点击穿法的操作过程：当建立了第一个熔池重新引弧后，迅速将电弧移向熔池的左（或右）前方靠近根部的坡口面上，压低焊接电弧，以较大的焊条倾角击穿坡口根部，然后迅速灭弧，大约经 1 s 以后，在上述左（或右）侧坡口根部熔池尚未完全凝固时再迅速引弧，并迅速将电弧移向第一个熔池的右（或左）前方靠近根部的坡口面上，压低焊接电弧，以较大的焊条倾角直击坡口根部，然后迅速灭弧。如此反复在坡口根部左右两侧交叉击穿的运条操作。

三点击穿法是电弧引燃后，在左侧钝边给一滴熔化金属，右侧钝边给一滴熔化金属，中间的间隙处，再给一滴熔化金属。然后迅速熄灭电弧，在熔池将要凝固时，又在灭弧处引燃电弧，击穿、停顿，周而复始重复进行，形成打底层焊缝。

（2）填充层焊接。填充焊时，焊条与焊接方向成 75° ～ 85° 夹角，采用横向锯齿形运条方式，焊条摆动到坡口两侧要稍作停留，使两侧温度均衡，填充层的焊肉要比盖面层低 0.5 ～ 1.5 mm，使焊接盖面层时，能看清坡口，保证焊缝平直。引弧时可在距焊缝起始点 10 ～ 15 mm 处进行，然后将电弧拉回到起始点。进行下一层焊道焊接前需对前一层焊道仔细清理，特别是对于死角处，更要清理干净，防止焊缝产生夹渣。

（3）盖面层焊接。与填充焊一样，焊前要仔细清理两侧焊缝与母材坡口死角以及焊道表面。盖面焊时，焊条与焊接方向仍成 75°～80° 夹角。可用锯齿形运条方式，焊接电流适当小些，焊条摆动到坡口边缘时，要稳住电弧使两侧边缘各熔化 1～2 mm；接头时在距焊缝收弧点 10～15 mm 处引弧，然后将电弧拉回到原熔池即可。焊接时，控制弧长和摆动幅度，防止产生咬边。焊速要均匀，焊缝宽窄一致。

（4）工艺参数选择。各层的焊接工艺参数见表 2-2-1。

表 2-2-1　各层的焊接工艺参数

层次（道数）	焊条直径 /mm	焊接电流 /A（选装）	电弧电压 /V
打底层（1）	3.2	105～115	22～26
填充层（2）	3.2	115～125	
填充层（3）	4	175～185	
盖面层（4）	4	170～180	

（5）焊缝质量要求。

1）平焊焊缝表面焊缝尺寸要求见表 2-2-2。

表 2-2-2　平焊焊缝表面焊缝尺寸要求

mm

焊缝宽度		余高	余高差	焊缝宽度差
正面	比坡口每侧增宽 0.5～2	0～3	＜2	＜2
背面	—	≤3	＜2	＜2

2）焊缝表面不得有气孔、咬边、裂纹等缺陷。

3）焊缝经 X 射线无损探伤，按《承压设备无损检测第 1 部分：通用要求》（NB/T 47013.1—2015）标准，达到Ⅱ级以上为合格。

（6）板对接平焊常见缺陷。板对接平焊时易出现的缺陷及排除方法见表 2-2-3。

表 2-2-3　板对接平焊时易出现的缺陷及排除方法

缺陷名称	产生原因	排除方法
焊接接头不良	换焊条时间长	换焊条速度要快
	收弧方法不当	将收弧处打磨成缓坡
背面出现焊瘤和未焊透	运条不当	掌握好运条时在坡口侧停留的时间
	打底焊时，熔孔直径过大产生焊瘤 熔孔直径过小造成未焊透	注意熔孔直径在运条时的不当变化
咬边	焊接电流强度太大	适当减小电流强度
	运条动作不当	运条至坡口两侧时稍作停留
	焊条倾斜角度不合适	掌握好各层焊接时焊条的倾斜角度

2.2.3　任务实施

1. 安全文明生产

焊前，应先检查设备和工具是否安全可靠，不允许未进行安全检查就开始操作。焊工操作时必须按劳动保护规定穿戴防护工作服、绝缘鞋和防护手套，并保持干燥和清洁。所选用的护目玻璃要符合安全要求。牢记焊工操作时应遵循的安全操作规程，在作业中贯彻始终。要注意预防电弧光伤害和防止飞溅金属造成的灼伤。通常焊接设备的动力箱上接有 220 V 或 380 V 电源，电焊机的空载电压大多数在 60 V 以上，焊接操作者要注意大于 36 V 的危险电压，使用灯照明时，其电压不应超过 36 V。检查电焊开关箱的电气线路或焊接设备是否绝缘、焊机是否接地或接零，避免发生触电事故。

2. 焊前准备

（1）焊机。焊机选用 ZX7-400 型交直流两用焊机。

（2）焊条。焊条选用 E4303 型或 E4315 型，焊条直径分别为 3.2 mm 和 4.0 mm。焊条使用前应放在焊条烘箱内烘干，烘干温度为 150 ℃～ 200 ℃，然后保温 1 ～ 2 h。在正式焊接前，应对焊条进行现场检验，检验合格后方可进行试焊。

（3）焊件。焊件为 Q235 钢板，规格为 300 mm×100 mm×12 mm。钢板的一侧加工出 30° 的坡口，如图 2-2-7 所示，每两块装配成一组焊件。焊前要将开成 V 形坡口的焊件表面清理干净，露出金属光泽，然后锉削钝边，其直径为 0.5 ～ 1 mm，最后在距坡口边缘两侧一定距离处（约为 50 mm），用划针划一条平行线，作为焊后测量焊缝在坡口每侧增宽的基准线。

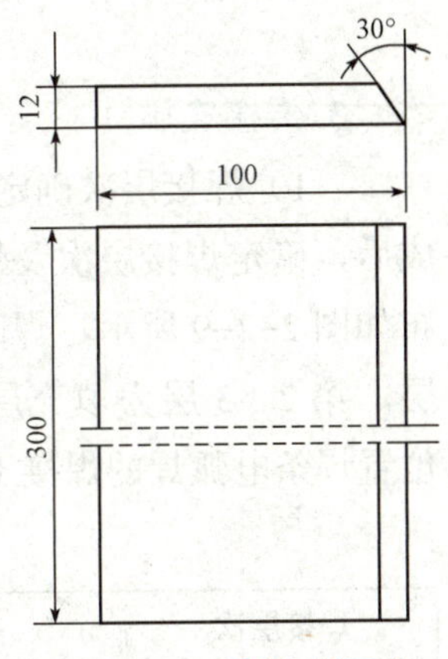

图 2-2-7　焊件备料尺寸

（4）焊件装配与定位焊。将两块钢板装配成 V 形坡口的对接接头，并预留一定的根部间隙，焊件装配定位焊要求始焊端为 3.2 mm 间隙，终焊端为 4.0 mm 间隙。由于焊接过程中有横向收缩量，为保证熔透坡口根部所需要的间隙，终焊端间隙应放大些。装配时可分别用 ϕ3.2 mm、ϕ4.0 mm 的焊条头分别夹在焊件坡口的始端和终端处，定位焊后再敲除。定位焊时，应在焊件背面的两端 20 mm 范围内进行，其长度为 10 ～ 15 mm，且应焊牢，以避免焊缝的收缩将末端段坡口间隙变小而影响打底层焊接。具体装配尺寸见表 2-2-4。

表 2-2-4　焊件装配尺寸

焊接层次	运条方法	焊条直径 /mm	焊接电流 /A（选装）
打底层	断弧焊法	3.2	95 ～ 105
填充层	锯齿形或月牙形运条法	4.0	160 ～ 170
盖面层	锯齿形或正圆圈形运条法		140 ～ 160

（5）预留反变形量。由于 V 形坡口不具有对称性，只在一侧焊接，焊缝在厚度方向横向收缩不均，钢板会向上翘起产生角变形，其大小用变形角 α 来表示。由于焊件要求变形角控制在 3° 以内，可采用预留反变形量的方法来控制焊后的角变形。

预留反变形量可利用公式 h=100 sinα 计算，当预留角度 α=3° 时，h=5.2 mm。操作方法：焊前将组对好的焊件，用双手拿住其中一块钢板的两端，轻轻磕打另一块，使两板向焊后角变形的相反方向折弯成一定的反变形量，如图 2-2-8 所示。

（6）辅助工具和量具的准备。操作者应准备好工作服、工作帽、绝缘鞋、电焊手套、面罩、防光眼镜等劳保用品；焊接操作作业区附近应备好焊条保温桶、角向打磨机、钢丝刷、敲渣锤、样冲、划针、焊缝万能量规等辅助工具和量具。

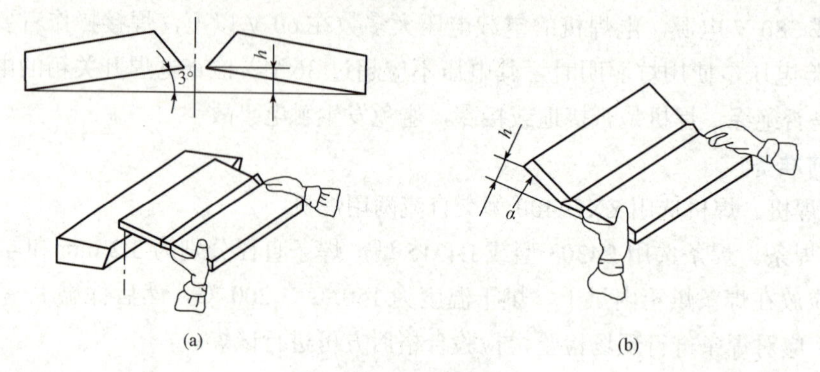

图 2-2-8　预留反变形量

（a）获得反变形的方法；（b）反变形的角度测量

3. 焊接实施

（1）焊接层次确定。修磨坡口及钝边，装配、定位焊并预留反变形量等准备工作完成后，确定焊接层次及焊接工艺参数。焊接层次分布如图 2-2-9 所示，焊缝共分四层，第 1 层为打底层，第 2、3 层为填充层，第 4 层为盖面层。平焊位置焊条电弧焊的焊接工艺参数见表 2-2-5。

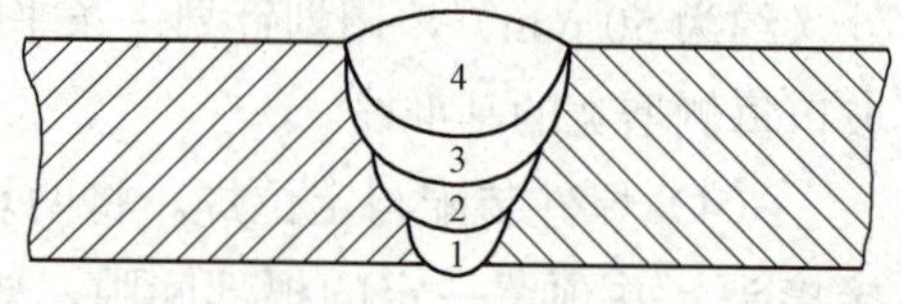

图 2-2-9　焊接层次

表 2-2-5　平焊位置焊条电弧焊的焊接工艺参数

焊接层次	运条方法	焊条直径 /mm	焊接电流 /A（选装）
打底层	断弧焊法	3.2	100 ～ 110
填充层	锯齿形或月牙形运条法	4.0	160 ～ 170
盖面层	锯齿形或正圆圈形运条法		140 ～ 160

（2）打底层的断弧焊。酸性焊条可采用断弧焊法。正式焊接前，先在试板上试焊，检查焊接电流是否合适及焊条有无偏吹现象，确认无误后，从焊件间隙较小的一端开始引弧。

首先，将焊条与定位焊缝接触，在始焊端定位焊缝上引弧。电弧引燃后迅速拉长，弧长控制为 3.2 ～ 4 mm，并轻轻摆动 2 ～ 3 次预热始焊部位；然后，立即压低电弧，弧长约为 2 mm，听到电弧穿透坡口根部而发出“噗噗”的声音，在焊接防护眼镜保护下看到定位焊缝以及相接的坡口两侧金属开始熔化并形成熔池，这时迅速提起焊条、熄灭电弧，使之形成第一个熔池座。此时，焊条与焊件的角度为 30° ～ 50°，如图 2-2-10 所示。

当第一个熔池有部分金属已呈凝固状态时，即熔池颜色由明亮开始变暗，迅速将焊条落在熔池 2/3 处燃弧，沿坡口一侧摆动到另一侧，然后向后方熄弧。当新熔池的颜色变暗时，立即在刚熄弧的坡口那一侧引弧，压弧熔焊之后再运条到另一侧，听到“噗噗”声后立即熄弧（在两侧①②③④点均应做瞬间停顿，使钝边每侧熔化 1 mm，形成大小均匀的熔孔），直至完成打底层的焊接。

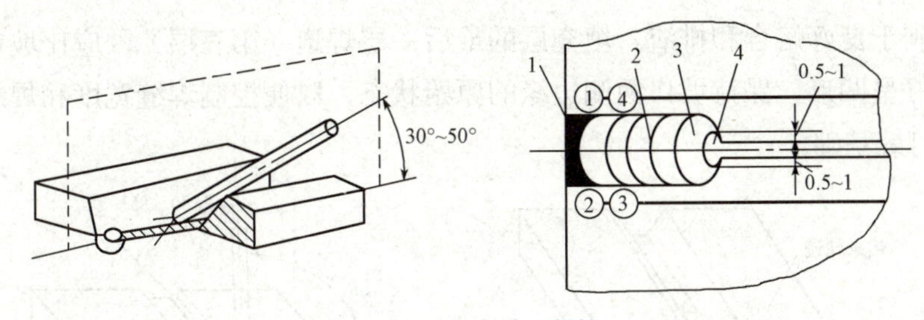

图 2-2-10　打底层焊接

1—定位焊缝；2—焊道；3—熔池；4—熔孔

断弧焊法每引燃、熄灭电弧一次，完成一个焊点的焊接，其节奏控制在每分钟灭弧 45 ～ 55 次，使每一个熔滴都要准确送到欲焊位置。焊工应根据坡口根部熔化程度，控制电弧的灭弧频率。节奏过快，坡口根部熔不透；节奏过慢，熔池温度过高，焊件背面焊缝会超高（应控制在 2 mm 以下），甚至出现焊瘤和烧穿等焊接缺陷。同时，每形成一个熔池，都要在其前面出现一个熔孔，熔池的轮廓由熔池边缘和坡口两侧被熔化的缺口构成，如图 2-2-11 所示。打底层焊道正面、背面焊缝高度控制在 2 mm 左右，其焊接质量主要取决于熔孔的大小和间距，熔孔应大于根部间隙，为 1 ～ 2 mm，其间距应始终保持熔池之间有 2/3 的搭接量。

当焊条剩余长度为 50 ～ 60 mm 时，需要做更换焊条的准备。此时，应迅速压低电弧，向焊接熔池边缘连续过渡几个熔滴，以便使背面熔池饱满，防止形成冷缩孔，然后迅速更换焊条，并在图 2-2-11 中①的位置引燃电弧。以普通焊速沿焊道将电弧移到焊缝末尾焊的 2/3 处，即图 2-2-11 中②的位置，在该处以长弧摆动两个来回（电弧经③位置→④位置→⑤位置→⑥位置）。看到被加热的金属有了“出汗”的现象之后，在⑦位置压低电弧并停留 1 ～ 2 s，待末尾焊点重熔并听到“噗噗”两声之后，迅速将电弧沿坡口的侧后方拉长，此时电弧熄灭，更换焊条操作结束。更换焊条时电弧的移动轨迹如图 2-2-11 所示。

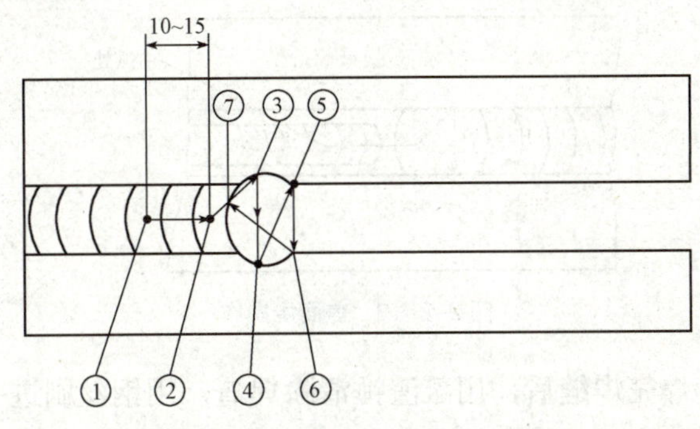

图 2-2-11　更换焊条时电弧的移动轨迹

（3）填充层的焊接。施焊前先用敲渣锤和钢丝刷将打底层焊道的熔渣、飞溅物清理干净，并适当地调节焊接电流。

引弧应在距离始焊端 10 ～ 15 mm 处，引燃后立即抬高电弧拉向始焊端部，压低电弧开始焊接。焊接过程中采用连弧焊接的方式进行，运用锯齿形运条法或月牙形运条法。填充层操作如图 2-2-12 所示。注意，在坡口两侧要做适当停顿，以保证熔池及坡口两侧温度均衡，有利于良好熔合和排渣。填充层的最后一层焊道（第三层），应比坡口边缘约低 1.5 mm，最好呈凹形，保持坡口两侧边缘的原始状态，以便控制焊缝宽度和焊缝高度，为盖面层焊接打好基础。

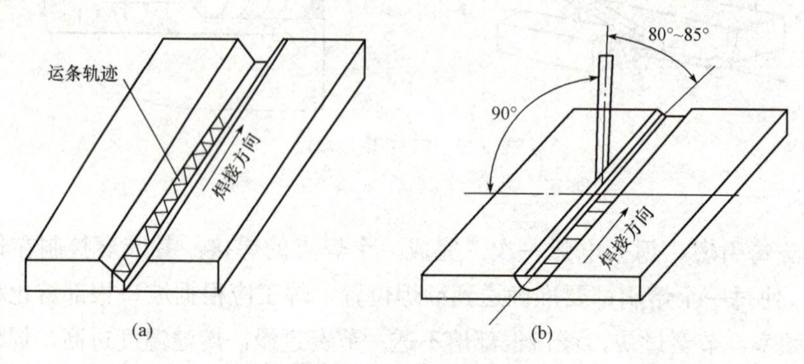

图 2-2-12 填充层操作

（a）运条方法；（b）焊条角度

（4）盖面层的焊接。盖面层的质量关系到焊件的外观质量是否合格，焊接时要注意焊接变形能否使焊件达到平整状态。

盖面焊时，焊接电流要低于填充层 10% ～ 15%，采用锯齿形或正圆圈形运条法，焊条与焊接方向夹角为 75° ～ 80° 。在焊接过程中，焊条摆动幅度要比填充层大，且摆动幅度一致，运条速度均匀，摆动焊条时，要使电弧在坡口边缘稍作停留，待液体金属饱满后，再运至另一侧，以避免焊趾处产生咬边。焊条的摆幅由熔池的边缘确定，保证熔池边缘不超过焊件表面坡口棱边 2 mm；否则，焊缝超宽会影响表面焊缝质量。

盖面层焊接接头时，应将接头处的熔渣轻轻敲掉仅露出弧坑，然后，在弧坑前 10 mm 处引弧，拉长电弧至弧坑的 2/3 处，如图 2-2-13 所示，保持一定弧长，靠电弧的喷射效果使熔池边缘与弧坑边缘相吻合。此时，立即向前移动焊条，转入正常的盖面焊操作。

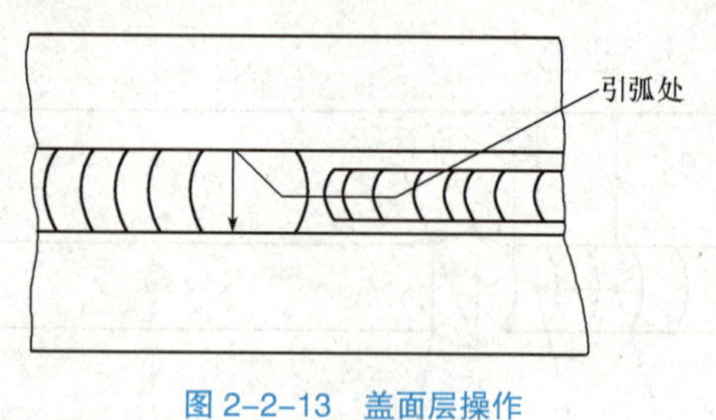

图 2-2-13 盖面层操作

（5）焊缝清理。焊完焊缝后，用敲渣锤清除焊渣，用钢丝刷进一步将焊渣、焊接飞溅物等清除干净，并检查焊接质量。

4. 操作注意事项

（1）在操作过程中，要随时观察熔池与熔渣是否可以分清。若熔渣超前，熔池与熔渣分不清，即电弧在熔渣后方时（焊接电流过小），很容易产生夹渣的缺陷；若熔渣明显拖后，熔池裸露出来（焊接电流过大），会使焊缝成形粗糙。

（2）填充焊的最后一层焊道要低于焊件表面，且有一定下凹，千万不能超出坡口面的棱边，否则会影响盖面焊缝的成形。

（3）本任务操作过程中电弧要短，所送熔滴要少，形成焊道要薄，断弧节奏要快。

（4）当完成打底层焊道长度的 2/3 时，焊件的温度已经升高，有时还会出现坡口间隙过小现象，应根据实际情况，适当调整燃弧和熄弧时间，确保整条焊道背面成形均匀。

（5）由于焊缝处于水平位置，熔滴主要靠重力过渡，所以，根据钢板厚度可采用较粗直径的焊条和较大的焊接电流，以提高生产效率。

（6）焊接 Q235 的焊件可选择酸性焊条，焊接 Q345 的焊件可选择碱性焊条。无论焊件板薄还是板厚，均应采用直流反接法。酸性焊条进行打底层焊接时可用断弧焊法，碱性焊条进行打底层焊接可采用连弧焊法。

（7）最好采用短弧焊（包括碱性低氢型焊条）。采用多层、多道焊时，应注意选好层道数及焊接顺序。

（8）正确选用运条方法，最好采用横向锯齿形运条。在操作中适当调整焊条角度，使焊条向偏吹的一侧倾斜，是减小电弧偏吹较为有效的方法。焊条摆动到坡口两侧，都要稍作停顿，使熔池和坡口两侧温度均匀，以防止填充金属与母材交界处形成死角夹渣。

2.2.4 任务评价

焊接质量检验前要将焊件表面的焊渣及飞溅物清理干净，焊缝不允许修磨和补焊，应保持原始状态。板对接平焊考核评分方法见表 2-2-6。

表 2-2-6 板对接平焊考核评分方法

序号	检查项目	评判等级				得分
		Ⅰ	Ⅱ	Ⅲ	Ⅳ	
1	焊缝余高 /mm	0 ～ 2	2 ～ 3	3 ～ 4	<0 或 >4	
		5 分	3 分	1 分	0 分	
2	焊缝高度差 /mm	<1	1 ～ 2	2 ～ 3	>3	
		5 分	3 分	1 分	0 分	
3	焊缝宽度 /mm	17 ～ 19	≥ 16 或≤ 20	≥ 15 或≤ 22	<15 或 >22	
		5 分	3 分	1 分	0 分	
4	焊缝宽度差 /mm	<1.5	1.5 ～ 2	2 ～ 3	>3	
		5 分	3 分	1 分	0 分	
5	咬边 /mm	无咬边	深度≤ 0.5		深度 >0.5	
		5 分	每 0.5 mm 扣 2 分		0 分	
6	正面成形	优	良	中	差	
		5 分	3 分	1 分	0 分	
7	背面成形	优	良	中	差	
		5 分	3 分	1 分	0 分	
8	背面凹量 /mm	0 ～ 0.5	0.5 ～ 1	1 ～ 2	>3	
		5 分	3 分	1 分	0 分	

序号	检查项目	评判等级				得分
		Ⅰ	Ⅱ	Ⅲ	Ⅳ	
9	背面余高 /mm	0 ～ 2	>2 ～ 3	>3	>5	
		5 分	3 分	1 分	0 分	
10	角变形 /mm	0 ～ 1	1 ～ 3	3 ～ 5	>5	
		5 分	3 分	1 分	0 分	
11	错边量 /mm	0 ～ 0.5	0.5 ～ 1	1	—	
		5 分	3 分	0 分	—	
12	外观成形	成形美观，焊缝均匀、细密	成形较好，焊缝均匀、平整	成形尚可，焊缝平直	焊缝弯曲，高低、宽窄明显	
		25 分	15 分	5 分	0 分	
13	安全文明	优	良	中	差	
		20 分	10 分	5 分	0 分	
汇总（100 分）						
注：若试件焊接未完成；表面修补及焊缝正反两面有裂纹、夹渣、气孔、未熔合缺陷；该件做分 0 处理。试板两端 20 mm 的缺陷不计						

2.2.5 任务拓展

低碳钢板的平角焊接头形式包括 T 形接头、角接接头和搭接接头等，焊接方法类似。其中，T 形接头是典型的角接形式，其钢结构焊件如图 2-2-14 所示。

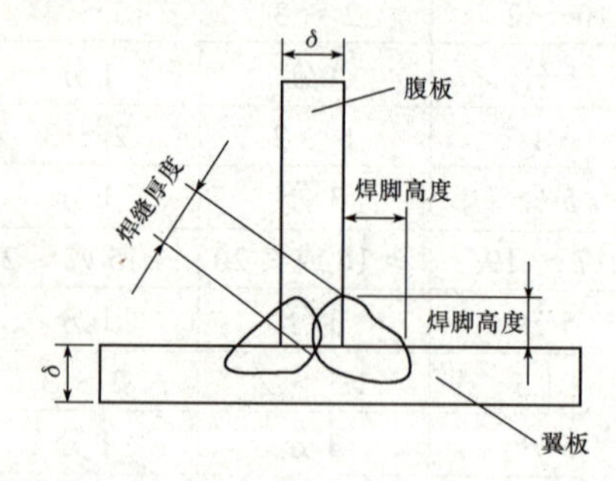

技术要求
1. 焊接钢结构件：材质为 Q345-B，板厚 δ=12 mm。
2. 焊接采用焊条电弧焊，双面焊接。
3. 焊缝焊脚高度≥ 6 mm。

图 2-2-14　T 形接头钢结构焊件

1. 焊前准备

（1）焊接方法。用焊条电弧焊、连弧焊手法分两层焊完。

（2）焊接电源。用 ZX-500（ZX7-400）型直流电弧焊机，直流反接。

（3）焊条。选用 E4315（J427），规格为 ϕ4.0 mm，焊条烘干温度为 300 ℃～ 350 ℃，

保温 1 ～ 2 h。

（4）焊前清理。焊前对坡口及两侧各 30 mm 范围内的油污、铁锈及其污物，进行砂轮打磨或清洗，使焊件露出金属光泽。

（5）装配定位焊。T 形接头焊缝组对时，可考虑留有 1 ～ 2 mm 间隙；点焊缝长度为 8 ～ 10 mm，点焊缝位置如图 2–2–15 所示。

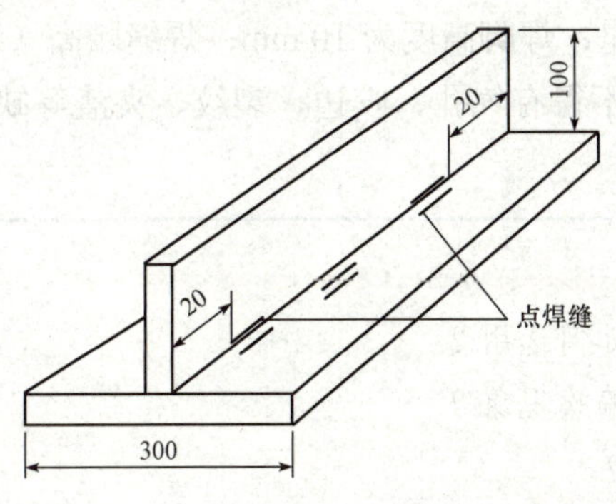

图 2–2–15　点焊缝位置

2. 焊接操作

（1）引弧。起焊时，平角焊起头的引弧点位置如图 2–2–16 所示。引弧后，将电弧拉回焊缝端头，开始焊接。这样，可利用电弧的预热作用，减少起头处产生焊接缺陷。

（2）焊接采用分两层焊法。焊第一层时，电流应稍大些，以获得较大的熔深。运条采用直线形法，焊条角度应保持与水平板件成 45° 角。若角度太小，会造成根部熔深不足；若角度过大，熔渣容易跑到熔池前边，出现夹渣现象；焊接收尾时，要填满弧坑或略高些。这样，在第二层结尾时，就不会因温度过高而留下弧坑。

焊接第二层之前，必须将第一层的熔渣清除干净。如发现夹渣，应用小直径焊条进行修补，以免焊接第二层时产生夹渣。由于第二层的焊缝较宽，运条可采用斜圆圈法，以防止焊道边缘熔合不良。斜圆圈法运条如图 2–2–17 所示。从 $a \rightarrow b$ 要慢，以避免咬边；从 $c \rightarrow d$ 稍快，防止熔化金属下淌；在 c 处稍作停留，从 $c \rightarrow d$ 稍慢，保证根部焊透；从 $d \rightarrow e$ 也要稍快，到 e 处稍作停留。按上述规律性用短弧焊接，就能获得良好的焊缝质量。

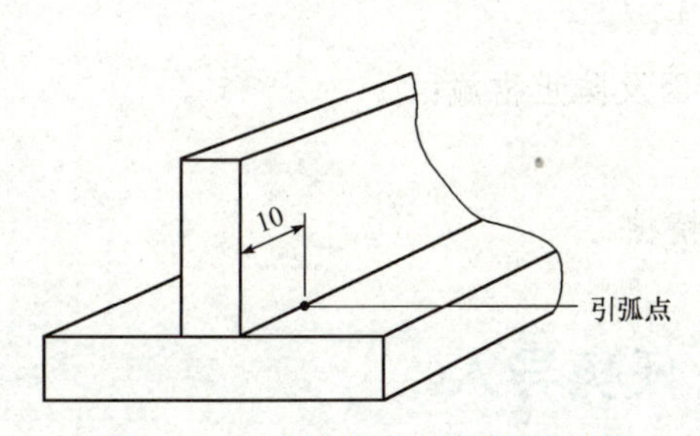

图 2–2–16　平角焊起头的引弧点位置

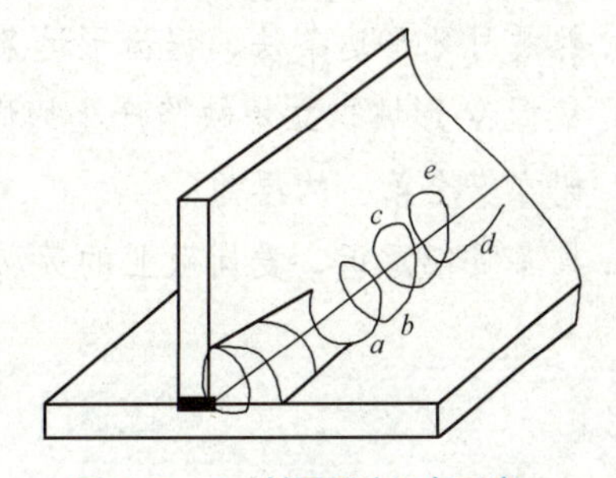

图 2–2–17　斜圆圈法运条示意

3. 工艺参数

打底层和盖面层的焊接工艺参数见表 2–2–7。

表 2-2-7　打底层和盖面层的焊接工艺参数

层次（道数）	焊条直径 /mm	电弧电压 /V
打底层（1）	4.0	22 ～ 26
盖面层（2）	4.0	

4. 焊缝质量要求

（1）用焊缝检验尺测量：焊脚高度为 10 mm；焊缝腰高（焊缝厚度）为 8 mm。

（2）目测焊缝表面，不得有气孔、咬边、裂纹、夹渣等缺陷。焊缝表面成形整齐、光滑。

任务思考

1. 正极性和反极性应如何选用？
2. 如何防止出现电弧偏吹现象？
3. 定位焊有哪些要求？
4. 如何控制 V 形坡口对接接头的角变形？
5. 打底层的断弧焊接应如何操作？
6. 盖面焊采用哪种运条方法？如何控制焊缝宽度？
7. 板对接平焊过程中常见的焊接缺陷和防止措施有哪些？

实训任务 2.3　板对接立焊

实训目标

1. 学习立焊的操作要领；
2. 学习立角焊的操作要领；
3. 掌握克服电弧偏吹的方法；
4. 熟悉各焊层厚度和熔池温度的控制；
5. 熟悉月牙形运条法、锯齿形运条法；
6. 掌握 V 形坡口立焊缺陷产生的原因及防止措施；
7. 树立安全第一的思想；
8. 具备责任意识、爱岗敬业的劳动精神。

2.3.1　任务导入

本任务利用 ZX7-400 型焊机在 V 形坡口立位焊件上进行打底焊、填充焊及盖面焊操作训练，即将两块低碳钢板加工成 60° V 形坡口，钝边 0.5 ～ 1 mm，清除两侧坡口面及坡口边缘 20 ～ 30 mm 范围内的油、污、锈、垢，通过反变形法进行 V 形坡口立位单面焊双面成形操作，其技术要求如图 2–3–1 所示。通过打底焊、填充焊及盖面焊的训练，掌握运条方法和挑弧焊法、断弧焊的操作技能，熟悉焊接电流的选择、引弧和熄弧的控制、焊条角度的调整以及磁偏吹的控制措施。

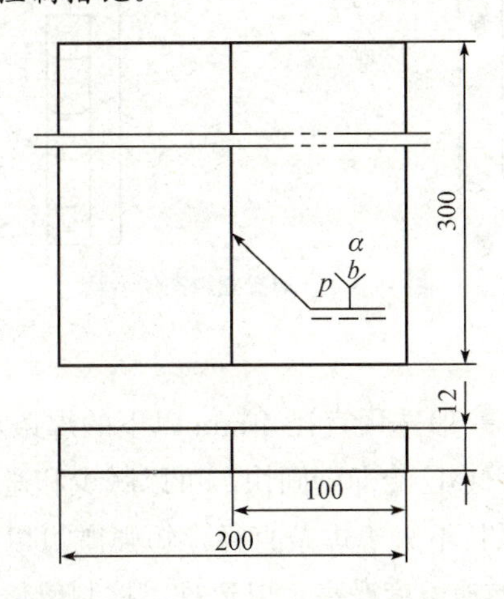

技术要求

1. 工件材料：Q235–A。
2. V 形坡口立位单面焊双面成形。
3. 焊缝根部间隙 b=3.2 ～ 4.0 mm，钝边 p=0.5 ～ 1 mm，坡口角度 α=60°。
4. 焊后变形量应小于 3°。

图 2–3–1　板对接立焊的技术要求

任务分析

板对接立焊是在垂直方向上进行焊接的一种方法。焊接时，由于液态金属和熔渣受重力作用容易下淌，当操作方法不当、运条节奏不一致、熔池形状控制得不好以及焊条角度不正确时，会直接影响焊缝成形。立焊时选用的焊条直径和焊接电流均应小于平焊，并采用短弧焊接，要保证焊接接头质量，正确的焊条倾角和运条方法是立位单面焊双面成形的关键。板对接立焊应注意以下问题：

（1）虽然液态金属和熔渣因自重下坠易分离，但熔池温度过高，液态金属易向下流形成焊瘤，焊接电流应较小，以控制熔池温度。

（2）立焊易焊透，但表面易咬边，不易焊得平整，焊缝成形差，焊接时，焊条角度应向下倾斜 60° ～ 80°，使电弧指向熔池中心。

2.3.2　相关知识

对接立焊是对接接头焊件处于立焊位置时的操作（图 2–3–2），一般采取由下向上施焊，有时在对薄板对接立焊或间隙较大的薄件对接立焊时，采取由上向下施焊，这种焊法熔深浅，不易烧穿薄件，有利于焊缝成形。

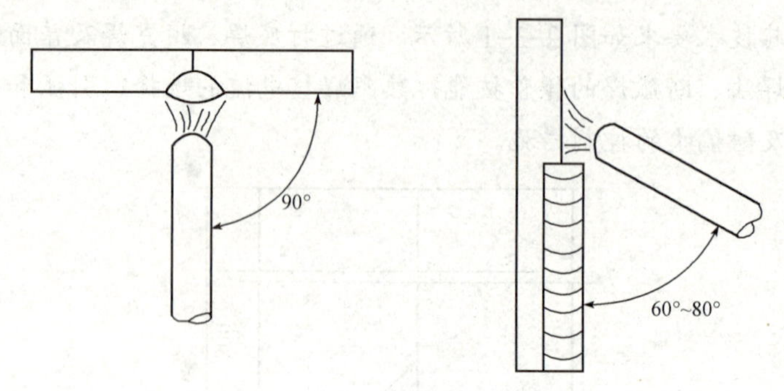

图 2-3-2 对接立焊操作示意

1. 立焊的操作要点

（1）采用小直径焊条。一般选用直径 4 mm 以下的焊条，选用比对接平焊小 10% 左右的焊接电流，这样熔池体积小，冷却凝固快，可以减少和避免熔化金属下淌。

（2）短弧焊接。保持弧长不大于焊条直径，短弧既可以控制熔滴过渡准确到位，又可避免因电弧电压过高而使熔池温度升高，以致难以控制熔化过程。

（3）控制焊条角度。焊接时焊条应处于通过两焊件接口而垂直于焊件的平面内，并与焊件成 60° ～ 80° 夹角（图 2-3-2），利用电弧吹力对熔池的推力作用，使熔滴顺利过渡并托住熔池。

（4）合理运用握焊钳的方法。握焊钳的方法有正握法和反握法，在焊接位置操作较为方便的情况下，均用正握法；当焊接部位距离地面较近，采用正握法；焊条难以摆正时，则采用反握法。正握法在焊接时较为灵活，活动范围较大，尤其立焊位置利用手腕的动作，便于控制焊条摆动的节奏，因此，正握法是常用的握焊钳的方法。

（5）控制熔孔大小和形状。立焊时熔孔可以比平焊时稍大些，熔池形状呈水平的椭圆形较好，如图 2-3-3 所示。在焊接过程中，电弧要尽可能地短些，使焊条端头约 1/2 覆盖在熔池上，电弧的 1/2 在熔池的上部坡口间隙中燃烧，利用熔渣和焊条药皮产生的气体保护熔池，可避免产生气孔。每当焊完一根焊条收弧时，先在熔池上方做出一个稍大些的熔孔，然后回焊 10 mm 再断弧，并使其形成缓坡，为下面的接头做好准备。

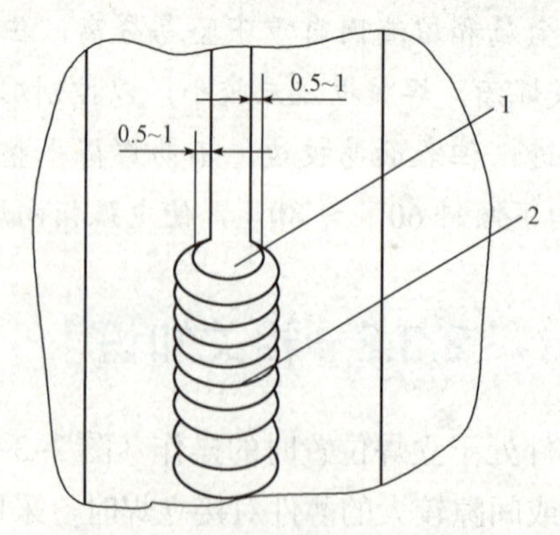

图 2-3-3 板对接立焊熔孔尺寸

1—熔孔；2—焊道

（6）运条方法。板对接立焊常用的运条方法分为月牙形运条法和锯齿形运条法，如

图 2–3–4 所示。月牙形运条法适用间隙适中的焊件，对准根部间隙直接击穿；同时，在坡口两侧做轻微的月牙形摆动；当焊件间隙较大时，从坡口一侧落弧采用锯齿形运条摆动到另一侧，始终控制熔池温度，这样可以保证焊件背面良好成形。

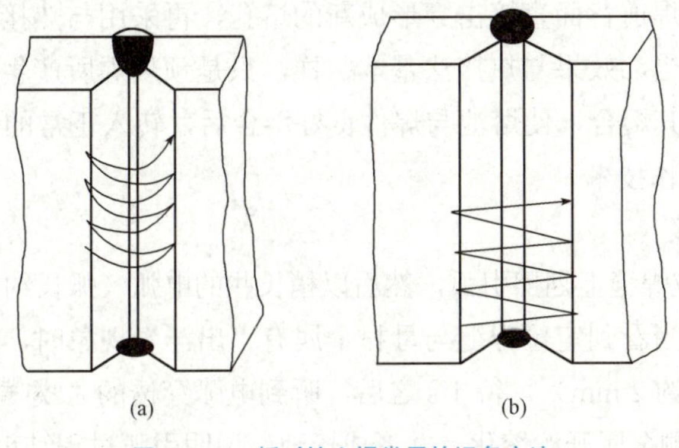

图 2–3–4　板对接立焊常用的运条方法

（a）月牙形运条法；（b）锯齿形运条法

2. 打底焊的焊接

焊接第一层焊道时，可根据焊件的根部间隙来选择不同的焊法，并通过有节奏的运条动作，控制好熔池温度和形状，从而获得均匀且平整的底层焊道。

（1）挑弧焊法。当焊件根部间隙不大，而且不要求背面焊缝成形的第一层焊道时，采用挑弧焊法，如图 2–3–5 所示。挑弧焊法的要领是将电弧引燃后，拉长弧预热始焊端的定位焊缝，适时压弧开始焊接。当熔滴过渡到熔池后，立即将电弧向焊接方向（向上）挑起，弧长不超过 6 mm，但电弧不熄灭，使熔池金属凝固，等熔池颜色由亮变暗时，立刻将电弧拉回到熔池，当熔滴过渡到熔池后，再向上挑起电弧，不断重复，直至焊完第一层焊道。

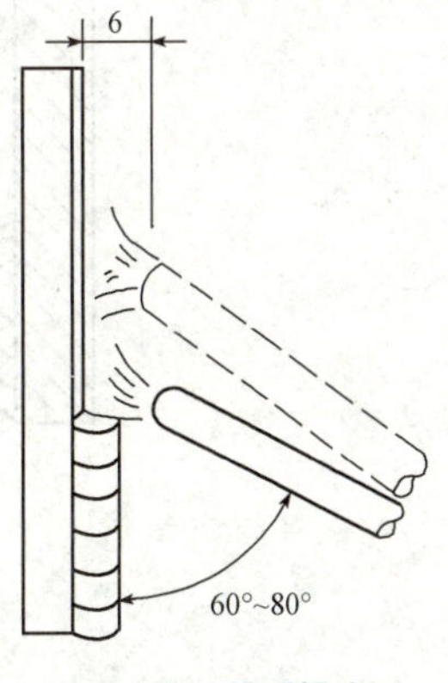

图 2–3–5　挑弧焊法

（2）断弧焊法。当焊件根部间隙较大时采用断弧焊法。断弧焊法的要领是当熔滴过渡到熔池后，因熔池温度较高，而且根部间隙较大，熔池金属有下淌的趋向，此时立即将电弧熄灭，使熔池金属有瞬时凝固的机会，随后重新在熄弧处引弧，当形成的新熔池良好熔合后，再立即熄弧。如此燃弧—熄弧交替地进行。熄弧停留的时间长短需根据熔池温度的高低做相应的调节，燃弧时间也根据熔池的熔合状况灵活掌握。

（3）焊道连接。打底焊道的接头好坏，对背面焊道的影响最大，接头不好可能出现凹坑或局部凸起太高，甚至产生焊瘤。

接头应尽量采用热接法，更换焊条要迅速，在熔池尚处于红热状态时，立即在熔池上端 10 ～ 15 mm 处引弧，具体方法是稍拉长弧并退至原焊接熔池处（1 ～ 2 s）进行预热，然后逐渐压低电弧移到熔孔处，将焊条向焊道背面压送，并稍作停留。当听到击穿声形成新熔孔时，不宜急于熄弧，最好连弧锯齿形摆动几下之后，再恢复使用正常的断弧焊法。

冷接法一般是在最初练习阶段或耽搁了热接时间时采用。冷接时要将熔池周围的熔渣和飞溅物清理干净，必要时还要将接头打磨成缓坡，然后在熔池的上方 10 ～ 15 mm 处引燃电弧，迅速移至原熔池 10 mm 处将电弧稍稍拉长，轻轻摆动 2 ～ 3 s，对熔池及其附近区域预热。接下来，将电弧压下，做向上的预热焊接，焊至熔孔处随着温度的升高和熔孔熔化，先将电弧推向焊道背面直接击穿形成新的熔孔，再采用与热接法相同的操作方法进行焊接。如果操作得当，效果与热接法基本一样，只是预热焊所产生的局部高出部分，需要在进行填充焊时将其熔合，使熔池与焊件良好熔合后，转入正常的焊接。

3. 板对接立焊操作技术

（1）打底层焊接。

1）引弧。在定位焊缝上划擦引弧，然后以稍长些的电弧（弧长约为 3.5 mm）在边缘与坡口根部进行预热。当看到定位焊缝与母材金属有“出汗”现象时，表明温度已合适，应立即压低电弧（弧长约 2 mm），待 1 s 之后，听到电弧穿透的“噗噗”声，同时看到定位焊缝以及坡口根部两侧金属开始熔化，并形成熔池，说明引弧过程结束，可以进行焊接。

2）焊条角度。在连弧焊接过程中，焊条自下而上焊接。焊条与焊接方向，始焊时为 60° ～ 80° ；中间位置为 45° ～ 60° ；由于终焊端焊缝的温度已很高，为防止背面余高过大，可使角度小一些，变为 20° ～ 30° ，如图 2–3–6 所示。

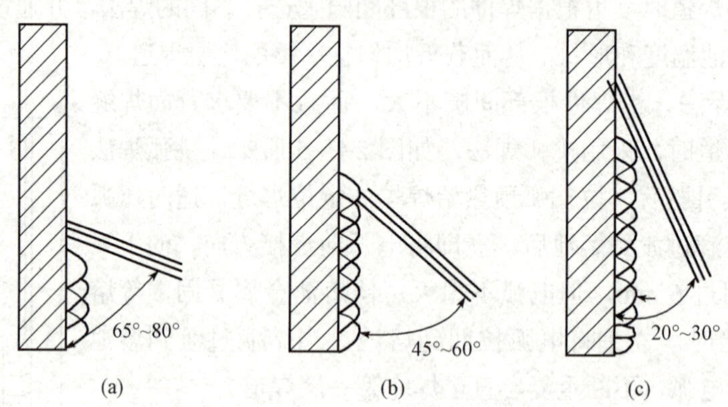

图 2–3–6　焊条角度和位置变化示意

（a）始焊端；（b）中间位置；（c）终焊端

3）运条方法。运条采用左右凸摆法，如图 2–3–7 所示。在焊接过程中，焊接电弧在坡口间隙中左右交替焊接，以分散电弧热量，使熔池温度不会过高，防止液态金属向下流淌。电弧左右摆动时，中间呈凸形圆弧，此法适用于连弧焊。

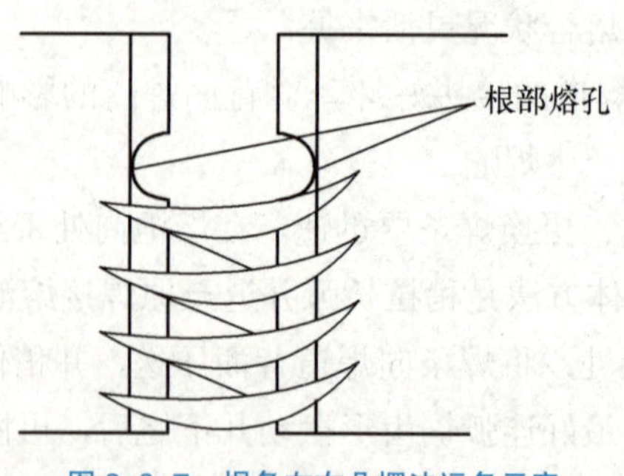

图 2–3–7　焊条左右凸摆法运条示意

4）熄弧。当需要更换焊条熄弧时，应先将焊条向下压，使熔孔稍大后，往回焊接 15 ～ 20 mm，形成一个斜坡后再熄灭电弧，为下一根焊条的引弧打下良好的接头基础。

5）接头。先在弧坑稍前处（约 10 mm）引弧，电弧比正常焊接时长些，然后将其移到弧坑的 2/3 处，待填满弧坑后，向前进入正常焊接。

（2）填充层焊接。

1）清渣。对前一层焊道仔细清理，特别是死角处，更要清理干净，防止焊缝产生夹渣。

2）引弧。在距焊缝起始点 10 ～ 15 mm 处引弧，然后将电弧拉回到起始点施焊。每次接头也都要按此法引弧，防止出现焊接缺陷。

3）运条方法。采用横向锯齿形运条法，焊条摆动到坡口两侧要稍作停留，使两侧温度均衡。填充层的焊肉，要比盖面层低 0.5 ～ 1.5 mm，使焊接盖面层时能看清坡口，保证焊缝平直。

4）焊条角度。焊条与焊接方向成 75° ～ 85° 夹角。

（3）盖面层焊接。

1）焊前。仔细清理两侧焊缝与母材坡口死角焊道表面。

2）引弧。在距焊缝起始点 10 ～ 15 mm 处引弧，然后将电弧拉回到起始点施焊。

3）运条方法。用锯齿形摆动运条法时，焊接电流应适当小些，焊条摆动到坡口边缘时，要注意观察两侧边缘各熔化 1 ～ 2 mm。认真控制弧长和摆动幅度，防止产生咬边。焊条摆动频率比平焊时要快，焊速应均匀，每个新熔池应覆盖前一个熔池的 2/3 ～ 3/4。

4）焊条角度。焊条与焊接方向成 65° ～ 70° 夹角。

（4）工艺参数。各层的焊接工艺参数见表 2–3–1。

表 2–3–1　焊接工艺参数

<table>
<tr><th>层次（道数）</th><th>焊条直径 /mm</th><th>电弧电压 /V</th></tr>
<tr><td>打底层（1）</td><td>3.2</td><td rowspan="4">22 ～ 26</td></tr>
<tr><td>填充层（2）</td><td>3.2</td></tr>
<tr><td>填充层（3）</td><td>3.2</td></tr>
<tr><td>盖面层（4）</td><td>3.2</td></tr>
</table>

（5）焊缝质量要求。

1）用焊缝检测尺测量。立焊焊缝表面规格要求见表 2–3–2。

表 2–3–2　立焊焊缝表面规格要求　mm

<table>
<tr><th colspan="2">焊缝宽度</th><th>余高</th><th>余高差</th><th>焊缝宽度差</th></tr>
<tr><td>正面</td><td>比坡口每侧增宽 0.5 ～ 2</td><td>0 ～ 4</td><td>＜3</td><td>＜2</td></tr>
<tr><td>背面</td><td>—</td><td>≤4</td><td>＜3</td><td>≤2</td></tr>
</table>

2）目测焊缝表面，不得有气孔、咬边、裂纹等缺陷。

3）焊缝内部缺陷检验，经 X 射线照相无损探伤，按《承压设备无损检测 第 1 部分：通用要求》（NB/T 470131—2015）标准，底片评定等级达到Ⅱ级以上者为合格。

2.3.3 任务实施

1. 安全文明生产

焊工操作时应遵循安全操作规程，在作业中贯彻始终。要注意预防电弧光伤害和防止飞溅金属造成的灼伤；焊工推拉闸刀时，要侧身向着电闸，防止电弧火花烧伤面部；改变焊机接头、移动工作地点、检修焊机故障和更换熔断丝等工作都必须切断电源开关后才能进行；焊机安装、修理和检查应由电工进行，焊工不得擅自拆修；作业现场 10 m 以内不得有易燃、易爆物品，以防止发生火灾或爆炸事故；工作完毕离开作业现场时应切断电源并清理现场，防止留下事故隐患。

2. 焊前准备

（1）焊机。焊机选用 ZX7-400 型交直流两用焊机。

（2）焊条。焊条选用 E4303 型或 E5015 型，直径分别为 3.2 mm 和 4.0 mm。焊条使用前应放在焊条烘箱内烘干，E4303 型烘干温度为 150 ℃～ 200 ℃，保温 1 ～ 2 h；E5015 型烘干温度为 350 ℃～ 400 ℃，保温 1 ～ 2 h。使用前应认真检查焊条药皮有无偏心、开裂、脱落等现象。

（3）焊件。焊件为 Q235 钢板，规格为 300 mm×100 mm×12 mm。钢板的一侧开 30° 的坡口，每两块装配成一组焊件。焊前，将焊件坡口正、反两侧 20 mm 范围内清理干净，将所需钝边锉削好，并矫平焊件。

（4）焊件装配与定位焊。将两块钢板背面朝上进行组对，检查有无错边现象，留出合适的根部间隙，始焊端预留间隙 3.2 mm，终焊端预留间隙 4.0 mm。在焊件两端 10 ～ 15 mm 范围内进行定位焊，终焊端定位焊缝要牢固，以防焊接过程中焊缝收缩使间隙尺寸减小或开裂。

定位焊后的焊件表面应平整，错边量≤ 1.2 mm。待检查无误后，将焊件通过敲打留出反变形量。

（5）辅助工具和量具的准备。操作者应准备好工作服、工作帽、绝缘鞋、电焊手套、面罩、防光眼镜等劳动防护用品；焊接操作作业区附近应备好焊条保温桶、钢丝刷、手锤、敲渣锤、样冲、划针、焊缝万能量规等辅助工具和量具。

3. 焊接实施

（1）焊接工艺参数的确定。立焊位置焊条电弧焊的焊接工艺参数见表 2-3-3。

表 2-3-3 立焊位置焊条电弧焊的焊接工艺参数

焊接层次	运条方法	焊条直径 /mm
打底层	断弧焊法	3.2
填充层	锯齿形运条法	4.0
盖面层	锯齿形运条法	3.2

（2）打底层的焊接。将焊件垂直固定在工作台上，焊条与焊件下侧成 70° ～ 80°

角，电弧引燃后迅速将电弧拉至定位焊缝上，长弧预热 2 ～ 3 s 后，压向坡口根部，当听到击穿声后，即向坡口根部两侧做小幅摆动，形成第一个熔孔，坡口根部两边熔化 0.5 ～ 1 mm。当第一个熔孔形成后，立即熄弧，熄弧时间应视熔池液态金属凝固的状态而定，当液态金属的颜色由明亮变暗时，立即送入焊条施焊约 0.8 s，进而形成第二个熔池。依次重复操作，直至焊完打底层焊道。

打底层焊可采用单面或双面挑弧法运条，也可采用小月牙形或小三角形运条。

（3）填充层的焊接。应仔细清理打底层焊道时产生的熔渣及飞溅物。然后在距离焊缝始端 10 mm 处引弧，将电弧拉回到始焊端采用连弧焊法，锯齿形横向摆动运条进行施焊。焊条摆动到坡口两侧要稍作停顿，以利于熔合及排渣，避免焊道两边出现死角。

最后一层填充厚度，应比坡口棱边低 1 ～ 1.5 mm，且应呈凹形，便于盖面层焊接时借助于棱边来控制焊缝宽度，以保证形成良好的焊缝。

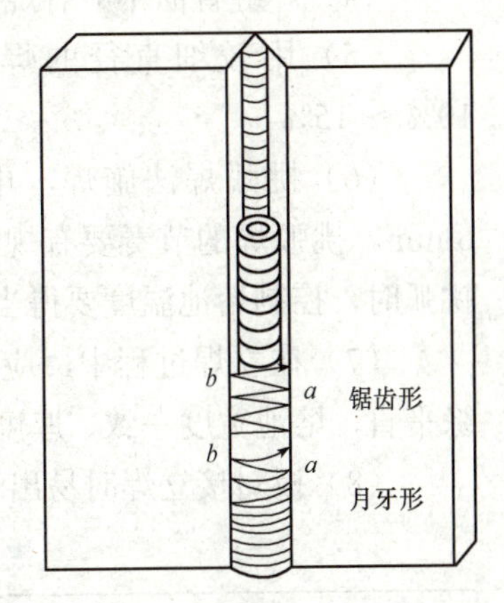

图 2-3-8　月牙形和锯齿形运条法

（4）盖面层的焊接。先将前一层熔渣清理干净，其引弧与填充焊相同，盖面层的运条方法可以根据前层焊缝的不同高度加以选择，如前层焊缝略低，焊条可做月牙形摆动，焊速稍慢。当前层焊缝稍高时，可采用锯齿形摆动，焊速稍快，如图 2-3-8 所示。

施焊时，焊接电弧要控制短些，焊条摆动的频率应比平焊时稍快，运条速度要均匀，向上运条时的间距力求相等，使每个新熔池覆盖前一个熔池的 2/3 ～ 3/4。横向摆动要有节奏，其规律为：运条至 *a*、*b* 两点时，电弧稍作停留，使熔池边缘线越出坡口边缘线约 1 mm，从 *a* → *b* 时，运条稍快，以防产生焊瘤，从而获得宽度一致的平直焊缝。

换焊条前收弧时，在弧坑上方 10 mm 左右的填充层焊道上引弧，将电弧拉至原弧坑处稍加预热，当熔池出现熔化状态时，逐渐将电弧压向弧坑，使新形成的熔池边缘与弧坑边缘吻合时，转入正常的锯齿形运条，直至完成盖面层的焊接。

（5）焊缝清理。焊完焊缝后，用敲渣锤清除焊渣，用钢丝刷进一步将焊渣、焊接飞溅物等清除干净，并检查焊接质量。焊道的外形如图 2-3-9 所示。

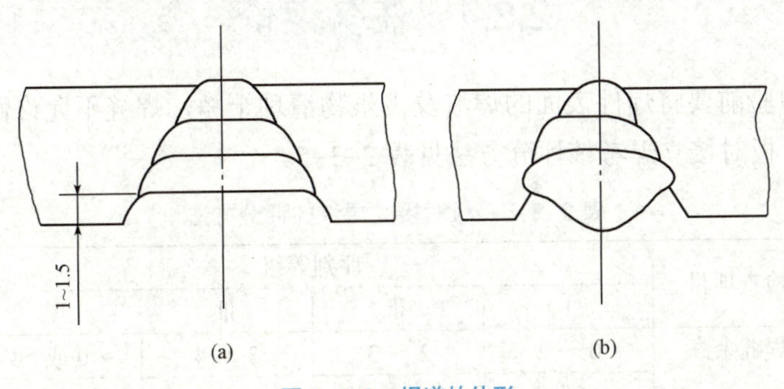

图 2-3-9　焊道的外形

（a）表面平整的合格焊道；（b）焊道表面凸起过高不合格

4. 操作注意事项

(1)在焊接每层焊道过程中，焊条角度要基本保持一致，才能获得均匀的焊道波纹。但是操作者往往在更换焊条之后或焊至焊道上部时，因手臂伸长，焊条角度发生变化而影响焊道成形。

(2) 打底焊时，熔敷金属的熔入量应尽可能少，保持焊道薄些，起弧处、收弧处和接头处要处理良好，保证焊道平整，以利于背面焊缝成形。打底击穿焊的电弧燃烧时间要适宜，熔孔大小、形状要一致，焊条角度要正确，保持短弧焊接。

(3) 填充焊时，除避免产生各种缺陷外，正面焊道的表面还应平整，避免出现凸形，在坡口与焊道间形成夹角，焊层应低于焊件表面 1～2 mm，避免产生夹渣、焊瘤、气孔等缺陷。

(4) 焊缝背面不应有烧穿和焊瘤缺陷。

(5) 用较细直径的焊条和较小的焊接电流。焊接电流的强度一般比平焊低 10%～15%。

(6) 挑弧焊法施焊，电弧离开熔池的距离尽可能短些，挑弧的最大弧长不大于 6 mm。挑弧焊的节奏要有规律，落弧时，要控制熔池体积尽量小，但要保证熔合良好；挑弧时，控制熔池温度要得当，适时下落很重要。

(7) 在立焊过程中，应始终控制熔池形状为椭圆形或扁圆形，保持熔池外形下部边缘平直，熔池宽度一致、厚度均匀，从而获得良好的焊缝成形。

(8) 板对接立焊时易出现的缺陷与解决办法见表 2-3-4。

表 2-3-4　板对接立焊的缺陷与解决办法

缺陷名称	产生原因	排除方法
焊缝成形不好	熔化金属受重力作用下淌	采用小直径焊条，短弧焊接
	运条时焊条角度不当	焊条角度应有利于托住熔池，保持熔滴过渡
焊瘤	熔化金属受重力作用下淌	铲除焊瘤
	熔池温度过高	注意熔池温度的变化，若熔池温度过高，应立即将火焰向上移开，使熔池温度降低。

2.3.4　任务评价

焊接质量检验前要将焊件表面的焊渣及飞溅物清理干净，焊缝不允许修磨和补焊，应保持原始状态，板对接立焊考核评分方法见表 2-3-5。

表 2-3-5　板对接立焊考核评分方法

序号	检查项目	评判等级				得分
		Ⅰ	Ⅱ	Ⅲ	Ⅳ	
1	焊缝余高 /mm	0～2	2～3	3～4	<0 或 >4	
		5 分	3 分	1 分	0 分	
2	焊缝高度差 /mm	<1	1～2	2～3	>3	
		5 分	3 分	1 分	0 分	

续表

序号	检查项目	评判等级				得分
		Ⅰ	Ⅱ	Ⅲ	Ⅳ	
3	焊缝宽度 /mm	17 ～ 19	≥ 16 或≤ 20	≥ 15 或≤ 22	<15 或 >22	
		5 分	3 分	1 分	0 分	
4	焊缝宽度差 /mm	<1.5	1.5 ～ 2	2 ～ 3	>3	
		5 分	3 分	1 分	0 分	
5	咬边 /mm	无咬边	深度≤ 0.5		深度 >0.5	
		5 分	每 0.5 mm 扣 2 分		0 分	
6	正面成形	优	良	中	差	
		5 分	3 分	1 分	0 分	
7	背面成形	优	良	中	差	
		5 分	3 分	1 分	0 分	
8	背面凹量 /mm	0 ～ 0.5	0.5 ～ 1	1 ～ 2	>3	
		5 分	3 分	1 分	0 分	
9	背面余高 /mm	0 ～ 2	2 ～ 3	3	>5	
		5 分	3 分	1 分	0 分	
10	角变形 /mm	0 ～ 1	1 ～ 3	3 ～ 5	>5	
		5 分	3 分	1 分	0 分	
11	错边量 /mm	0 ～ 0.5	0.5 ～ 1	1	—	
		5 分	3 分	0 分	—	
12	外观成形	成形美观，焊缝均匀、细密	成形较好，焊缝均匀、平整	成形尚可，焊缝平直	焊缝弯曲，高低、宽窄明显	
		25 分	15 分	5 分	0 分	
13	安全文明	优	良	中	差	
		20 分	10 分	5 分	0 分	
汇总（100 分）						
注：若试件焊接未完成；表面修补及焊缝正反两面有裂纹、夹渣、气孔、未熔合缺陷；该件做 0 分处理。试板两端 20 mm 的缺陷不计						

2.3.5 任务拓展

低碳钢板的 T 形接头立角焊的焊接如下：

1. 焊前准备

（1）焊接工具。选用 ZX7-400 型直流电弧焊机，直流正接或反接。

（2）焊条。焊条选用 E4303（J422），规格为 ϕ3.2 mm；焊条烘干温度为 150 ℃～ 200 ℃，保温 1 ～ 2 h。

（3）装配定位焊。用 ϕ3.2 mm 的焊条将两块钢板拼装成 T 形，用 125 ～ 130 A 的电流进行定位焊，定位焊三点，即首、尾、中间三点，定位焊规格＜ 4 mm×15 mm。接下来，将焊件垂直固定在离地面约 400 mm 高的工作架上并定位（需在一面进行，从而便于拆卸）。焊接时，在非定位焊一面进行。

2. 焊接操作

（1）引弧。用直径为 3.2 mm 的焊条，采用 120 ～ 130 A 的电流在离角接缝始端 15 mm 左右，并在 T 字接头的尖角处引燃电弧，略拉长电弧移到离接缝始端 2 ～ 3 mm 的起弧端，预热瞬时即压短电弧做横向摆动，并在熔池两边稍作停留，使其形成第一个熔池。操作时，焊条与两 T 形板的夹角应保持为 45°，与焊缝的夹角为 60° ～ 80°，如图 2-3-10 所示。

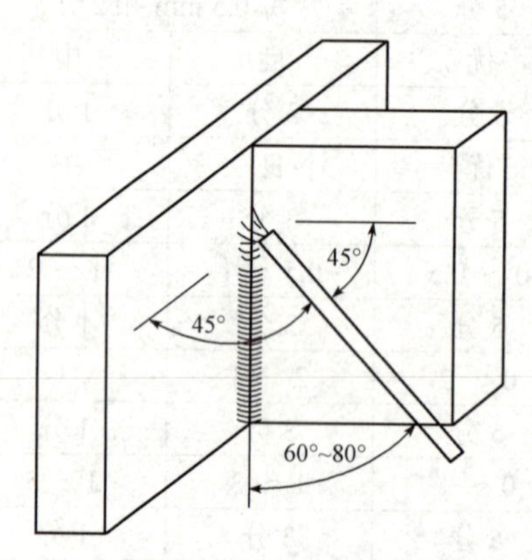

图 2-3-10　立角焊焊条角度

（2）运条。立角焊运条的关键是熔池金属温度的控制、熔池形状和大小的控制。焊条要根据熔池金属的冷却情况有节奏地在四周运条。常用的运条方法有单面挑弧、三角形、月牙形等，如图 2-3-11 所示。

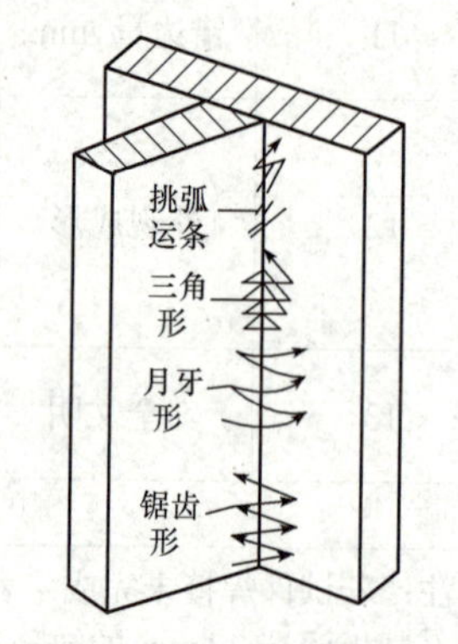

图 2-3-11　立角焊的焊条摆动方法

当装配间隙过大时，薄板焊接可采用单面挑弧法运条。三角形运条时，当第一个熔池出现后，电弧应尽快从一边向上，并沿焊缝中心线方向挑弧（挑弧距离≤ 6 mm）。注意挑弧距离还要根据熔池温度情况做相应的调整，当发现熔池瞬间冷却成一个暗红点，熔池形状逐渐变小时，将抬高的电弧沿接缝中间移到弧坑的 2/3 或 3/4 处，在熔滴下落的同时，压短电弧并做横向摆动，摆动时，在焊缝两侧稍作停留，以免产生咬边。接下来，电弧再沿焊缝中心线方向横向上挑弧，依次往复。

在运条过程中，要随时观察熔池的形状和大小，如发现椭圆形的熔池下部边缘由比较平直的轮廓逐渐鼓肚变圆时，表明熔池温度过高，应将电弧挑高一些或熄弧，让熔池降温冷却，待熔池由亮白色变为暗红色，形状逐渐变小时，再将电弧下移或重新引弧焊接。

（3）接头连接操作。在弧坑上方 10 ～ 15 mm，并在 T 字接缝的中间处引燃电弧，如图 2-3-12 所示，略拉长电弧下移到原弧坑的 2/3 处，压低电弧做横向摆动，当新形成的熔池与原熔池一样大时，立即向焊缝中心线上方挑弧。由于接头时容易产生夹渣，应尽量采用“热接法”，在接头处适当停留瞬时与横向摆动时，让熔渣顺着电弧的吹力而淌落下来。

（4）收尾。由于焊件末端温度高，且容易产生磁偏吹，易产生咬边和焊瘤，一般应采用断弧收尾法，熄弧、引弧的间隔时间要视熔池温度变化的情况而定，在离收尾末端边缘 2 ～ 3 mm 时，焊条的角度逐渐增大，与焊缝的夹角为 90°，如图 2-3-13 所示。

每熄弧、引弧一次，熔池面积逐渐减少，直至填满弧坑。

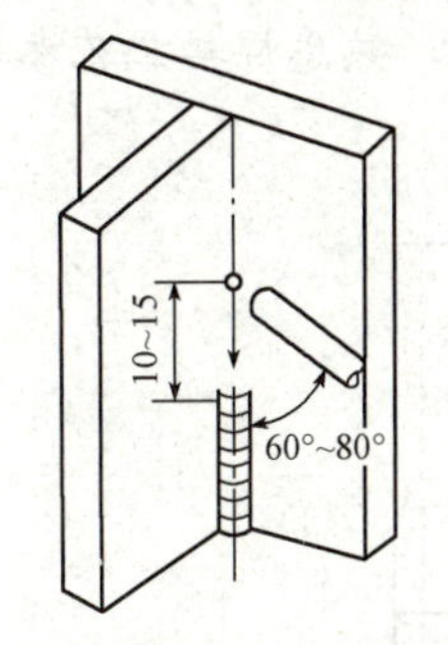

图 2-3-12　立角焊接头连接方法

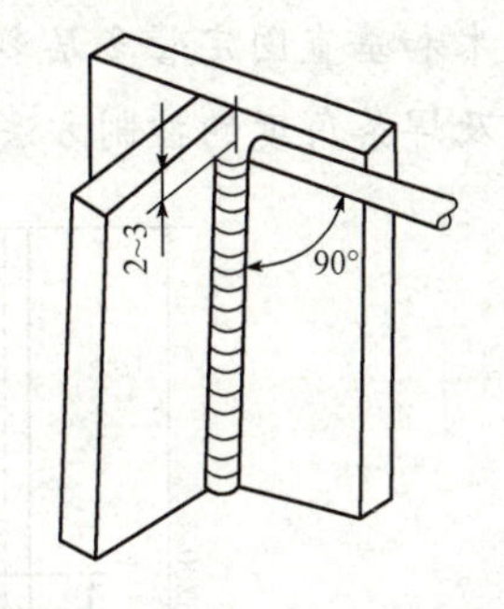

图 2-3-13　收尾处的焊条角度

任务思考

1. 立焊时有哪些困难？应该怎样克服？

2. 对接立焊时握焊钳方法有哪些？各适用于什么情况？

3. 立焊时，如何进行预热起头和接头？

4. 立焊挑弧焊法和断弧焊法的操作方法是什么？各适用什么情况下的焊接？

5. 运条时，焊条的摆动幅度、焊条的上移速度、焊条的摆动频率，以及熔池温度和形状对焊缝成形有何影响？

6. 对接立焊单面焊双面成形中的打底焊、填充焊和盖面焊的操作要领有哪些？

实训任务 2.4　管对接横焊

实训目标

1. 学习垂直固定管对接的操作技术要领；
2. 学习焊接工艺参数的选择；
3. 学习管对接横焊缺陷产生的原因和防止措施；
4. 熟悉垂直固定管多层多道焊的操作方法；
5. 掌握随着焊接位置的变化而调整焊条角度的手法；
6. 具备严谨认真、精益求精的工匠精神；
7. 具备质量意识、环保意识的职业素养。

2.4.1　任务导入

本任务利用 ZX7-400 型焊机对垂直固定管对接进行打底焊、填充焊及盖面焊操作训练，即将两根低碳钢板加工成 60° V 形坡口，钝边 1 mm，清除两侧坡口面及坡口边缘

20 mm 范围内的油、污、锈、垢，进行垂直固定管单面焊双面成形，其技术要求如图 2-4-1 所示。通过打底焊、填充焊及盖面焊的训练，掌握垂直固定管对接合理的运条方法、转腕运条技术和垂直固定管多层多道焊的操作技能，熟悉焊接工艺参数的选择、电弧长度的控制，以及焊条角度的控制方法。

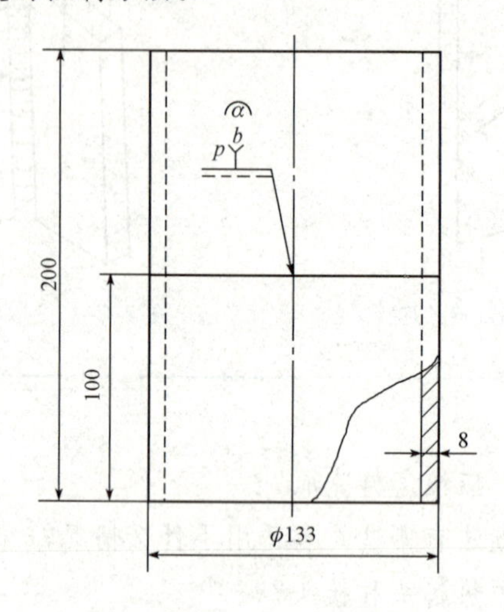

技术要求

1. 工件材料：Q235-A。

2. 垂直固定管单面焊双面成形。

3. 焊缝根部间隙 b=2 ～ 3 mm，钝边 p=1 mm，坡口角度 α=60°。

4. 焊后进行通球检验。

图 2-4-1　管对接横焊的技术要求

任务分析

垂直固定管的对接横焊不同于板对接横焊，在焊接过程中要不断沿着管子曲率移动身体，并要逐渐调整焊条角度，使其沿管子圆周转动，操作有一定的难度。焊接时金属容易下淌，形成上部咬口、下部卷边等缺陷。打底焊时焊缝上部容易形成尖角，使后续焊缝的熔池金属在电弧的作用下不能与之很好地熔合而导致出现夹渣等缺陷。进行盖面焊时，若焊道间温差太大，会出现明显的沟槽，使中间部分凸不出来，最后一道焊缝又凹不下去。

管对接横焊应注意以下问题：

（1）运条时，要随管子圆周位置而变，手腕转动得不灵活会使电弧过长，加之焊接电流过大，在盖面焊缝上边缘容易咬边。

（2）若焊接电流过小，熔渣与熔池混淆不清，熔渣来不及浮出；加之运条速度过快，在焊缝下边缘容易产生熔合不良或夹渣。

（3）若焊接电流过大，运条速度过慢或动作不协调，在焊缝下边缘容易出现下坠和焊瘤。

2.4.2 相关知识

1. 管对接的焊前准备

管子的焊接按直径不同可分为大直径管（直径≥ 108 mm）的焊接和小直径管（直径＜ 108 mm）的焊接；按管的厚度不同可分为厚壁（≥ 10 mm）管焊接和薄壁（＜ 10 mm）管焊接。

（1）坡口准备。管子焊接一般均采用 V 形坡口单面焊，这种坡口形式便于机械加工或氧乙炔火焰气割，焊接时便于运条，容易焊透，在生产中的应用最多。

（2）装配与定位焊。装配时除了要清理坡口表面、修锉钝边外，还应该注意以下问题。

1）管子装配要同心，内外壁要齐平，并应使根部间隙的平位大于仰位 0.5 ～ 2.0 mm，以作为焊接时焊缝的横向收缩量。根部间隙一般为 2.5 ～ 4.0 mm。

2）固定管装配定位焊管径不同时，定位焊缝所在的位置和数量也不同，如图 2–4–2 所示。一般小直径管定位焊一处，如图 2–4–2（a）所示；大直径管定位焊两处或三处，如图 2–4–2（b）和图 2–4–2（c）所示。

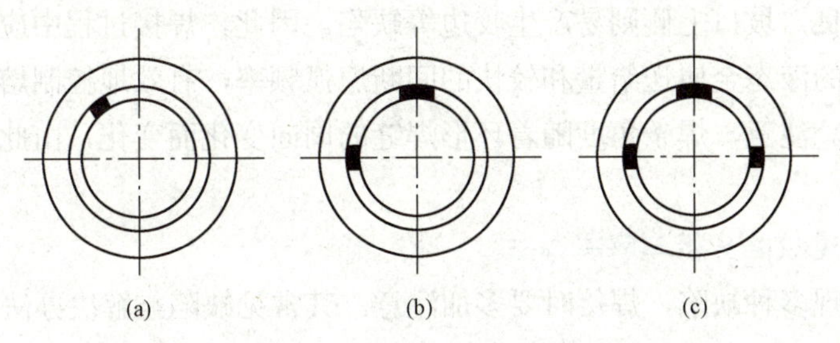

图 2–4–2 固定管装配定位焊示意

（a）定位焊一处；（b）定位焊两处；（c）定位焊三处

定位焊除在管子坡口根部直接进行外，如图 2–4–3（a）所示，也可以利用非正式定位焊缝进行定位焊，如图 2–4–3（b）所示，保持坡口根部的钝边不被破坏。待正式焊缝焊至非正式定位焊缝处，先将其打磨掉，再继续向前施焊；还可以用连接板在管外壁临时定位，如图 2–4–3（c）所示。打底焊之后，再将连接板拿掉。

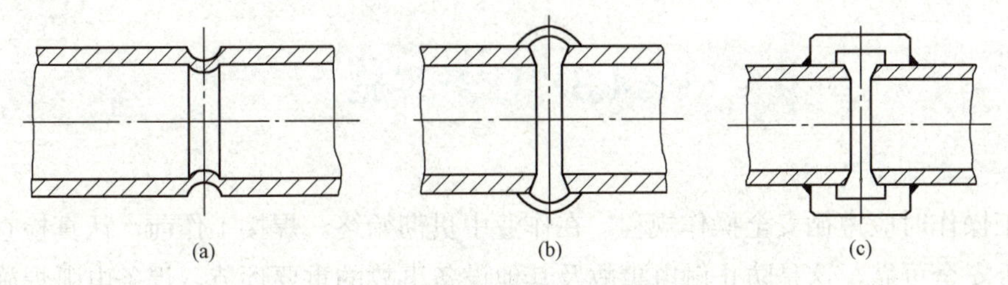

图 2–4–3 定位焊的几种方式

（a）正式定位焊缝定位焊；（b）非正式定位焊缝临时定位焊；（c）连接板临时定位焊

2. 管对接焊的操作步骤

（1）起弧。在坡口用划擦引弧法引弧，电流可相应大一些，为 100 ～ 120 A。焊条与工件的角度水平倾斜 60° ～ 70°，向下倾斜 80° ～ 85°。

（2）运条。用划擦引弧法在坡口内引弧，用长弧预热坡口，等坡口两侧接近熔化温度，再压低电弧，听到击穿声后，焊条略加摆动形成熔池，随后采用直线往复或斜锯齿运条法向前移动。运条时焊条有两个倾斜角度，即前进方向的水平倾斜角度和向下部的垂直倾斜角度。换焊条的动作要快，当焊缝还未冷却时，再次引燃电弧。焊一圈回到始焊处接头时，焊条转一个角度，对准始焊处，听到击穿声后略加摆动，并填满熔池后收弧。

焊接时要注意以下问题：

1）熔池金属容易下淌，形成上部咬口、下部卷边等缺陷。

2）在操作者移动时焊条的角度发生变化形成未焊透及焊瘤等缺陷。

3）打底焊时焊缝上部容易形成尖角，使后续焊缝的熔池金属在电弧作用下不能与之很好地熔合而造成夹渣等缺陷。

4）盖面焊时，焊道间温差太大会出现明显的沟槽，中间部分凸不出来，最后一道焊缝又凹不下去。

3. 薄壁管的焊接

薄壁管垂直固定焊单面焊双面成形时，液态金属受重力影响，极易下坠形成焊瘤或下坡边缘熔合不良，坡口上侧则易产生咬边等缺陷。因此，焊接过程中应始终保持较短的焊接电弧、较少的液态金属送给量和较快的间断熄弧频率，有效地控制熔池温度，从而防止液态金属下坠。注意，焊条角度随着环形焊缝的周向变化而变化，由此获得满意的焊缝成形。

4. 管对接常见缺陷分析与解决办法

管对接易出现多种缺陷，焊接时要多加注意。其常见缺陷与解决办法见表 2-4-1。

表 2-4-1　管对接的常见缺陷与解决办法

缺陷名称	产生原因	排除方法
打底层仰焊部位，背面产生内凹	焊条送进坡口内深度不够	焊条送进坡口内一定深度，使整个电弧在坡口内燃烧，短弧焊接
盖面层产生咬边	运条摆动动作前进速度不当	采用横向锯齿形摆动，摆动速度适当加快，但前进速度不变，摆动到焊道两侧时，应停留约 0.5 s

2.4.3　任务实施

1. 安全文明生产

焊工操作时应遵循安全操作规程，在作业中贯彻始终。焊接工作前，认真检查焊机和工具是否安全可靠，这是防止触电事故及其他设备事故的重要环节。焊条电弧焊施焊前对设备检查的项目：检查电源的一次、二次绕组绝缘与接地情况；检查绝缘的可靠性、接线的正确性，以及电网电压与电源的铭牌上标明的电压值吻合情况；检查回路是否有绝缘烧损；检查噪声和振动情况；检查焊接电流调节装置可靠性；检查是否短路和焊钳是否放在被焊工件上等。

2. 焊前准备

（1）焊机：选用 ZX7-400 型交直流两用焊机。

（2）焊条：选用 E4303 型，直径为 3.2 mm。焊条使用前应按规定焙烘、保温、保管和使用。

（3）焊件：选用 Q235-A 钢管，规格为 133 mm×100 mm×8 mm，钢板的一侧加工成 30° 坡口，每两根管子装配成一组焊件。焊前要将管子坡口内外边 20 mm 范围内水、锈、油、漆等污物清除。

（4）焊件装配与定位焊。在保证管子轴线中心对正、内外壁对齐无明显错边的前提下，按圆周方向均布定位焊缝，大管可焊 2 ～ 3 处，每处定位焊缝长 10 ～ 15 mm，根部间隙 2 ～ 4 mm（起焊处的间隙要稍大 1 mm），并且不能焊穿而使反面形成焊瘤。要求定位焊时所用焊条和施焊所用焊条一致。

（5）辅助工具和量具的准备。操作者应准备好工作服、工作帽、绝缘鞋、电焊手套、面罩、防光眼镜等劳保用品；焊接操作作业区附近应备好焊条保温桶、焊条箱、手锤、敲渣锤、錾子、钢丝刷、钢尺、焊缝万能量规等辅助工具和量具。

3. 焊接实施

（1）确定工艺参数。根据焊件图纸要求确定焊接工艺参数，见表 2-4-2。

表 2-4-2 焊接工艺参数

焊接层次	焊道数量	运条方法	焊条直径 /mm
打底焊	1	断弧焊法	3.2
填充焊	2	直线运条法或斜锯齿形运条法	
盖面焊	3	直线运条法和直线往复运条法	

（2）打底焊。清理焊件表面，将管子垂直固定在工作台上。起焊处选定在定位焊缝的对称面，用断弧焊法进行打底层焊接。为保证坡口根部焊透，应始终保持熔池形状为大小均匀的斜椭圆外形。垂直固定管焊接的焊条角度如图 2-4-4 所示。

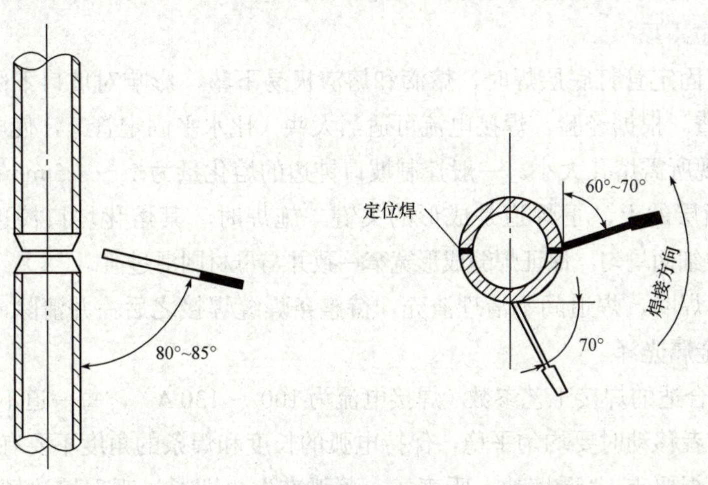

图 2-4-4 垂直固定管焊接的焊条角度

在坡口内引燃电弧后，拉长电弧带至根部间隙处向内压紧电弧，听到有击穿的声音并形成熔池后，马上熄弧（向后下方做划挑动作）使熔池降温。待熔池由亮稍变暗时，在熔池的前沿重新引燃并压低电弧，由上坡口带至下坡口，待坡口两侧熔合后形成熔孔，以同一动作熄弧，如此反复（熄弧—燃弧—击穿）进行焊接。

绕管一周，将要封闭接头时，在接头缓坡前沿 3 ～ 5 mm 处，不再用断弧焊，而采用连弧焊，至接头处，电弧向内压，稍作停顿，然后焊过缓坡填满弧坑后熄弧。

第一层焊坡要求在坡口正中偏下焊缝的上部不能够有尖角（夹角不能过尖），下部不能有满溢（卷边）。

（3）填充焊。采取上、下两道堆焊。施焊前，需将打底层焊道上的熔渣及飞溅物等清理干净，有接头超高现象时，用錾子或锉刀修平。

填充层焊道分上、下道，在下焊道焊接时，在焊接方向上要使焊条与管子切线为 65° ～ 75° 夹角、与坡口下端为 90° ～ 100° 夹角，并采用直线形运条。运条过程中始终保持电弧对准打底层焊道下边缘，并使熔池边缘接近坡口棱边（但不能熔化棱边）。运条速度要均匀，焊条角度要随焊道部位的改变而变化，焊出宽窄一致的焊道。

接头时，在熔池前方 10 ～ 15 mm 处引燃电弧，直接拉向熔池偏上部位，压低电弧向下斜焊，形成新的熔池后恢复正常焊接。

接下来进行上道焊接，焊条对准下焊道与上坡口面形成的夹角处，运条方法与下焊道相同。但焊条角度向下适当调整，与坡口下端成 75° ～ 85° 夹角。运条时要注意夹角处的熔化情况，使焊道覆盖住下焊道的 1/3 ～ 1/2，避免填充层焊道表面出现凹槽或凸起，填充层焊完后，下坡口应留出约 2 mm，上坡口应留出约 0.5 mm，为盖面焊打好基础。

（4）盖面焊。盖面层运用直线运条法，按三道堆焊。施焊盖面层的下焊道时，电弧应对准下坡口边缘，使熔池下沿熔合坡口下棱边（≤ 1.5 mm），且焊接速度要适宜，以使焊道细些并与母材圆滑过渡。中间焊道焊速要慢，使盖面焊形成凸形焊缝。焊最后一道焊缝时，应适当增大焊接速度或减小焊接电流，焊条的垂直倾角要小一些，以消除咬口现象，确保整个焊缝外形宽窄一致，均匀平整。

（5）清理焊件表面熔渣和飞溅物，检查焊缝质量。

4. 操作注意事项

（1）垂直固定管打底层焊时，熔滴和熔渣极易下坠，影响对坡口下侧熔孔的观察，且容易产生夹渣。根据经验，焊接电流可适当大些（比水平固定管），使电弧落在熔池前沿上，即可出现所需熔孔大小。一般控制坡口钝边的熔化量为 1 ～ 1.5 mm。

（2）盖面层的上、下焊道是成形的关键。施焊时，其熔化坡口棱边应控制为 1 ～ 1.5 mm，并且要细而均匀，保证焊缝成形宽窄一致并与母材圆滑过渡。

（3）盖面焊时，焊道间不清理渣壳，待整条焊缝焊接之后一并清除，此举为的是保持焊缝表面的金属光泽。

（4）采用合适的焊接工艺参数（焊接电流为 100 ～ 130 A），每一道不要堆积得太厚。

（5）操作者移动时要均匀平稳，保持电弧的长度和焊条的角度不要有太大的变化。

（6）打底焊要点：“看熔池，听声音，落弧准”，即通过观看熔池颜色控制其温度，熔池形状一致，熔孔大小均匀，熔渣与熔池分明；听清电弧在坡口根部击穿的声音；电弧要准确地落在熔池的前沿，并且焊条向下的倾斜角度要合适，尽量使充填金属薄一点。

（7）盖面焊时坡口两边要留出少许间隙，中间部位稍凸出，为得到凸形焊缝做好准备，上、下焊道速度要快，焊条倾角要小，以消除咬口。

2.4.4 任务评价

焊接质量检验前要将焊件表面的焊渣及飞溅物清理干净，焊缝不允许修磨和补焊，应保持原始状态。管对接横焊考核评分方法见表 2-4-3。

表 2-4-3 管对接横焊考核评分方法

序号	检查项目	评判等级				得分
		Ⅰ	Ⅱ	Ⅲ	Ⅳ	
1	焊缝余高 /mm	0 ～ 2	2 ～ 3	3 ～ 4	<0 或 >4	
		5 分	3 分	1 分	0 分	
2	焊缝高度差 /mm	<1	1 ～ 2	2 ～ 3	>3	
		5 分	3 分	1 分	0 分	
3	焊缝宽度 /mm	17 ～ 19	≥ 16 或≤ 20	≥ 15 或≤ 22	<15 或 >22	
		5 分	3 分	1 分	0 分	
4	焊缝宽度差 /mm	<1.5	1.5 ～ 2	2 ～ 3	>3	
		5 分	3 分	1 分	0 分	
5	咬边 /mm	无咬边	深度≤ 0.5		深度 >0.5	
		5 分	每 0.5 mm 扣 2 分		0 分	
6	正面成形	优	良	中	差	
		5 分	3 分	1 分	0 分	
7	背面成形	优	良	中	差	
		5 分	3 分	1 分	0 分	
8	背面凹量 /mm	0 ～ 0.5	0.5 ～ 1	1 ～ 2	>3	
		5 分	3 分	1 分	0 分	
9	背面余高 /mm	0 ～ 2	2 ～ 3	3	—	
		5 分	3 分	1 分	0 分	
10	角变形 /mm	0 ～ 1	>1 ～ 3	>3 ～ 5	>5	
		5 分	3 分	1 分	0 分	
11	错边量 /mm	0 ～ 0.5	0.5 ～ 1	>1	—	
		5 分	3 分	0 分	—	

续表

序号	检查项目	评判等级				得分
		Ⅰ	Ⅱ	Ⅲ	Ⅳ	
12	外观成形	成形美观，焊缝均匀、细密	成形较好，焊缝均匀、平整	成形尚可，焊缝平直	焊缝弯曲，高低、宽窄明显	
		25 分	15 分	5 分	0 分	
13	安全文明	优	良	中	差	
		20 分	10 分	5 分	0 分	
汇总（100 分）						
注：若试件焊接未完成；表面修补及焊缝正反两面有裂纹、夹渣、气孔、未熔合缺陷；该件做 0 分处理。试板两端 20 mm 的缺陷不计						

2.4.5 任务拓展

1. 焊前准备

（1）焊接工具。选用 ZX-500 型直流电弧焊机，直流正接或反接。

（2）焊条。焊条选用 E4303（J422），规格为 ϕ2.5 ～ 3.2 mm；焊条烘干温度为 150℃～ 200℃，然后保温 1 ～ 2 h。

（3）焊件。焊件钝边 p 为 0.5 ～ 1.5 mm，单边坡口 30°。焊前，对坡口及两侧各 30 mm 范围内的油污、铁锈及其污物，进行打磨或清洗，使焊件露出金属光泽。

（4）装配定位焊。装配时，点固焊两点，定位焊点在斜水平位置上为宜。装配间隙留出 1.5 ～ 2.5 mm 即可，这样单面焊双面成形良好。若间隙过大，焊接容易烧穿形成焊瘤；若间隙过小，会造成未焊透。

2. 焊接操作

管子水平固定焊接，常从管子仰位开始分左右两半焊接，先焊的一半为前半部，后焊的一半为后半部。前、后半部焊接均按仰—斜仰—立—斜立—平位的顺序进行，这样的焊接顺序有利于对熔池金属与熔渣的控制，便于焊缝成形。

（1）打底层焊接。

1）引弧。在始焊处（时钟 6 点位置）的前方 10 mm 处引弧后，把电弧拉回始焊点，进行电弧预热，当发现坡口根部有“出汗”现象时，将焊条向坡口间隙处顶送，当听到“噗噗”声后，稍停一下，使每侧钝边熔化 1 ～ 2 mm 并形成一个熔孔，引弧即为结束。

2）焊条角度。始焊点（时钟 6 点位置），焊条与焊接方向管切线夹角为 80°～ 85°；在时钟 7—8 点位置为仰坡焊位，焊条与焊接方向管切线夹角为 100°～ 105°；在立焊位（时钟 9 点位置）时，焊条与焊接方向管切线夹角为 90°；在立坡焊（时钟 10—11 点位置）时，焊条与焊接方向管切线夹角为 85°～ 90°；在平焊位（时钟 12 点位置）时，焊条与焊接方向管切线夹角为 70°～ 75°。

3）运条方法。电弧在起焊处（时钟6点位置）引燃后，以稍长的电弧加热该处2～3 s，待坡口两侧金属有“出汗”现象时，迅速压低电弧至坡口根部间隙，看到有熔滴过渡并出现熔孔时，焊条稍微左右摆动并向后上方推进，观察到熔滴金属已与钝边连在一起后，焊条稍拉开，恢复正常焊接。焊接过程必须采用短弧把熔滴送到坡口根部。

到仰坡焊位时，电弧在坡口钝边外稍作停留，看到熔化的金属已挂在坡口根部，并熔入坡口两侧各1～2 mm时再移弧。

4）与定位焊缝接头。在焊接过程中，焊缝要与定位焊缝接头时，焊条要向根部间隙处顶一下，听到“噗噗”声后，稍作停顿，恢复原先焊接手法继续焊接。

5）收弧。当焊接接近收尾时，应先将焊条在收尾处预热，再将焊条向坡口间隙压弧，让电弧击穿坡口根部，听到“噗噗”声后，稍停一下，继续焊接。

（2）盖面层的焊接。

1）清渣。仔细清理打底层焊缝及两侧坡口母材夹角处的焊渣、焊点及飞溅。

2）运条方法。在时钟5～6点的位置即仰焊引弧后，长弧先预热试板，以甩掉前两次熔化的熔滴，因为此时熔滴温度低，流动性差。再采用月牙形运条法或横向锯齿形运条法进行焊接，将熔滴以短弧方式向上送。焊接时，始终保持短弧，当焊条摆动到两侧时稍作停顿，使焊缝金属和母材能平滑过渡，可以将坡口两侧的边缘熔化1～2 mm，防止咬边缺陷。

3）焊条角度。由于根部打底层焊缝已焊完，主要是盖面层焊缝应成形良好，余高要符合技术规定，焊缝与母材要圆滑过渡，为此，焊条与管子焊接方向切线夹角应比打底层时稍大5°左右。焊条具体位置如下：仰焊位（时钟7—8点位置），焊条与焊接方向管切线夹角为85°～90°；仰坡焊（时钟6—7点位置）位置，焊条与焊接方向管切线夹角为105°～110°；立焊位置，焊条与焊接方向管切线夹角为95°；立坡位置，焊条与焊接方向管切线夹角为75°～80°。

焊接时，坡口两侧各熔化1～2 mm，焊缝金属与母体达到圆滑过渡，避免产生咬边缺陷。

3. 工艺参数

打底和盖面层的焊接工艺参数见表2-4-4。

表2-4-4　打底和盖面层的焊接工艺参数

层次（道数）	焊条直径/mm	电弧电压/V
打底层（1）	2.5	22～26
盖面层（2）	3.2	

4. 焊缝质量要求

用焊缝检测尺测量，焊接表面规格要求见表2-4-5。

表2-4-5　管对接焊接表面规格要求　　mm

焊接宽度		余高	余高差	焊缝宽度差
正面	比坡口每侧增宽0.5～2	0～3	＜2	＜2
背面	通球检验0.85D	＜3	＜2	≤2
注：背面陷坑深度小于等于20%（板厚），且小于等于2 mm				

●任务思考

1. 目测焊缝表面不得有气孔、咬边、裂纹等缺陷。

2. 焊缝内部缺陷检验，经X射线照相无损探伤，按《承压设备无损检测 第1部分：通用要求》（NB/T 470131—2015）标准，底片评定等级达到Ⅱ级以上为合格。

实训任务 2.5　板对接仰焊

实训目标

1. 学习板对接仰焊缺陷产生原因及防止措施；
2. 学习板对接仰焊的工艺参数选择；
3. 掌握对接仰焊单面焊双面成形的操作技术；
4. 熟悉仰焊的反握焊钳方法；
5. 熟悉仰焊的断弧打底焊法；
6. 具备严谨认真、精益求精的工匠精神；
7. 具备质量意识和环保意识。

2.5.1　任务导入

本任务利用ZX7-400型焊机在V形坡口仰位焊件上进行打底焊、填充焊及盖面焊操作训练，即将两块低碳钢板加工成60° V形坡口，钝边0.5～1 mm，清除两侧坡口面及坡口边缘20 mm范围内的油、污、锈、垢，通过反变形法，进行V形坡口对接平焊单面焊双面成形，其技术要求如图2-5-1所示。通过打底焊、填充焊及盖面焊的训练，掌握仰焊的短弧焊、断弧打底焊法和锯齿形运条法的操作技能，熟悉仰焊的工艺参数选择、电弧长度的控制，以及板对接仰焊缺陷产生原因和防止措施。

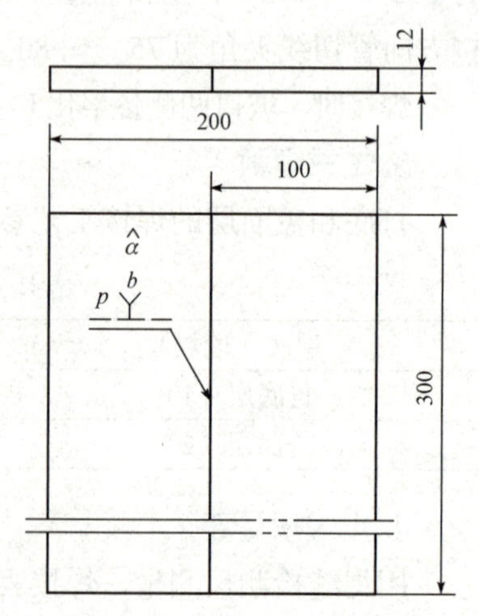

技术要求
1. 工件材料：Q235-A。
2. 仰位单面焊双面成形。
3. 焊缝根部间隙 b=1～3 mm，钝边 p=0.5～1 mm，坡口角度 α=60°。
4. 焊后变形量应小于3°。

图 2-5-1　板对接仰焊的技术要求

任务分析

仰焊是各种焊接位置中，操作难度最大的焊接。由于熔池倒悬在焊件下面，受重力作用而下坠；同时，熔滴自身的重力又不利于熔滴过渡，而且熔池温度过高，表面张力减小，很容易在焊件正面出现焊瘤，在焊件背面出现凹陷，焊缝成形较为困难。

板对接仰焊应注意以下问题。

（1）运条时焊道形成过慢，焊道过厚、熔池体积过大、熔滴下淌，而出现焊瘤。

（2）焊接电流过大、运条速度过慢、运条至焊缝两侧停留时间短，焊缝中间凸起，造成焊缝两侧咬边。

（3）焊道出现凸形不利于清渣，且焊接电流小、熔渣不易浮出，容易产生夹渣、未熔合等缺陷。

2.5.2 相关知识

1. 对接仰焊的操作要点

仰焊时，焊缝位于焊接电弧的上方，焊工是仰视焊件进行焊接，如图 2-5-2 所示，仰焊操作一般有对接仰焊和仰角焊。焊接时，必须正确选用焊条直径和适当的焊接电流，以减小熔池的面积，尽量维持最短的电弧，有利于熔滴在很短时间内过渡到熔池中，促使焊缝成形。无论采用哪种运条方法，焊成的焊道均不宜过厚。焊条的角度应根据每条焊道的位置做出相应的调整，以利于熔滴金属的过渡和获得较好的焊缝。

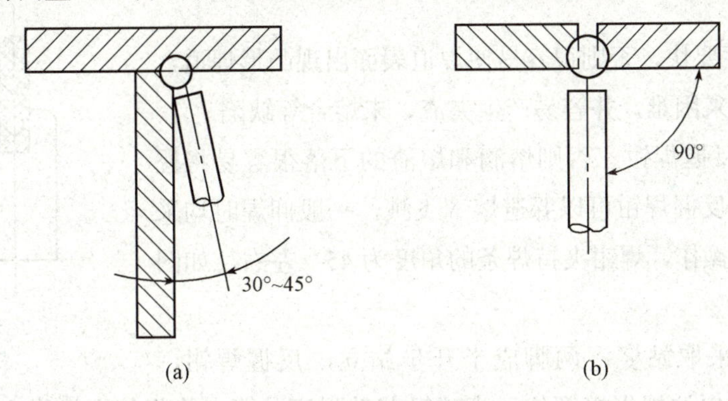

图 2-5-2 仰焊操作

（a）仰角焊；（b）对接仰焊

（1）I 形坡口对接仰焊。当焊件的厚度小于 4 mm 时，采用 I 形坡口的对接仰焊，应选用直径为 3.2 mm 的焊条。I 形坡口的对接仰焊角度如图 2-5-3 所示。

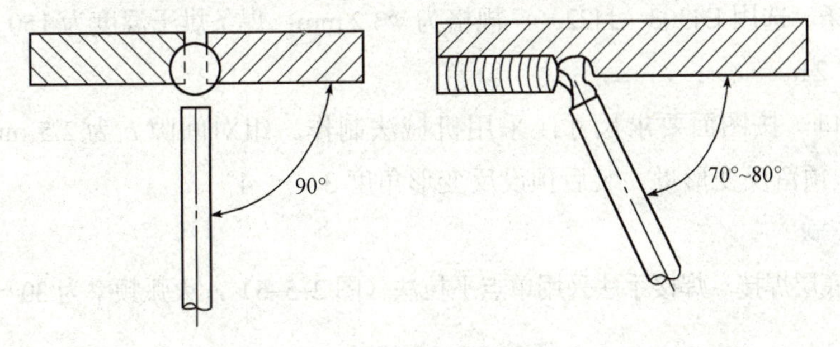

图 2-5-3 I 形坡口的对接仰焊角度

接头间隙小时，可采用直线形运条法进行焊接；接头间隙稍大时，可采用直线往返形运条法进行焊接。

（2）V 形坡口对接仰焊。当焊件的厚度大于 5 mm 时，采用开 V 形坡口的对接仰焊，常用多层焊或多层多道焊。焊接第一层焊缝时，可采用直线形、直线往返形、锯齿形运条法，要求焊缝表面要平直，不能向下凸出；在焊接第二层以后的焊缝时，采用锯齿形或月牙形运条法，如图 2-5-4 所示。

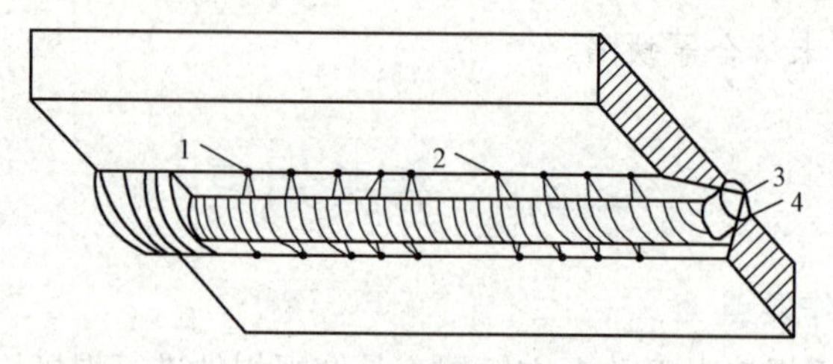

图 2-5-4　V 形坡口对接仰焊的运条方法

1—月牙形运条；2—锯齿形运条；3—第一层焊道；4—第二层焊道

对接仰焊的操作特点如下：

1）采用短弧焊接，熔池体积要尽可能小，焊道成形应该薄且平。

2）运条速度要快，否则很容易使焊道表面出现凸形焊道，给后面的焊接带来困难，并容易产生夹渣、未熔合等缺陷。

3）操作时反握焊钳，否则熔滴和熔渣的下落很容易将握焊钳的手灼伤。反握焊钳可以躲避熔滴飞溅，一般仰焊时均采用反握焊钳进行操作，焊钳夹持焊条的角度为 45°左右，如图 2-5-5 所示。

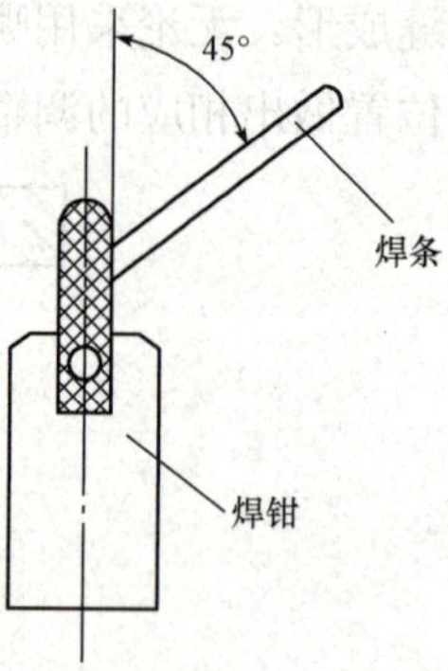

45°
焊条
焊钳

图 2-5-5　仰焊操作焊钳夹持焊条的角度

4）操作时采取站姿，两脚成半开步站立，反握焊钳，头部稍向左侧歪斜注视焊接部位。为减轻劳动强度，可以将焊接电缆搭在临时设置的挂钩上。

2. 焊前准备

（1）焊接工具。采用直流电弧焊机，型号为 ZX7-400，直流电源正接或反接。

（2）焊条。选用 E4303（J422），规格为 ϕ3.2 mm；焊条烘干温度为 150 ℃～ 200 ℃，然后保温 1 ～ 2 h。

（3）坡口。按图面要求尺寸，采用机械法制作。组对间隙 b 为 2.5 mm，钝边 p 为 0.5 ～ 1 mm。预留反变形量。装后预设反变形角度 3°～ 4°。

3. 焊接实施

（1）打底层焊接。焊接手法采用单点平拉法（图 2-5-6），灭弧频率为 30 ～ 35 次 /min。

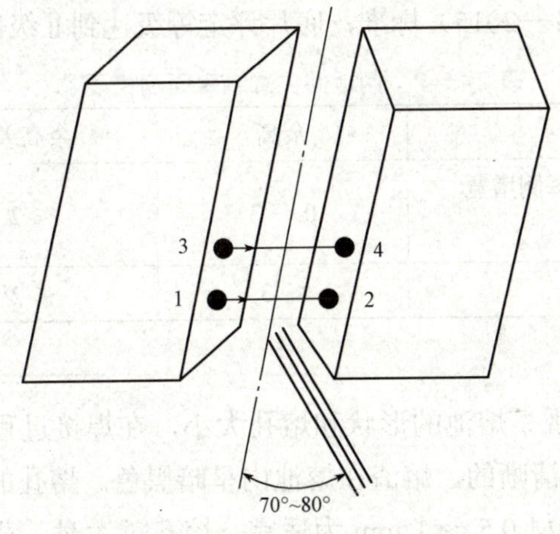

图 2-5-6　单点平拉法示意

（2）填充层焊接。

1）清渣。注意打底层焊缝与坡口两侧之间的焊渣要认真清除。此外，各层间的熔渣也要彻底清除。因为仰焊时，焊接电流偏小，电弧吹力很难将熔渣清除，因此，焊前清渣对保证焊缝质量很重要。

2）运条手法。采用锯齿形运条法。焊条在运条摆动时，在坡口两侧稍作停留，在直口中间处运条速度要快，以滑弧动作运条。这样焊接处温度均匀，能形成较薄的焊道，焊接飞溅及熔化金属流淌也较少。

3）焊接参数。各层焊接时，其工艺参数及焊条角度见表 2-5-1。

表 2-5-1　仰位焊接工艺参数及焊条角度

<table>
<tr><th>层次（道数）</th><th>焊条直径 /mm</th><th>焊接电流 /A（选装）</th><th>电弧电压 /V</th></tr>
<tr><td>打底层（1）</td><td rowspan="3">3.2</td><td>95 ～ 105</td><td rowspan="3">22 ～ 26</td></tr>
<tr><td>填充层（2 ～ 3）</td><td>105 ～ 1115</td></tr>
<tr><td>填充层（2 ～ 3）</td><td>95 ～ 105</td></tr>
<tr><td rowspan="3">焊条角度</td><td>打底层</td><td colspan="2">焊条与焊接方向夹角为 70° ～ 80°，采用两点击穿法施焊。短弧锯齿形运条</td></tr>
<tr><td>填充层</td><td colspan="2">焊条与焊接方向夹角为 50° ～ 90°，采用直线运条法焊接，焊条不做任何摆动</td></tr>
<tr><td>盖面层</td><td colspan="2">焊条与焊接方向夹角为 90°</td></tr>
</table>

4）焊缝接头。接头采用热接法。更换焊条前，在熔池中稍填些液态金属，然后，迅速更换一根焊条，在弧坑前 10 ～ 15 mm 处引弧，并将其引至弧坑处画个小圆圈预热，当弧坑重新熔化，形成的熔池延伸到坡口两侧各 1 ～ 2 mm 时，即可开始正式焊接。

4. 焊缝质量要求

（1）用焊缝检验尺测量，焊缝表面规格要求见表 2-5-2。

（2）目测焊缝表面，不得有气孔、咬边、裂纹等缺陷。

（3）焊缝内部缺陷检验，经 X 射线照相无损探伤，按《承压设备无损检测 第1部分：

通用要求》（NB/T 470131—2015）标准，底片评定等级达到Ⅱ级以上为合格。

表 2-5-2　钢板仰位焊缝表面规格要求

mm

焊缝宽度		余高	余高差	焊缝宽度差
正面	比坡口每侧增宽 0.5 ～ 2	0 ～ 3	＜ 2	＜ 2
背面	—	≤ 3	＜ 2	≤ 2

5. 焊接要领

（1）观察。要认真观察熔池的形状和熔孔大小，在焊接过程中，注意将熔渣与液态金属分开。熔池是明亮而清晰的，熔渣在熔池内呈暗黑色。熔孔的大小以电弧能将两侧钝边完全熔化并深入每侧母材 0.5 ～ 1 mm 为适宜。熔孔过大时，背面焊缝余高大，甚至形成焊瘤或烧穿；熔孔过小时，坡口两侧根部容易造成未焊透。

（2）静听。焊接过程中，电弧击穿焊件坡口根部，会发出“噗噗”声。如果没有这种声音，表明坡口根部没有被电弧击穿，继续向前焊，就会造成未焊透缺陷。

（3）点准。焊接过程中要准确地掌握好熔孔成形尺寸，每一个新焊点应与前面焊点搭接，保持电弧的 1/3 在坡口背面燃烧，用于加热和击穿钝边，形成新焊点。与此同时，在控制熔孔形成的过程中，电弧应将坡口两侧钝边完全熔化。

2.5.3　任务实施

1. 安全文明生产

焊工操作时应遵循安全操作规程，在作业中贯彻始终。焊接操作人员要认真掌握执行各项安全技术要求。所使用的焊接设备都必须安全接地。操作时，必须穿戴好劳动防护用品，以免强烈的弧光灼伤眼睛和皮肤。在多人同时焊接时，尽可能地使用挡光板，避免相互受弧光伤害。在清理焊渣时应戴好平光眼镜，以免焊渣溅起，损伤眼睛。

2. 焊前准备

（1）焊机。选用 ZX7-400 型交直流两用焊机。

（2）焊条。选用 E4303 型，直径为 3.2 mm。焊条使用前应按规定焙烘、保温、保管和使用。焊条不得有破皮、受潮现象。

（3）焊件。选用 Q235 钢板，规格为 300 mm×100 mm×12 mm。钢板的一侧开 30° 的坡口，每两块装配成一组焊件。焊前，将焊件坡口正、反两侧 20 mm 范围内清理干净，将所需钝边锉削好，并矫平焊件。

（4）焊件装配与定位焊。将焊件固定在距离地面 800 ～ 900 mm 的位置。定位焊采用与焊接试件相应型号的焊条进行定位焊，并在试件坡口内两端点固焊，定位焊长度控制在 10 mm 左右，并将点焊两端打磨成斜坡以利于起弧和收弧时反面成形。焊件的装配规格见表 2-5-3。定位焊后的焊件表面应平整，错边量≤ 1 mm。待检查无误后，将焊件通过敲打留出反变形量。

表 2-5-3　焊件的装配规格

坡口角度 /（°）	装配间隙 /mm	钝边 /mm	反变形量 /mm	错边量 /mm
60	3 ～ 4	0.5	3 ～ 4	≤1

（5）辅助工具和量具的准备。操作者应准备好工作服、工作帽、绝缘鞋、电焊手套、面罩、防光眼镜等劳保用品；焊接操作作业区附近应备好焊条保温桶、钢丝刷、敲渣锤、錾子、钢直尺、焊缝万能量规等辅助工具和量具。

3. 焊接实施

（1）焊接工艺参数的确定。仰焊位置焊条电弧焊的焊接工艺参数见表 2-5-4。

表 2-5-4　仰焊位置焊条电弧焊的焊接工艺参数

焊接层次	运条方法	焊条直径 /mm	焊接电流 /A（选装）
打底层焊	断弧焊法	3.2	70 ～ 80
填充层焊	锯齿形运条法		100 ～ 110
盖面层焊	锯齿形运条法		90 ～ 110

（2）打底层的焊接。仰焊操作的焊条角度示意如图 2-5-7 所示。

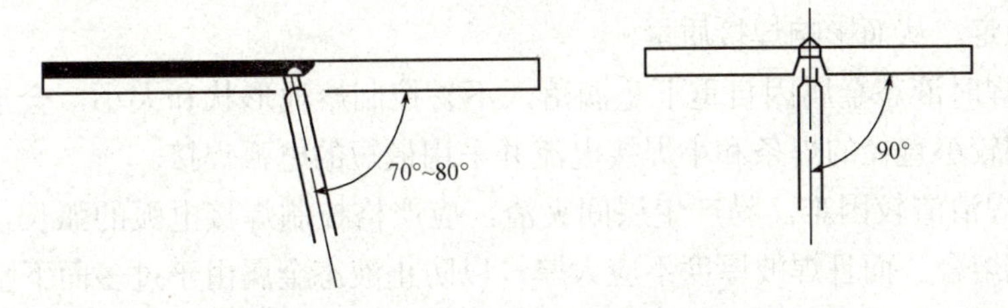

图 2-5-7　仰焊操作焊的条角度示意

焊条直接在焊件定位焊缝处引燃电弧，预热片刻，将焊条拉到坡口间隙处，并将焊条向上送进、击穿坡口根部形成熔孔后立即熄弧，当熔池颜色由明稍变暗时，重新燃弧形成熔孔后再熄弧，如此不断地使每个新形成的熔池覆盖前一熔池的 1/3 ～ 1/2。焊接过程中熔池体积应小些，焊道应薄些，焊条少做横向摆动，避免焊道表面出现凸形。

接头时采用热接法，更换焊条要快，在弧坑后面 10 mm 的坡口内引弧，向接头部位焊去，当焊至弧坑处，往根部顶一下，稍停片刻恢复正常的断弧打底焊。

（3）填充焊的焊接。填充层分两层进行施焊，必须保证每层焊道表面平整，坡口熔合良好。

填充层施焊前，应认真清理前一层的熔渣和飞溅物。焊条角度同第一层，采用锯齿形运条，电弧要控制短些，焊条在焊道中间运行要快，在两侧做适当的停顿。填充后的焊道表面与母材要熔合良好，不得有夹渣。

第二层填充焊时，不得熔化坡口边缘，并且通过运条控制，形成中间凹形的焊道。焊完的填充层应比焊件表面低 1 mm 左右，有凸凹不平处要予以补平，以便盖面焊接易于控制焊缝的平直度。

（4）盖面层的焊接。将填充层焊道的熔渣及飞溅物清理干净。焊接时，焊条角度与施焊方向成 85° ～ 90° 夹角。短弧操作时，其运条方法与填充层焊相同，但焊条横向摆动的幅度要大些，至坡口两侧棱边保持熔化 1.5 mm 左右，并稍加停顿，以防止产生咬边，中间稍快些可避免熔池金属下坠产生焊瘤。一根焊条焊完后，电弧要收在焊缝中间，并迅速更换焊条再引弧（位于熔池前方 10 ～ 15 mm 处）。引燃的电弧要迅速拉向熔池，待熔池金属熔化后，再继续向前摆动施焊完成盖面层的焊接。

（5）焊后清理焊件，检查焊缝质量。

4. 操作注意事项

（1）仰焊时熔滴飞溅，人体极易被灼伤，要注意防护。

（2）焊接电流值要与运条速度相适宜，以利于控制熔池温度及形状，避免凸形焊道。要采用合适的运条方法及移动速度，控制熔池金属成形美观。

（3）打底焊时，焊缝的起头、收尾搭接处的质量要平整，表面不允许存在缺陷，保证反面成形不低于母材。反面过渡光滑无明显缺陷，内部无夹沟、咬边现象。

（4）盖面时，注意电弧在坡口两侧有足够的停留时间，控制好熔池的成形，避免产生缺陷。

（5）掌握仰焊技术，既要有较好的操作技艺，还要有一定的耐力。因为仰焊时，昂首挺胸极易疲劳，而运条过程又需要细心操作，一旦臂力不支，身体就会松弛，导致运条不均匀、不稳定，从而影响焊接质量。

（6）仰焊时液态金属因自重下坠滴落，不易控制熔池形状和大小，会造成未焊透和凹陷，宜采用较小直径的焊条和小焊接电流并采用最短的电弧焊接。

（7）仰焊清渣较困难，易产生层间夹渣，应严格控制焊接电弧的弧长，使坡口两侧根部能很好地熔合，而且焊波厚度不应太厚，以防止液态金属由于过多而下坠。

2.5.4 任务评价

焊接质量检验前要将焊件表面的焊渣及飞溅物清理干净，焊缝不允许修磨和补焊，应保持原始状态，板对接仰焊考核评分方法见表 2-5-5。

表 2-5-5 板对接仰焊考核评分方法

序号	检查项目	评判等级				得分
		Ⅰ	Ⅱ	Ⅲ	Ⅳ	
1	焊缝余高 /mm	0 ～ 2	2 ～ 3	3 ～ 4	<0 或 >4	
		5 分	3 分	1 分	0 分	
2	焊缝高度差 /mm	<1	1 ～ 2	2 ～ 3	>3	
		5 分	3 分	1 分	0 分	
3	焊缝宽度 /mm	17 ～ 19	≥ 16 或≤ 20	≥ 15 或≤ 22	<15 或 >22	
		5 分	3 分	1 分	0 分	
4	焊缝宽度差 /mm	<1.5	1.5 ～ 2	2 ～ 3	>3	
		5 分	3 分	1 分	0 分	

续表

<table>
<tr><td rowspan="2">序号</td><td rowspan="2">检查项目</td><td colspan="4">评判等级</td><td rowspan="2">得分</td></tr>
<tr><td>Ⅰ</td><td>Ⅱ</td><td>Ⅲ</td><td>Ⅳ</td></tr>
<tr><td rowspan="2">5</td><td rowspan="2">咬边 /mm</td><td>无咬边</td><td colspan="2">深度≤ 0.5</td><td>深度 >0.5</td><td rowspan="2"></td></tr>
<tr><td>5 分</td><td colspan="2">每 0.5 mm 扣 2 分</td><td>0 分</td></tr>
<tr><td rowspan="2">6</td><td rowspan="2">正面成形</td><td>优</td><td>良</td><td>中</td><td>差</td><td rowspan="2"></td></tr>
<tr><td>5 分</td><td>3 分</td><td>1 分</td><td>0 分</td></tr>
<tr><td rowspan="2">7</td><td rowspan="2">背面成形</td><td>优</td><td>良</td><td>中</td><td>差</td><td rowspan="2"></td></tr>
<tr><td>5 分</td><td>3 分</td><td>1 分</td><td>0 分</td></tr>
<tr><td rowspan="2">8</td><td rowspan="2">背面凹量
/mm</td><td>0 ～ 0.5</td><td>0.5 ～ 1</td><td>1 ～ 2</td><td>>3</td><td rowspan="2"></td></tr>
<tr><td>5 分</td><td>3 分</td><td>1 分</td><td>0 分</td></tr>
<tr><td rowspan="2">9</td><td rowspan="2">背面余高
/mm</td><td>0 ～ 2</td><td>2 ～ 3</td><td>3</td><td>—</td><td rowspan="2"></td></tr>
<tr><td>5 分</td><td>3 分</td><td>1 分</td><td>0 分</td></tr>
<tr><td rowspan="2">10</td><td rowspan="2">角变形 /mm</td><td>0 ～ 1</td><td>1 ～ 3</td><td>3 ～ 5</td><td>>5</td><td rowspan="2"></td></tr>
<tr><td>5 分</td><td>3 分</td><td>1 分</td><td>0 分</td></tr>
<tr><td rowspan="2">11</td><td rowspan="2">错边量 /mm</td><td>0 ～ 0.5</td><td>>0.5 ～ 1</td><td>>1</td><td>—</td><td rowspan="2"></td></tr>
<tr><td>5 分</td><td>3 分</td><td>0 分</td><td>—</td></tr>
<tr><td rowspan="2">12</td><td rowspan="2">外观成形</td><td>成形美观，
焊缝均匀、
细密</td><td>成形较好，
焊缝均匀、
平整</td><td>成形尚可，
焊缝平直</td><td>焊缝弯曲，
高低、宽窄
明显</td><td rowspan="2"></td></tr>
<tr><td>25 分</td><td>15 分</td><td>5 分</td><td>0 分</td></tr>
<tr><td rowspan="2">13</td><td rowspan="2">安全文明</td><td>优</td><td>良</td><td>中</td><td>差</td><td rowspan="2"></td></tr>
<tr><td>20 分</td><td>10 分</td><td>5 分</td><td>0 分</td></tr>
<tr><td colspan="6">汇总（100 分）</td><td></td></tr>
<tr><td colspan="7">注：若试件焊接未完成；表面修补及焊缝正反两面有裂纹、夹渣、气孔、未熔合缺陷；该件做 0 分处理。试板两端 20 mm 的缺陷不</td></tr>
</table>

●任务思考

1. 仰焊操作有哪些困难？

2. V 形坡口仰位单面焊双面成形的操作有哪些特点？

3. 电弧长度对仰焊焊缝质量有什么影响？

●大国工匠

中船集团主题教育先进人物洪刚：把梦想焊牢在一线造船事业

为了学习宣传秉持理想信念、保持崇高境界、坚守初心使命、敢于担当作为的先进典型，2019年，中船集团党组在全集团范围内选取了上海外高桥造船有限公司洪刚同志，作为主题教育先进人物之一。洪刚，中共党员，现任上海外高桥造船有限公司制造一部部长助理，上海市第十三届政协委员，船舶焊接技师。

1. 苦练焊接本领

刚刚进入公司，洪刚就立志练就过硬的电焊本领，他总是下班加练手工焊接实操技能，在练就高超的焊接技能本领后，顺利达到了焊接高级技师的水平。

2001年，外高桥造船正式投产后，洪刚当上了焊接班组长，开始与外高桥造船共同发展，他遇到的第一个挑战是在当时的最大17.5万吨散货船的建造过程中，安装散货船的主机座。每天洪刚把工艺流程、技术要求写在班前会记录本上，在建造过程中时刻巡检工程进度和质量，发现问题之后与同事及时沟通，寻找出有效的解决方法，顺利完成了主机机座安装任务。

在建造“海洋石油981”号钻井平台时，出现了焊接超高强度钢材料应力敏感性大、容易出现裂纹等工艺难题，为了顺利建造出海洋石油开采重器，洪刚提出“多层多道焊”工艺、控制层间热输入的方法，为我国首座自主设计并建造的深海石油勘探装备提供了有力的技术保障。

2. 持续创新

在洪刚看来，焊接创新是个永恒的课题，他秉承永久创新的理念，不断探索焊接新工艺、新工法。外高桥造船承担的大型邮轮项目，开工建造的各种准备工作都需要确定基础焊接工艺参数，明确试验的方法步骤，进而提高了焊接实验的效率。在建造国内第一艘超大型集装箱船的过程中，洪刚发明的“管道制作平台”和“折弯器”工装，有效地控制了船体建造精度，确保了产品质量安全。该工装设备在超大集装箱建造过程中得到广泛应用。

根据多年船舶焊接的工作经验，洪刚提出“质量改善八步法”，由此形成了一系列船舶焊接作业指导书，规范焊接过程控制，消除焊接质量隐患，进一步提升了船体建造的水平。多年来，他累计提出“焊接工艺评定改进”等合理化建议共38项，发明“防倾倒连接杆”工装等5项国家专利。

洪刚还强化党员先锋示范岗建设，积极创新创效，率先试行“实物量考核”及“员工计分卡”管理，建立了日评估、日反馈、日改进机制，极大激发了员工的生产积极性，使班组人均焊接量从成立初的8 m/h提高到了14 m/h，达到了行业一流水平。

秉承“国轮国造”的理念，怀揣“建造世界一流海洋装备”梦想，洪刚扎根造船生产一线多年，为海洋装备建造事业做出了突出的贡献，先后获得“全国劳动模范”“国企敬业好员工”“央企楷模”等荣誉称号。另外，他带领的班组获得了“全国质量信得过班组”称号。

03 项目 3 CO_2 气体保护焊实训

实训任务 3.1 平板件 V 形坡口对接焊

实训目标

1. 学习 NBC-300 型焊机结构及工作原理；
2. 学习气体保护焊焊丝的选择方法；
3. 熟悉 NBC-300 型焊机的安装及操作过程；
4. 掌握 CO_2 气体保护焊焊接操作注意事项；
5. 掌握 CO_2 气体保护焊引弧方式；
6. 掌握 CO_2 气体保护焊焊枪的摆动方法；
7. 自觉遵守职业道德和实训操作规范；
8. 具备良好的团队协作精神。

3.1.1 任务导入

本任务是 CO_2 气体保护焊平板件 V 形坡口对接焊。平焊时，由于焊缝处于水平位置，熔滴主要靠自重过渡，操作起来比较容易。允许使用较粗的焊丝和较大的焊接电流，提高生产效率。为使学生熟悉 CO_2 气体保护焊的基本操作技术要求，应根据 CO_2 气体保护焊的工艺特点进行焊接材料及焊接设备的准备和坡口的加工，并熟悉定位焊的应用。平板件 V 形坡口对接焊工艺如图 3-1-1 所示。

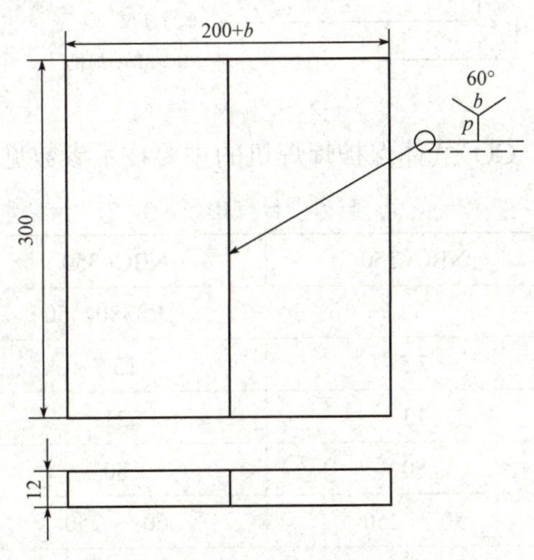

图 3-1-1 平板件 V 形坡口对接焊工艺

任务分析

CO_2气体保护焊在大电流的条件下，可以获得较大的熔透深度，通常板厚在10 mm以上时，CO_2气体保护焊需要开坡口。为了保证焊透，两板对接时一般设有间隙；坡口的三要素是间隙、坡口角度及钝边。坡口的形式及尺寸参照《气焊、焊条电弧焊、气体保护焊和高能束焊的推荐坡口》（GB/T 985.1—2008）。

应理解开坡口的目的：能使焊丝伸入坡口底部，保证根部能被焊透；厚板焊接时能改善焊缝成形（避免焊缝的余高过大）；获得适宜的熔合比（被熔化母材金属在焊缝中所占的百分比）。开坡口后，坡口及其附近有污物，会造成电弧不稳定，并易产生气孔、夹渣、未焊透等缺陷。为了保证焊接质量，要求在坡口正反面的周围20 mm范围内清除水、锈、油、漆等污物。

3.1.2 相关知识

1. 常用CO_2气体保护焊设备

NBC-500、350、250系列逆变式CO_2气体保护焊机是用于CO_2气体保护的高效率通用半自动电焊机。它们可使用直径为0.8～1.6 mm的实心及药心焊丝，焊接低碳钢、低合金钢构件。该系列逆变焊机具有合理的静、外特性及良好的动态性能，电弧自调节能力强，焊接过程稳定。

（1）编号。NBC-500、350、250系列逆变式CO_2气体保护焊机型号编制符合《电焊机型号编制方法》（GB/T 10249—2010）标准的规定如图3-1-2所示。

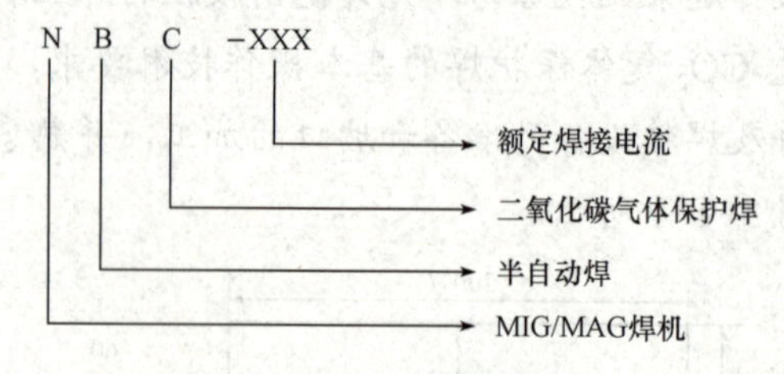

图3-1-2 CO_2焊机编号

（2）主要技术参数。CO_2气体保护焊焊机的主要技术参数见表3-1-1。

表3-1-1 CO_2气体保护焊焊机的主要技术参数

参数	NBC-250	NBC-350	NBC-500
电源电压/V、频率/Hz	三相380、50		
额定输入功率/kW	7.5	13.7	24.4
额定输入电流/A	13	21	37
额定负载持续率/%	80	80	80
输出电流调节范围/A	50～250	60～350	60～500

续表

输出电压调节范围 /V	14 ～ 28	14 ～ 40	17 ～ 50
输出空载电压 /V	48	48	70
满载效率 /%	90	90	90
功率因数	0.87	0.87	0.87
使用焊丝直径 /mm	0.8 ～ 1.0	0.8 ～ 1.2	1.0 ～ 1.6
保护气体流量 /（$L\cdot min^{-1}$）	15 ～ 20	15 ～ 20	15 ～ 20

（3）环境条件。焊接时，环境温度范围为 -10 ℃～ 40 ℃；运输和储存过程中温度为 -25 ℃～ 55 ℃。空气相对湿度：40 ℃时不大于 50%，20 ℃时不大于 90%。周围空气中的灰尘、酸、腐蚀性气体或物质等不超过正常含量。海拔高度不超过 1 000 m，周围风速不大于 1 m/s。

（4）供电电压品质。波形应为标准的正弦波，有效值为（380±38） V，频率为（50±5） Hz。三相电压的不平衡度小于 5%。

（5）功能介绍。

1）焊机前面板如图 3-1-3 所示，其中各部分功能说明如下。

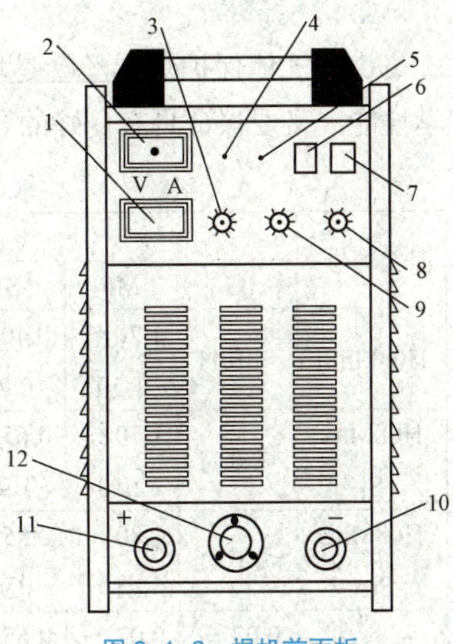

图 3-1-3　焊机前面板

1—输出电压表：空载时显示电压给定值，焊接时显示实际焊接电压值。

2—输出电流表：空载时显示送丝速度相对值，焊接时显示实际焊接电流值。

3—电感调节旋钮：改变焊接稳定性、熔深和飞溅量。

4—工作指示灯：指示焊机是否接通输入电源。

5—保护指示灯：指示焊机内是否温度过高。灯亮时焊机自动停止工作。

6—自锁 / 非自锁：选择开关。

7—状态选择开关：处于气检位置时，电磁阀开启，可检查 CO_2 气体流量是否合格；处于丝检位置时，与按下焊枪开关的作用相同，可以检查焊机的工作状态；处于正常位置时，焊机处于正常工作状态。

8—收弧电流调节旋钮：在自锁方式下调节收弧电流的大小。

9—收弧电压调节旋钮：在自锁方式下调节收弧电压的大小。

10—焊接电缆接线端子（-）：通过输出电缆接被操作件。

11—焊接电缆接线端子（+）：接送丝机焊接电缆。

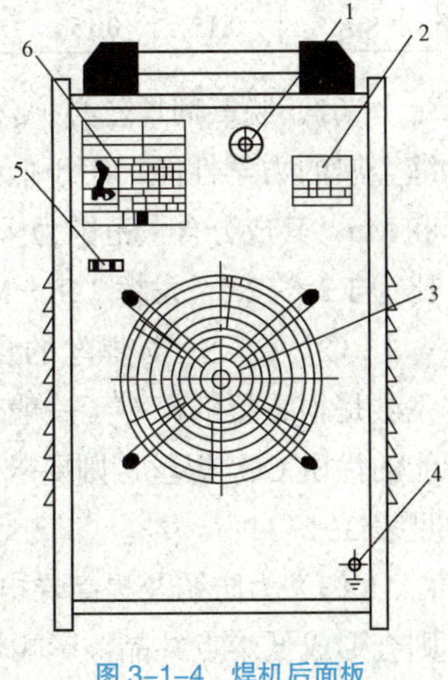

图 3-1-4　焊机后面板

12—送丝机控制插座：接送丝机控制电缆插头。

2）焊机后面板如图 3-1-4 所示，其中各部分功能介绍如下。

1—电源输入电缆：四芯电缆。花色线用于接地，其余三根线接三相380 V/50 Hz电源。

2—自动空气开关：此开关的主要作用是在焊机过载或发生故障时自动断电，以保护焊机。一般情况下，此开关向上扳至接通的位置。启停焊机尽量使用用户配电板（柜）上的电源开关，不要把本开关当作电源开关使用。

3—风机：对机内发热器件进行冷却，输入电缆的接线相序应保证风机转向与要求相符（向机内吹风）。

4—接地螺栓：为保证人身安全和焊机的正常使用，请务必用导线将此螺栓可靠接地，或者将输入电缆中的接地线可靠接地。

5—加热电源输出插座（36 VAC）：接 CO_2 气体调节器的加热线圈。

6—铭牌。

2. 焊材选择

CO_2 气体保护焊焊丝既是填充金属又是电极，所以焊丝既要保证一定的化学成分和力学性能，又要保证具有良好的导电性和工艺性能。焊丝的牌号和化学成分要求见表 3-1-2。

表 3-1-2　焊丝的牌号和化学成分要求

焊丝牌号	化学成分（质量分数，%）									
	C	Mn	Si	P	S	Cr	Ni	Cu	Mo	V
H08MnSi	≤ 0.11	1.20 ～ 1.50	0.40 ～ 0.70	≤ 0.035	≤ 0.035	≤ 0.20	≤ 0.30	≤ 0.20	—	—
H08Mn2Si	≤ 0.11	1.70 ～ 2.10	0.65 ～ 1.95	≤ 0.035	≤ 0.035	≤ 0.20	≤ 0.30	≤ 0.20	—	—
H08Mn2SiA	≤ 0.11	1.80 ～ 2.10	0.65 ～ 0.95	≤ 0.030	≤ 0.030	≤ 0.20	≤ 0.30	≤ 0.20	—	—
H11MnSi	0.07 ～ 0.15	0.07 ～ 0.15	0.65 ～ 0.95	≤ 0.025	≤ 0.035	—	≤ 0.15	—	≤ 0.15	≤ 0.05
H11Mn2SiA	0.07 ～ 0.15	0.07 ～ 0.15	0.85 ～ 1.15	≤ 0.025	≤ 0.025	—	≤ 0.15	—	≤ 0.15	≤ 0.05

（1）脱氧剂焊丝必须含有一定数量的脱氧剂，以防止产生气孔，减少飞溅并提高焊缝金属的力学性能。用于低碳钢和低合金钢 CO_2 气体保护焊的焊丝，主要的脱氧剂是 Si 和 Mn。其成分含量范围为 ω（Si）=1% ～ 5%，ω（Mn）=1% ～ 2.5%。ω（Mn）、ω（Si）比为 1.2 ～ 2.5，发挥“Si—Mn”联合脱氧的有利作用。

（2）C、S、P 焊丝的含碳量要低，要求 ω（C）<0.11%，这对于避免气孔及减少飞溅是很重要的。对于一般焊丝，要求硫及磷含量均为 ω（S，P）≤ 0.04%；对于高性能的优质 CO_2 焊丝，则要求硫及磷含量均为 ω（S，P）≤ 0.03%。焊缝的力学性能要求见表 3-1-3。

（3）为防锈及提高导电性，焊丝表面最好镀铜；但镀铜焊丝的含铜量不能太高，否则会形成低熔点共晶，影响焊缝金属的抗裂能力。要求镀铜焊丝的 ω（Cu）≤ 0.5%。

表 3-1-3　焊缝的力学性能要求

焊丝牌号	抗拉强度 R_m /MPa	规定非比例延伸强度 $R_p0.2$/MPa	伸长率 A/%	室温冲击吸收功 A_k/J
H08MnSi	420 ～ 500	≥ 320	≥ 22	≥ 27
H08Mn2Si	≥ 500	≥ 420	≥ 22	≥ 27
H08Mn2SiA	≥ 500	≥ 420	≥ 22	≥ 27
H11MnSi	≥ 500	≥ 420	≥ 22	—
H11Mn2SiA	≥ 500	≥ 420	≥ 22	≥ 27

3. 操作要点

CO_2 气体保护焊的质量是由焊接过程的稳定性决定的。焊接过程的稳定性除通过调节设备选择合适的焊接参数保证外，更主要的是取决于操作者的实际操作水平。因此，每一名操作者必须熟悉 CO_2 气体保护焊的基本操作技术，才能根据不同的实际情况，灵活地运用这些技能，获得满意的焊接效果。

（1）正确持枪姿势。由于 CO_2 气体保护焊的焊枪比焊条电弧焊的焊钳重，焊枪后面又拖了一根沉重的送丝导管，因此，操作时较吃力。为了长时间地坚持生产，每个操作者都应根据不同的焊接位置，选择正确的持枪姿势，使操作者既不感到别扭，又能长时间、稳定地进行焊接。

正确持枪姿势应满足以下条件：

1）操作时用身体某个部位承担焊枪的重量，通常手臂处于自然状态，手腕可灵活带动焊枪平移或转动，不感到太累。

2）在焊接过程中，软管电缆最小的曲率半径应大于 300 mm，焊接时可随意拖动焊枪。

3）在焊接过程中，能维持焊枪倾角不变，且可以清楚方便地观察熔池。

4）将送丝机放在合适的位置，保证焊枪能在需要的焊接范围内自由移动。图 3-1-5 所示为焊接不同位置焊缝时正确的持枪姿势。

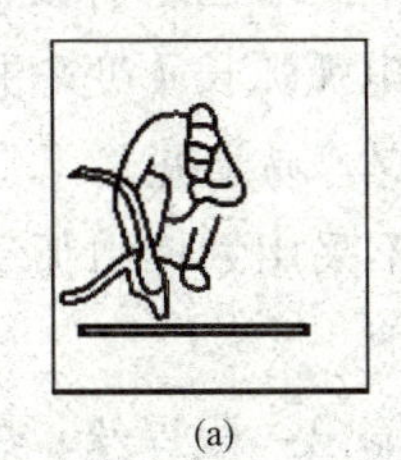
(a)

(b)

(c)
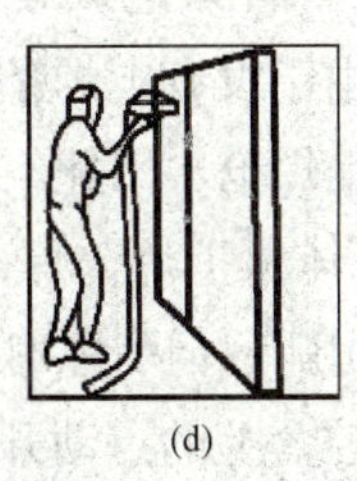
(d)
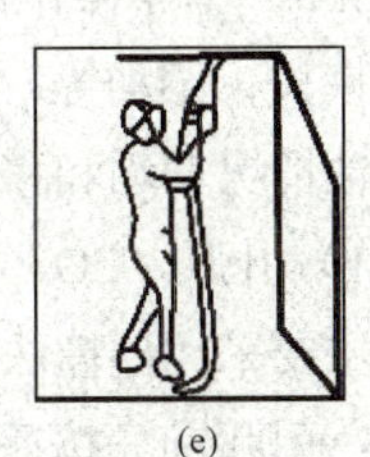
(e)

图 3-1-5　正确的持枪姿势

（a）蹲位平焊；（b）坐位平焊；（c）站位平焊；（d）站位立焊；（e）站位仰焊

（2）保持焊枪与焊件合适的相对位置。CO_2 气体保护焊焊接过程中，操作者必须使焊枪与焊件间保持合适的相对位置，主要是正确控制焊枪与焊件间的倾角和喷嘴高度。在这种位置焊接时，操作者既能方便地观察熔池，控制焊缝形状，又能可靠地保护熔池，防止出现缺陷。合适的相对位置因焊缝的空间位置和接头的形式不同而有所区别。

（3）保持焊枪匀速向前移动。在整个焊接过程中，必须保持焊枪匀速前移，才能获得满意的焊缝。通常操作者可根据焊接电流的大小、熔池的形状、焊件熔合情况、装配间隙、钝边大小等情况，调整焊枪前移速度，力争匀速前进。

（4）保持摆幅一致的横向摆动。像焊条电弧焊一样，为了控制焊缝的宽度和保证熔合质量，CO_2 气体保护焊焊枪也要做横向摆动。焊枪的摆动形式及应用范围见表 3–1–4。

表 3–1–4　焊枪的摆动形式及应用范围

摆动形式	用途	摆动形式	用途
	薄板及中厚板打底焊道		填角焊或多层焊时的第一层
	坡口小时及中厚板打底焊道		坡口较大时
	厚板第二层以后的横向摆动	⑧ ⑥⑦④⑤②③ ①	焊薄板根部有间隙，坡口有钢垫板

为了减少热输入，降低热影响区，减小变形，通常不采用大的横向摆动来获得宽焊缝，而提倡采用多层多道焊来焊接厚板。当坡口角度较小时，如焊接打底焊缝，可采用锯齿形较小的横向摆动，在两侧各停留 0.5 s 左右，如图 3–1–6 所示。

当坡口大时，可采用弯月形的横向摆动，在两侧各停留 0.5 s 左右，如图 3–1–7 所示。

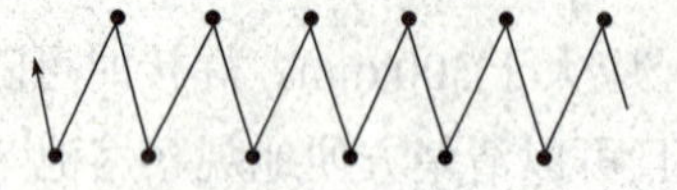
图 3–1–6　锯齿形横向摆动

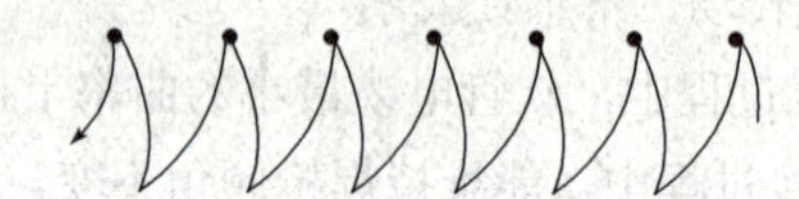
图 3–1–7　弯月形横向摆动

（5）基本操作。和焊条电弧焊一样，CO_2 气体保护焊的基本操作技术也是引弧、收弧、接头、摆动等。由于没有电焊条送进运动，焊接过程中只需维持电弧弧长不变，并根据熔池情况摆动和移动焊枪，因此，CO_2 气体保护焊操作比焊条电弧焊容易掌握。

1）引弧。CO_2 气体保护焊与焊条电弧焊引弧的方法稍有不同，不采用划擦引弧法引弧，主要采用碰撞法引弧，但引弧时不必抬起焊枪。具体操作步骤如下。

①引弧前先按遥控盒上的点动开关或按焊枪上的控制开关，点动输出一段焊丝，焊丝伸出长度小于喷嘴与焊件间的距离，超长部分应剪去，如图 3–1–8 所示。若焊丝的端部出现球状，则必须预先剪去，否则引弧困难。

②将焊枪按要求（保持合适的倾角和喷嘴高度）放在引弧处。注意此时焊丝端部与焊件未接触。喷嘴高度由焊接电流决定，如图 3–1–9 所示。若操作不熟练，最好双手持枪。

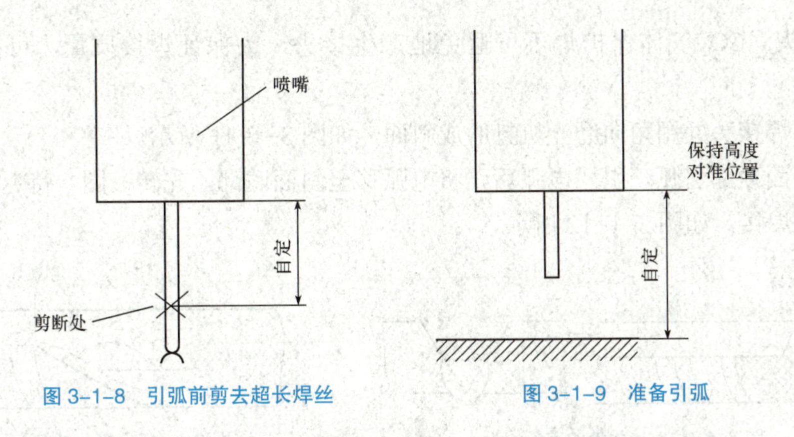

图 3-1-8　引弧前剪去超长焊丝　　图 3-1-9　准备引弧

③按焊枪上的控制开关，焊机自动提前送气，延时接通电源，保持高电压、慢送丝，焊丝碰撞焊件短路后，自动引燃电弧。短路时，焊枪有自动抬起的倾向图（3-1-10），引弧时要稍用力下压焊枪，防止因焊枪抬起太高，电弧太长而熄灭。

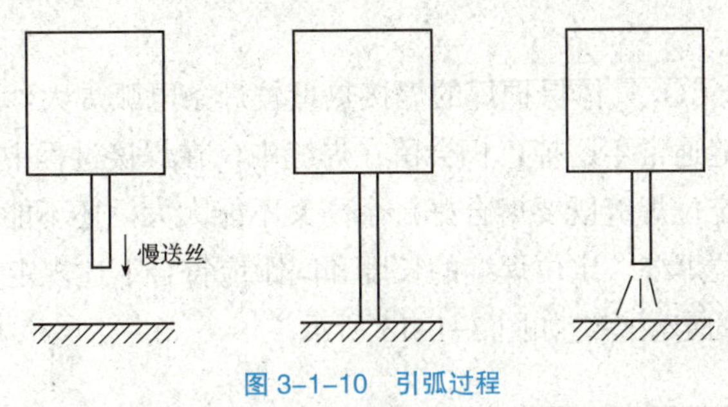

图 3-1-10　引弧过程

2）焊接。引燃电弧后，通常都采用左向焊法焊接。在焊接过程中，操作者的主要任务是保持合适的倾角和喷嘴高度，沿焊接方向尽可能地均匀移动。当坡口较宽时，为保证两侧熔合好，焊枪还要做横向摆动。

操作者必须能够根据焊接过程，判断焊接参数是否合适。像焊条电弧焊一样，操作者主要靠在焊接过程中看到的熔池的情况、电弧的稳定性、飞溅的大小及焊缝成形的好坏来选择焊接参数。

3）收弧。CO_2 焊接结束前必须收弧，若收弧不当，容易产生弧坑，并出现弧坑裂纹、气孔等缺陷。操作时可以采取以下措施。

①若 CO_2 气体保护焊机有弧坑控制电路，则焊枪在收弧处停止前进。同时，接通此电路，焊接电流与电弧电压自动变小，待熔池填满时断电。

②若 CO_2 气体保护焊机没有弧坑控制电路，或因焊接电流小没有使用弧坑控制电路，则在收弧处焊枪停止前进，并在熔池未凝固时，反复断弧、引弧几次，直至弧坑填满。操作时动作要快，若熔池已凝固才引弧，则可能导致未熔合、气孔等缺的出现。

无论采用哪种方法收弧，操作时需要特别注意，收弧时焊枪除停止前进外不能抬高喷嘴，即使弧坑已填满，电弧已熄灭，也要让焊枪在弧坑处停留几秒后再离开，因为熄弧后，弧坑控制电路仍保证延时送气一段时间，以保证熔池凝固时得到可靠的保护。若收弧时抬高焊枪，则容易因保护不良而产生缺陷。

4）接头。CO_2 气体保护焊不可避免地产生接头，为保证焊接质量，可按下述步骤操作。

①将待焊接头处用角向磨光机打磨成斜面，如图 3–1–11 所示。

②在斜面顶部引弧，引燃电弧后，将电弧移至斜面底部，先转一圈，待返回引弧处后再继续向左焊接，如图 3–1–12 所示。

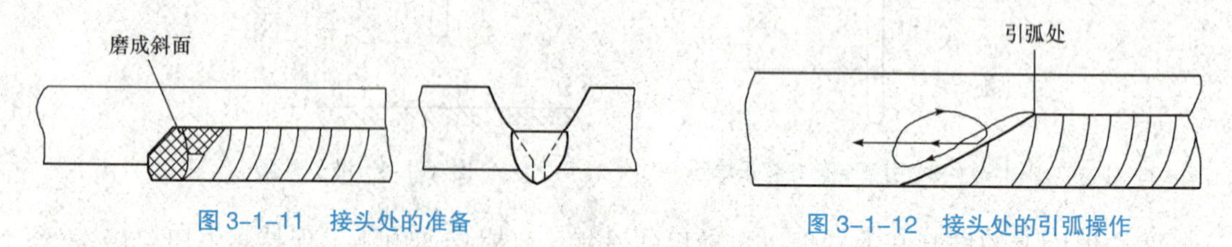

图 3–1–11　接头处的准备　　图 3–1–12　接头处的引弧操作

注意：这个操作很重要，引弧后向斜面底部移动时，要注意观察熔孔。若未形成熔孔，则接头背面焊不透；若熔孔太小，则接头处背面产生缩颈；若熔孔太大，则会导致背面焊缝太宽或焊漏。

5）定位焊。由于 CO_2 气体保护焊的焊接热量较焊条电弧焊大，要求定位焊缝有足够的强度。由于定位焊缝通常不磨掉，仍会留在焊缝中，在焊接过程中很难全部重熔，应保证定位焊缝的质量，定位焊缝既要熔合好，余高又不能太大，还不能有缺陷，要求操作者像正式焊接一样焊定位焊缝。定位焊缝的长度和间距应符合下述规定。

①中厚板对接时的定位焊缝如图 3–1–13 所示。

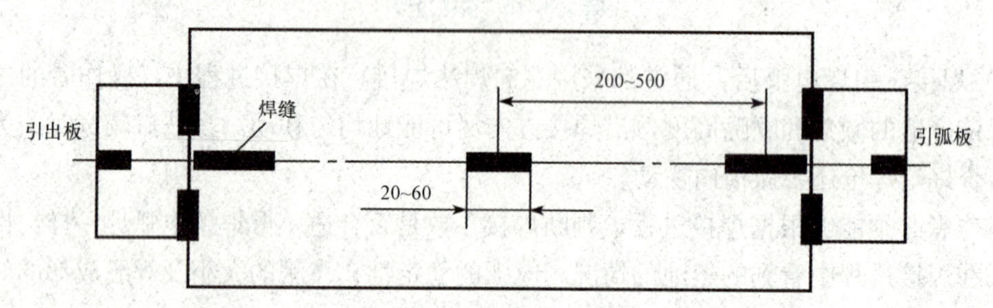

图 3–1–13　中厚板对接时的定位焊缝

②薄板对接时的定位焊缝如图 3–1–14 所示。

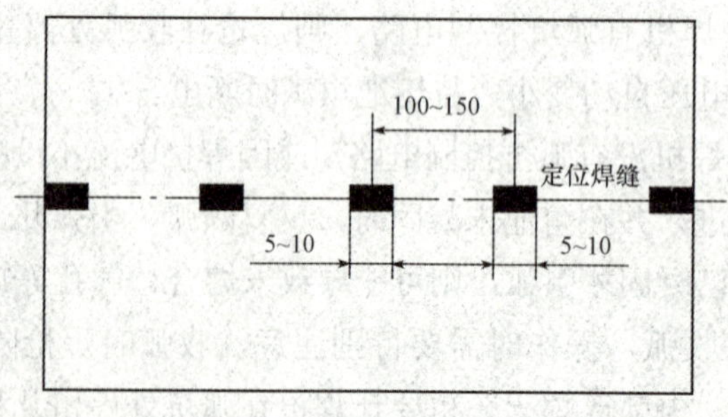

图 3–1–14　薄板对接时的定位焊缝

3.1.3 任务实施

1. 安全文明生产

CO_2 气体保护焊和焊条电弧焊相比，在安全技术方面具有以下几个特点：

（1）CO_2 气体保护焊具有较高的电斑密度，且电流也大，因而弧光辐射强烈；

（2）CO_2 气体保护焊的工作场所不仅本身存在较多的 CO_2，还产生 CO，而且浓度也较高；

（3）CO_2 气体保护焊的飞溅较多；

（4）CO_2 气体保护焊操作时，操作人员要移动送丝机和软管电缆等，且进行连续工作，所以，劳动强度较高。

为此，更应重视 CO_2 气体保护焊的安全技术，保障操作人员安全生产。

因此，操作 CO_2 气体保护焊时应注意如下几点：

（1）保证工作环境有良好的通风。CO_2 保护气在高温下分解，生成 CO、O_2 并产生大量烟尘。CO 极易与人体血液中的血红蛋白结合，造成人体缺氧。当空气中含有少量 CO 时，人会感到身体不适、头痛；而当 CO 含量超过一定范围时，人会呼吸困难、昏迷等，严重时甚至导致死亡。如果空气中 CO_2 气体浓度超过一定的范围，也会引起上述的反应。这就要求焊接工作环境应有良好的通风条件，在不能进行通风的局部空间施焊时，应佩戴能供给新鲜氧气的面具及氧气瓶。

（2）注意选用容量恰当的电源、电源开关、熔断器及辅助设备，以满足高负载率持续工作的要求。

（3）采用必要的防止触电措施与良好的隔离防护装置和自动断电装置，焊接设备必须保护接地或接零，并经常进行检查和维修。

（4）采用必要的防火措施。由于金属飞溅引起火灾的危险性比其他焊接方法大，要求在焊接作业的周围采取可靠的隔离、遮蔽或防止火花飞溅的措施。

（5）由于 CO_2 气体保护焊比普通埋弧电弧焊的弧光更强，紫外线辐射更强烈，应选用颜色更深的滤光片。

（6）采用 CO_2 气体电热预热器时，电压应低于 36 V，外壳要可靠接地。

（7）由于 CO_2 气体是以高压液态盛装在气瓶中的，要防止 CO_2 气瓶直接受热，气瓶不能靠近热源，也要防止剧烈振动。

（8）加强个人防护，戴好面罩、手套，穿好工作服、工作鞋，防止人体灼伤。

（9）当焊丝送入导电嘴后，不允许将手指放在焊枪的末端来检查焊丝送出情况；也不允许将焊枪放在耳边来试探保护气体的流动情况。

（10）使用水冷系统的焊枪时，应防止破坏绝缘层而发生触电。

2. 焊前准备

（1）母材准备。Q235 钢板，规格为 300 mm×200 mm×12 mm，检查钢板平直度，并修复平整。由于 CO_2 气体保护焊对铁锈、油污等非常敏感，为了保证焊缝质量，焊接前必须对坡口及其两侧 20 mm 范围内的铁锈、水、油污等杂质进行严格清理，将其打磨干净，露出金属光泽，避免产生气孔、裂纹，难以引弧。

（2）坡口形式。由于 CO_2 气体保护焊使用的电流密度大，在焊接坡口角度较小、钝边较大的情况下也能焊透；而由于焊枪喷嘴直径较焊条直径粗得多，因此在焊厚板采用的 U 形坡口的圆弧半径较大时，才能保证根部焊透。CO_2 气体保护焊推荐使用的坡口形式及规格见《气焊、焊条电弧焊、气体保护焊和高能束焊的推荐坡口》（GB/T 985.1—2008）。

（3）焊材准备。根据母材型号、按照等强度原则，选择选用 H08Mn2SiA 实心焊丝，根据板材厚度、焊接位置，选择直径为 1.2 mm 或为 1.6 mm 的焊丝。

（4）焊机及辅具。选用 NBC—350 型 CO_2 焊机，直流反接电源，检查设备气路、电路是否接通，送丝机送丝轮规格和焊丝规格是否一致。并清理送丝轮油腻污物，以免焊丝打滑，送丝不稳；清理喷嘴内壁，使其干净、光滑，以免保护气体通过受阻。

焊工操作作业区附近应备好防飞溅剂、防堵膏、敲渣锤、锤子、凿子、锉刀、钢丝刷、砂纸、钢直尺、直角尺、水平尺、活动扳手、直磨机、角向磨光机、钢丝钳、钢锯条、焊缝万能量规等辅助工具和量具。

3. 焊接实施

（1）组对与定位焊。按表 3-1-5 提供的数据进行组对。采用正式焊接用焊丝进行定位焊（定位焊缝长度为 10 ～ 15 mm），定位焊缝内侧用角磨机打磨成斜坡状，并将坡口内的飞溅清除。

表 3-1-5　组对数据要求

坡口角度 /（°）	预留间隙 /mm		钝边 /mm	反变形角 /（°）	错变量 /mm
	始焊端	终焊端			
60±5	2.5	3.0	0 ～ 0.5	2	≤ 0.5

（2）工艺参数的制定。CO_2 气体保护焊中厚板的对接平焊应采用左焊法，即从右往左进行焊接；焊接过程中一般采用小幅度的锯齿形、月牙形摆动法进行打底层焊接；盖面层采用大幅度的锯齿形或月牙形摆动法进行焊接；填充层焊接时，一般采用锯齿形摆动法进行多层焊。焊接过程中应尽量减少接头，以无接头为最佳。焊接时要经常检查焊枪导电嘴和喷嘴是否有被飞溅堵塞现象，并及时做出处理。

合理选择板件平对接 V 形坡口 CO_2 气体保护焊焊接工艺参数是保证质量的前提。其工艺参数的选择见表 3-1-6。

表 3-1-6　工艺参数的选择

焊接层数	焊丝直径 /mm	焊丝伸出长度 /mm	焊接电流 /A	电弧电压 /V	保护气体流量 /（$L \cdot min^{-1}$）
1	1.2	20 ～ 25	90 ～ 110	18 ～ 20	15
2	1.2	20 ～ 25	230 ～ 250	24 ～ 26	20
3	1.2	20 ～ 25	230 ～ 250	24 ～ 26	20

（3）打底焊。将焊件置于底部架空的工作台上，采用左焊法进行焊接，从间隙较大的一侧开始焊接。

1）从定位焊缝顶端开始引弧，电弧稳定后向前运行，至坡口根部后稍加摆动，等第一个熔孔出现后，开始正式焊接。

2）正常焊接时焊枪与焊件的夹角如图 3–1–15 所示。电弧在引燃后，无须做下压动作，应做小幅度横向摆动，并在坡口两侧稍加停顿。注意观察熔孔尺寸，应比每侧间隙增大 0.5 ～ 1 mm，焊接时应根据熔孔直径和间隙大小调整焊枪横向摆动的幅度和焊接速度。当熔孔增大时，横向摆动幅度应增大。焊接过程中焊丝应始终在熔池的前半部燃烧。打底层焊缝厚度应保持在 4 mm 左右。

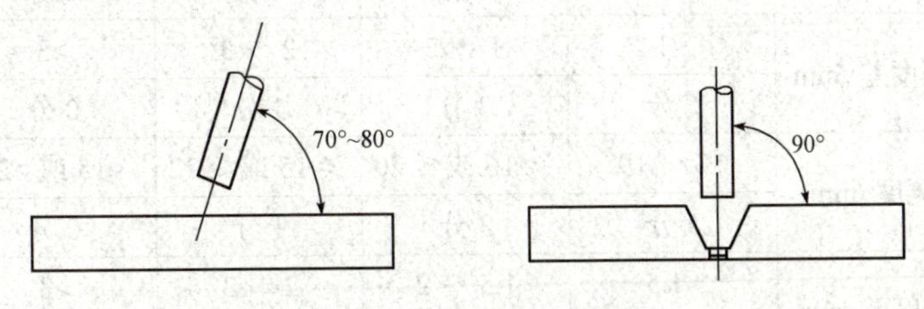

图 3–1–15　焊枪与焊件夹角

3）若接头出现中断焊接，应先将灭弧处焊缝打磨出斜坡状，然后按照引弧时的方法进行接头处理。

（4）填充焊。将打底层焊缝表面的飞溅清除干净，若焊缝表面有凹凸不平，可用角磨机打磨至平整。

焊接时焊枪角度及摆动方法与打底焊时相同，可适当增加焊丝伸出长度。摆动幅度比打底层时稍大，并注意在坡口两侧稍加停顿。焊后，焊缝表面距焊件表面以 1 ～ 1.5 mm 为宜，并不得破坏坡口边缘的棱边。

（5）盖面焊。将填充焊焊缝表面的飞溅清除干净，若焊缝表面有凹凸不平，可用角磨机打磨至平整。检查导电嘴和喷嘴周围的飞溅，并将其清除干净。焊枪角度、摆动幅度与填充焊相同，焊枪在坡口两侧的摆动要均匀、缓慢，在收弧处要做到滞后停气。

要领：平对接 CO_2 焊接时，不用做焊丝下压动作，焊接时注意控制喷嘴的高度，以不影响视线和保证良好的气体保护为宜。

（6）焊后清理及检测。将焊缝正、反面的飞溅清除干净，用钢丝刷刷净。焊接任务操作完成后，首先关闭 CO_2 气瓶阀门，点动焊枪开关，关闭焊接电源。使用钢丝刷反复拉刷焊道，除去焊缝氧化层，清扫场地，摆放工件，整理焊接电缆，确认无安全隐患，做好记录。检测焊缝表面质量见表 3–1–7。

表 3–1–7　焊缝表面质量要求　mm

焊缝	坡口单侧增宽	宽度	直线度	余高	余高差	角变形
正面	0.5 ～ 2.0	1.5	1.5	0 ～ 3	2	3
反面	—	—	—			

3.1.4 任务评价

焊接质量检验前要将焊件表面的焊渣及飞溅物清理干净，焊缝不允许修磨和补焊，应保持原始状态。平板件 V 形坡口对接焊考核评分方法见表 3–1–8。

表 3–1–8 平板件 V 形坡口对接焊考核评分方法

序号	检查项目	评判等级				得分
		Ⅰ	Ⅱ	Ⅲ	Ⅳ	
1	焊缝余高 /mm	0 ～ 2	2 ～ 3	3 ～ 4	<0 或 >4	
		5 分	3 分	1 分	0 分	
2	焊缝高度差 /mm	<1	1 ～ 2	2 ～ 3	>3	
		5 分	3 分	1 分	0 分	
3	焊缝宽度 /mm	17 ～ 19	≥ 16 或≤ 20	≥ 15 或≤ 22	<15 或 >22	
		5 分	3 分	1 分	0 分	
4	焊缝宽度差 /mm	<1.5	1.5 ～ 2	2 ～ 3	>3	
		5 分	3 分	1 分	0 分	
5	咬边 /mm	无咬边	深度≤ 0.5		深度 >0.5	
		5 分	每 0.5 mm 扣 2 分		0 分	
6	正面成形	优	良	中	差	
		5 分	3 分	1 分	0 分	
7	背面成形	优	良	中	差	
		5 分	3 分	1 分	0 分	
8	背面凹量 /mm	0 ～ 0.5	0.5 ～ 1	1 ～ 2	>3	
		5 分	3 分	1 分	0 分	
9	背面余高 /mm	0 ～ 2	2 ～ 3	3	>3	
		5 分	3 分	1 分	0 分	
10	角变形 /mm	0 ～ 1	1 ～ 3	3 ～ 5	>5	
		5 分	3 分	1 分	0 分	
11	错边量 /mm	0 ～ 0.5	0.5 ～ 1	>1	—	
		5 分	3 分	0 分	—	
12	外观成形	成形美观，焊缝均匀、细密	成形较好，焊缝均匀、平整	成形尚可，焊缝平直	焊缝弯曲，高低、宽窄明显	
		25 分	15 分	5 分	0 分	
13	安全文明	优	良	中	差	
		20 分	10 分	5 分	0 分	
汇总（100 分）						
注：若试件焊接未完成；表面修补及焊缝正反两面有裂纹、夹渣、气孔、未熔合缺陷；该件做 0 分处理。试板两端 20 mm 的缺陷不计						

3.1.5 任务拓展

CO_2 气体保护焊的焊接要领如下。

（1）引弧。根据工作台的高度，操作员身体呈站立或下蹲姿势，上半身稍向前倾。脚站稳，肩部用力使臂膀抬至保持水平，右手握焊枪，但不要握得太死，要自然，并用手控制枪柄上的开关，左手持面罩，准备焊接。引弧前先按焊枪上的控制开关，点动送出一段焊丝，焊丝伸出长度小于喷嘴与工件间应保持的距离，超长部分应剪去。若焊丝端部出现球状，必须预先剪去，否则引弧困难。

将焊枪按要求（保持合适的倾角和喷嘴高度）放在引弧处。

按焊枪上的控制开关，焊机自动提前送气，延时接通电源自动送丝，当焊丝碰到工件短路后，自动引燃电弧。短路时，焊枪有自动顶起的倾向，故引弧时要稍用力压焊枪，防止焊枪抬起太高，电弧太长而熄灭。

半自动焊时习惯的起弧方式是焊丝端头与焊接处划擦的过程中按焊枪按钮，通常称为“划擦起弧”。这时起弧成功率较高。起弧后，必须迅速调整焊枪对准位置、焊枪角度和导电嘴—母材间的距离。

起弧处由于工件的温度较低，所以，熔深都比较浅。另外，焊接过程不稳定，容易产生缺陷。为防止这种缺陷的影响，可以采取如图 3-1-16 所示的方法。显然，图 3-1-16（a）所示是把起弧处留在工艺板上。但在一般情况下往往不采用这种方法，而是直接在工件上起弧。由于起弧处熔深浅，特别是在短路过渡时容易引起未焊透，为此，可以采用图 3-1-16（b）所示的倒退起弧法，起弧后快速返回母材端头，再沿焊接线移动，在焊接重合部分进行摆动，熔深浅处用余高来补偿。图 3-1-16（c）所示的起弧方法适合自动焊情况，起弧处快速移动，得到较窄的焊道，为随后焊道接头创造条件。半自动焊时的焊道接头处通常采用倒退起弧法，使焊道充分熔合，达到完全消除弧坑的目的。

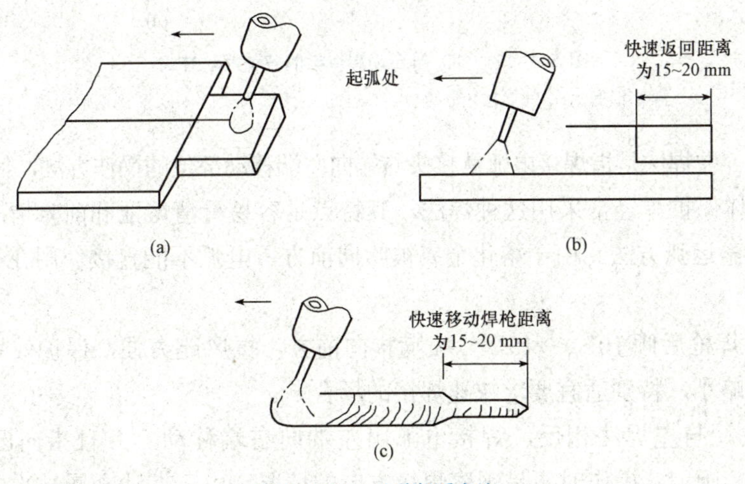

图 3-1-16 几种起弧方法

（a）使用工艺板；（b）倒退起弧法；（c）较窄焊道连接的起弧方法

（2）焊接过程中的运弧方法。由于 CO_2 气体保护焊焊丝是自动送进的，操作人员用不着像手工电弧焊那样做出向电弧区不断送丝的动作，但是仍然须握着焊枪沿焊接方向按一定的规律移动，这样才能形成焊缝。

1）焊枪的横向摆动形式。由于使用较细的焊丝，焊接时焊件接受热量比手工电弧焊小，因此焊件熔化的范围较小，如焊枪不做横向摆动，焊缝势必狭窄。正因为如此，进行 CO_2 气体保护焊时横向摆动是十分必要的，其目的如下：

①可以得到需要的焊缝宽度；

②确保焊缝周边熔合良好；

③拼缝间隙偏大时不至于焊穿；

④空间作业时（如横、立焊）可以克服熔融金属的跌落。

焊枪按某种形式做横向摆动，焊丝就形成了特定的运弧轨迹，结果形成具有明显个性的焊缝。根据工件的板厚不同、接头的形式不同以及空间的位置不同，焊丝的运弧轨迹有直线形、锯齿形、圆形、三角形、人字形等。

2）焊枪的倾角大小与方向。由于焊枪上喷嘴的规格较大，操作人员为了得到良好的操作视角，以及对熔池的控制，焊枪与工件间形成一定的倾角。此外，为了减少飞溅，获得足够的熔深和美观的焊缝成形，不同的运弧方法、不同的空间位置的倾角的方向和大小也有所区别。

3）CO_2 半自动焊焊枪的各种摆动方式如图 3-1-17 所示。

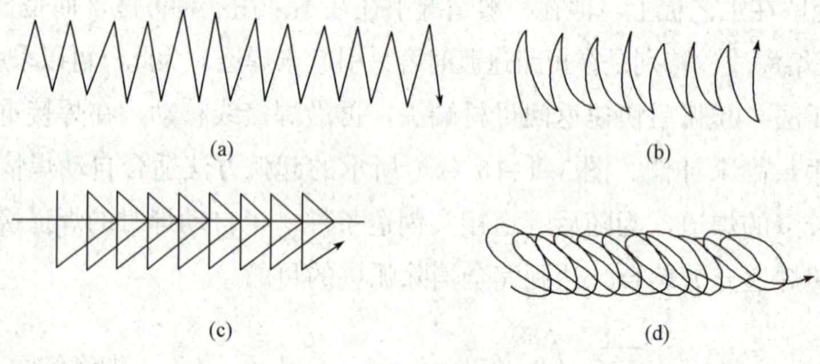

图 3-1-17　CO_2 半自动焊焊枪的各种摆动方式

（a）锯齿形摆动；（b）月牙形摆动；（c）正三角形摆动；（d）斜圆圈形摆动

①左焊法。左焊法是指焊接电弧从接头右端向左端移动部位的操作方法，如图 3-1-18（a）所示。CO_2 气体保护焊经常采用这种焊法，其特点是容易看清熔池和前方情况，并根据观察结果及时调整运弧方法。由于熔化金属被吹向前方，电弧不能直接作用在母材上，熔深便较浅。

操作时，焊枪后倾 10° ～ 15°，喷嘴指向前方，抗风能力强，保护效果好，焊缝宽度增大，余高略小，特别适宜要求快速焊接的场合。

②右焊法。与左焊法相反，焊接电弧由左端向右端移动，并且指向已焊部位，如图 3-1-18（b）所示，操作时不易观察焊接方向的情况，由于熔池金属被吹向后方，故电弧可直接作用于母材上，其结果使焊缝的熔深增加，但由于焊宽减小，余高增大，成形便

显得“粗糙”。焊枪前倾 10°～15° 时飞溅较少，但抗风能力较弱，保护效果较差，不适宜在进行快速焊接时使用。

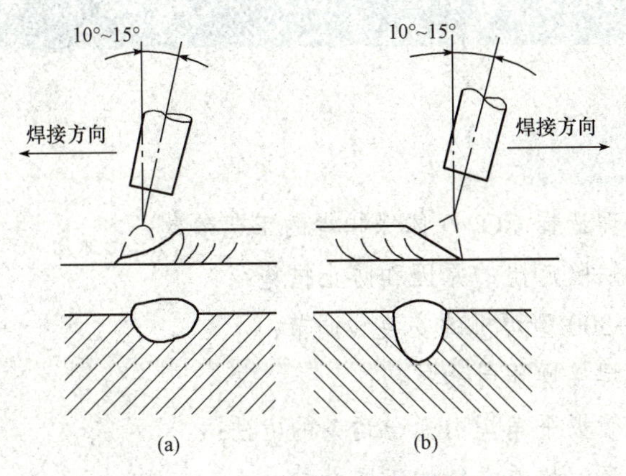

图 3-1-18　焊枪角度及焊道断面形状

（a）左焊法；（b）右焊法

（3）收弧操作。收弧时，应注意将收尾处的弧坑填满。一般来说，采用细丝 CO_2 短路过渡焊接。其电弧长度短，弧坑较小，不用做专门的处理，按焊机的操作程序收弧即可。采用粗丝大电流焊接并使用长弧时，由于电弧电流及电弧吹力都大，如果收弧过快，会产生弧坑缺陷。所以，在收弧时应在弧坑处稍停留片刻，然后缓慢抬起焊枪，并在熔池凝固前必须继续送气，焊道接头时，先将待焊接头处用角向磨光机打磨成斜面，然后在斜面顶部引弧。引燃电弧后，将电弧移至斜面底部，先转一圈，待返回引弧处后再继续向左焊接。

（4）操作注意问题。

1）CO_2 气体保护焊时引弧和熄弧无须移动焊枪，操作时应注意不要使用焊条电弧焊时的习惯动作。

2）CO_2 气体保护焊熄弧时要注意在电弧熄灭后不可立即移开焊枪，以保证滞后停气对熔池的保护。

3）由于 CO_2 气体保护焊电流密度大，弧光辐射严重，操作员必须严格穿戴好劳动防护用品。

任务思考

1.CO_2 气体保护电弧焊设备由几部分组成？各有什么作用？

2.CO_2 气体保护焊的气路由哪些部件组成？

3. 左焊法和右焊法分别是什么？

4. CO_2 气体保护焊如何使用运弧方法？

实训任务 3.2　插入式管板平角焊

实训目标

1. 学习如何合理选择 CO_2 气体保护焊的工艺参数；
2. 学习平角焊缺陷产生的原因和防止措施；
3. 掌握 NBC1-300 型焊机的安装和调节；
4. 掌握平角焊焊接操作时的技巧；
5. 掌握插入式管板平角焊引弧与运条的方法；
6. 具备严谨认真、精益求精的工匠精神；
7. 具备良好的团队协作精神。

3.2.1　任务导入

插入式管板平角焊装如图 3-2-1 所示。本任务是管板角接焊件的焊接施工，学生应在理解 CO_2 气体保护焊基本原理及电弧理论的基础上，掌握引弧、运条、焊道连接、收尾等操作技能。领会 CO_2 气体保护焊安全防护及环境要求，分析焊接技术要求，执行 CO_2 气体保护焊的相关焊接标准。

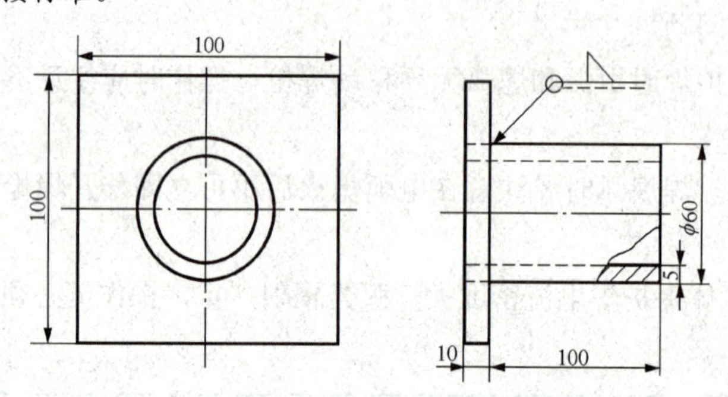

图 3-2-1　插入式管板平角焊装配

任务分析

进行角接接头平焊位置角焊缝的焊接叫作平角焊。平角焊时除了焊接缺陷应在技术条件允许的范围之内这个要求之外，还要求角焊缝的焊脚尺寸符合技术要求，以保证接头处的强度。因此，学生需要根据现有的技术条件，选择合理的平角焊焊接技术参数，以满足生产实践的应用要求。

3.2.2 相关知识

1.CO_2 气体保护半自动焊机设备的连接

（1）CO_2 气体保护半自动焊机的外部连接。CO_2 气体保护半自动焊机的连接工作是将其组成部分连接起来，并接通三相网路和焊接回路。正确的连接是保证 CO_2 气体保护半自动焊机正常运转的首要条件，错误的连接会使焊机不能启动，甚至使焊机的零部件损坏。CO_2 气体保护半自动焊机要按一定顺序连接，各步骤的操作要点见表 3-2-1。图 3-2-2 所示为 CO_2 气体保护半自动焊机的外部连接。

表 3-2-1　CO_2 气体保护半自动焊机的连接顺序

序号	连接内容	操作要点
1	查明焊机的功率和配电箱熔丝的容量	（1）检查所安装的熔丝是否符合规定的容量，不许使用容量过大的熔丝； （2）焊机的额定电压、频率应和网路电压、频率相符合
2	焊机机壳接地线	（1）焊机的机壳必须用横截面面积为 14 mm^2 的电缆做接地线。 （2）配电箱上应装有防漏电的自动断电安全装置
3	连接焊件的电缆	（1）电缆一端和焊接电源输出端的负极相连接，另一端和焊件相连接，用螺栓连接，保证良好的接触； （2）焊接电源输出端接头外露部分要绝缘； （3）电缆截面可按 5 A/mm^2 选定； （4）电缆不宜过长，不许盘圈重叠
4	连接焊枪的电缆	（1）电缆一端和焊接电源输出端的负极相连接，另一端和焊枪供电部分相连接，用螺栓牢固连接； （2）电源输出端接头外露部分要绝缘； （3）电缆截面可按 5 A/mm^2 选定
5	连接遥控盒	将遥控盒电缆插头牢固接在焊机箱柜上标明的插座上
6	连接送丝机的控制电缆	将控制电缆的插头牢固连接在焊机箱柜上的专用插座上
7	安装减压流量调节器	（1）安装前把 CO_2 气瓶阀柄转开约 90°，吹去瓶口上的垃圾； （2）减压流量调节器的气体进出口的地方，要防止黏附油和灰尘； （3）减压流量调节器应竖立装在 CO_2 气瓶的侧面； （4）减压流量调节器的螺母应可靠地旋在 CO_2 气瓶的瓶口上； （5）安装时，不可用手托住流量计，而是托住减压流量调节器的整体，用扳手拧紧螺母

续表

序号	连接内容	操作要点
8	连接 CO_2 气管	（1）用橡胶气管连接减压流量调节器的出气口—进丝机底板上的电磁气阀； （2）使用配套的接头零件（管螺母、管螺纹接头）； （3）连接的地方要将管螺母旋紧； （4）气管和螺纹管接头连接处须用专用扳手拧紧，以防止漏气
9	连接 CO_2 减压流量调节器的预热器上电源电线	将预热器电源电线的插头插入焊机箱柜后侧的专用插座。注意电源电压是否相符
10	连接送丝机和焊枪	（1）连接前检查弹簧软管是否适用所使用的焊丝直径，软管长度是否合适； （2）将弹簧软管、焊接电源、控制电缆、气管分别按照指定的连接部位，可靠地连接，不可插入 220 V 交流电源
11	连接三相电源	（1）将焊机的电源开关处于断开的位置上； （2）检查配电箱开关，并将它置于切断电源的位置； （3）按 5 A/mm^2 选用输入电缆的截面面积，若输入电缆较长，还应适当加大电缆截面面积； （4）将输入电缆接入配电箱； （5）电缆接头螺栓必须拧紧，以保证通电良好； （6）焊机输入端的电缆接头要有良好的绝缘性能

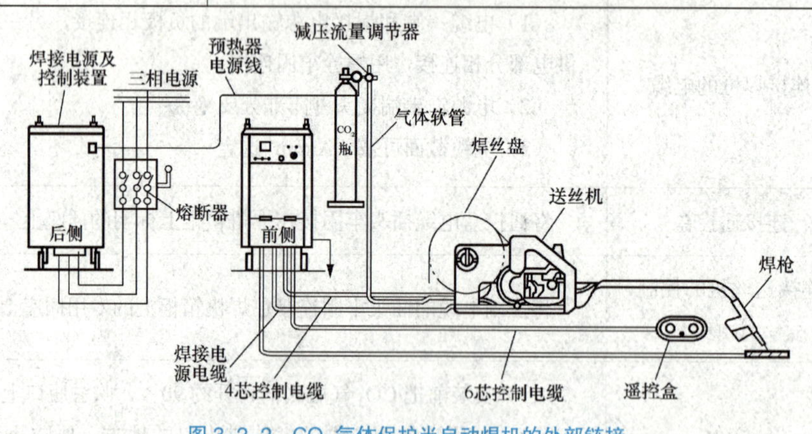

图 3-2-2 CO_2 气体保护半自动焊机的外部链接

（2）用于混合气体保护焊的焊机外部连接。CO_2 气体保护半自动焊机可用于混合气体保护焊。使用时，CO_2 气体保护半自动焊机的焊接电源和控制装置、送丝机、焊枪、CO_2 液化气瓶、减压流量调节器、电磁气阀等都保持原状，区别是在供气系统中增加了一个氩气瓶、减压阀及气体配比器。气体配比器的任务是将两种混合气体按所需要的比例混合后输出，送入电磁气阀。

气体配比器有两个气体输入管（Ar+CO_2），两者不可搞错；一支输出管，还有调节旋钮。利用调节旋钮便可获得不同比例的混合气体。

目前市场上已有按一定比例混合的气体瓶装供应，只要把混合气瓶取代 CO_2 气瓶，就可实现混合气体保护焊。混合气体价格高，且不能重新改变比例，所以多数工厂还是用气体配比器自行配制，方便调节。

（3）CO_2 气体保护半自动焊机的焊前准备。CO_2 气体保护半自动焊机的焊前良好准备工作是获得优良焊接质量的重要因素之一。CO_2 气体保护半自动焊机的焊前准备工作可按图 3–2–3 所示的顺序进行，各步骤的操作要点见表 3–2–2。

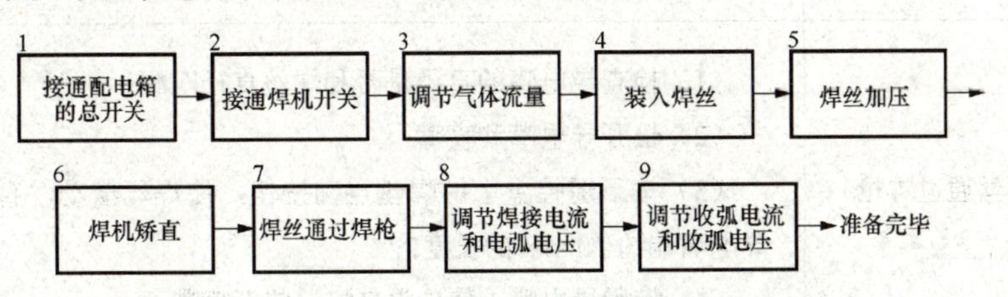

图 3–2–3　CO_2 气体保护半自动焊机的焊前准备工作

表 3–2–2　CO_2 气体保护半自动焊机的连接顺序

序号	准备工作的内容	操作要点
1	接通配电箱的总开关	（1）检查输入电缆的连接和绝缘情况； （2）检查网路电压是否和焊机规定的电压相符； （3）切断焊机上的开关； （4）检查配电箱的总开关； （5）接通配电箱的总开关
2	接通焊机开关	（1）把焊枪开关置在断开的位置上，把查气开关置在“焊接”的位置上； （2）检查焊机的开关； （3）接通焊机的开关； （4）观察冷却焊接电源用的风扇转动是否正常
3	调节气体流量	（1）把焊机箱柜面板上的查气开关扳到“查气”的位置上； （2）旋转 CO_2 气瓶阀上的手轮开启阀门，转动减压流量调节器的手轮，放出 CO_2 气体，放出两至三次； （3）调节气体流量达到所需要的值； （4）把查气开关扳回到“焊接”位置上
4	装入焊丝	（1）把焊丝盘套入轴上，并装好轴销，防止焊丝盘脱落； （2）用手钳把焊丝端部弄成直线，且端头避免锐角，焊丝穿过矫直装置和加压装置，送进焊枪弹簧软管的输入口； （3）检查矫直轮和弹簧软管输入口中心位置是否一致

续表

序号	准备工作的内容	操作要点
5	焊丝加压	（1）把焊丝嵌入送丝滚轮的沟槽里，扳动加压手柄，对焊丝加压； （2）根据要求，调整弹簧压力，调整施加于焊丝的压力
6	焊丝矫直	（1）根据焊丝粗细调整焊丝矫直量； （2）调整后要将矫直轮固定螺母拧紧
7	焊丝通过焊枪	（1）检查导电嘴的直径是否和焊丝直径匹配； （2）松开导电嘴和喷嘴； （3）按下遥控盒上的焊丝点动按钮，使焊丝散动，直至焊丝伸出导电嘴端约 10 mm 的长度； （4）旋紧导电嘴，使导电良好，装上喷嘴
8	调节焊接电流和电弧电压	（1）在遥控盒上用焊接电流调节器调节电流； （2）用电弧电压调节器调节电弧电压； （3）某些焊机有“一元化调节”功能，即在调节焊接电流的同时，电弧电压也相应变化达到大致匹配的程度，如需更好的匹配，还可进一步细调电压
9	调节收弧电流和收弧电压	（1）将焊机箱柜面板上的收弧控制造选择开关，置在“有”的位置上； （2）在面板上调节收弧电流； （3）在面板上调节收弧电压； （4）若不需要收弧控制，可将收弧控制选择开关置在“无”的位置上

2. 焊枪开关的操作

焊枪上仅有一个开关，供控制焊接启动和停止用，有两种控制方式：一为无收弧控制；二为有收弧控制。改变焊机箱柜面板上的收弧控制选择开关的位置，就可改变收弧控制方式。

（1）无收弧控制时焊枪开关的操作。处在无收弧控制工作状态下，按下焊枪开关，输气、通电、送丝，焊接工作进行，焊接时要始终按住焊枪开关。松开焊枪开关，停丝、断电、停气，焊接工作停止（图 3-2-4）。

（2）有收弧控制时焊枪开关的操作。首先，在有收弧控制工作状态下，按下焊枪开关，输气、通电、送丝，焊接工作进行。松开焊枪开关，焊接工作仍继续。其次，按下焊枪开关，这时焊接电流和电弧电压自行减小成收弧电流和收弧电压，便于收弧。最后，松开焊枪开关，则停丝、断电、停气，焊接工作停止（图 3-2-4）。在有收弧控制的状态下，操作人员焊接时不需要按住焊枪开关，从而降低了劳动强度。

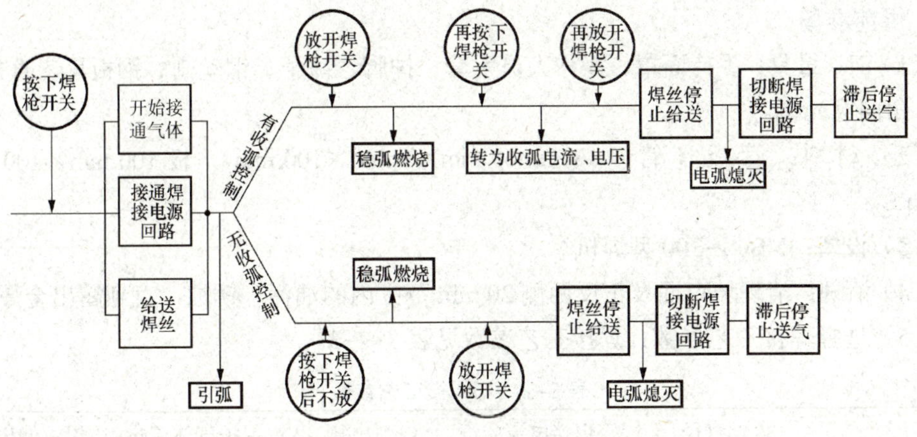

图 3-2-4　焊枪开关的操作

3.2.3　任务实施

1. 安全文明生产要求

在焊接工作中，触电带来的伤害最为严重，触电是最危险的事故。当通过人体的电流约 1 mA 时，人就会有感觉；电流达 5 mA 时，人有稍微痛的感觉；电流达 10 mA 时，人受到剧痛忍耐不了；当通过人体的电流达 50 ～ 100 mA 时，则会造成死亡。人体电阻是个变值，人体最小电阻仅为 800 Ω，因此对人来说安全电压为 50 mA×800 Ω=40 V。三相网路电压为 380 V，预热器电源电压有的是 110 V，送丝电动机的电源电压也是 110 V，若人接触到这些电压，都是不安全的。

操作人员预防触电要做到以下几点：

（1）CO_2 气体保护焊机的机壳必须有良好的接地，接地线必须使用横截面面积为 14 mm^2 的导线。

（2）焊接设备的安装及修理由电工负责，若焊机在使用中发生故障，操作人员应立即切断电源，然后通知电工检查修理。

（3）操作人员在推拉三相回路闸刀时，必须戴手套，头部不要正面对向闸刀，以防线路短路造成闸刀上的电弧火花烧伤操作人员的头部。

（4）焊机进线接头和焊接电缆接头必须拧紧螺纹，使其接触良好，外露部分必须用绝缘胶带进行包扎，使绝缘良好。

（5）焊接工作场地不应有洒落的水，尤其是在使用水冷式焊枪时，要防止连接部位的漏水。

（6）穿戴好绝缘良好的皮手套、绝缘鞋、工作服等劳动防护用品。

（7）手提工作行灯的电压不得超过 36 V。

（8）注意身上和工作服尽可能不要被汗水或雨水弄湿，当工作服潮湿时，身体不要靠在钢板上，避免意外触电。

（9）焊接工作结束后，在离开施工现场前，必须切断焊机的电源开关。

2. 焊前准备

（1）工、量具：手持面罩、操作人员手套、护脚、锤子、钢丝刷、钢板尺、直角尺、锉刀、角向磨光机。

（2）材料：管板，管 $D \times s \times L$=60 mm×5 mm×100 mm，板 100 mm×100 mm×100 mm。

（3）设备：NBC1-300 型焊机。

（4）清理：清理坡口面及正反两侧 20 mm 范围内的油污、锈蚀，直到露出金属光泽。

（5）选择焊接工艺参数：焊接工艺参数见表 3-2-3。

表 3-2-3 焊接工艺参数

焊接层次	焊丝直径 /mm	焊接电流 /A	电弧电压 /V	保护气体流量 /（$L \cdot min^{-1}$）	焊丝伸出长度 /mm
打底焊	1.2	90 ～ 110	18 ～ 20	10	15 ～ 20
盖面焊	1.2	110 ～ 130	20 ～ 22	15	25 ～ 20

（6）加工技巧：本试件的焊接包括仰角焊、立角焊和平角焊几种。焊接时要注意焊接工艺参数的选择，并应随时间调整焊枪角度，避免铁水下淌。

3. 焊接实施

（1）检验来料规格。

（2）选择焊接电流、电弧电压进行装配。

1）管子应垂直于管板，组对严密。

2）采用与焊接试件相同牌号的焊丝进行点焊，焊点长度为 10 ～ 15 mm，焊脚不能太高。

（3）打底焊。

1）将管板试件固定于焊接固定架上，保证管子轴线处于水平位置，并使定位焊缝不得位于时钟 6 点位置。

2）调整好焊接工艺参数，在时钟 7 点处引弧，沿逆时针方向焊至时钟 0 点。

3）将时钟 0 点处焊缝磨成斜面。

4）从时钟 7 点处引弧，沿顺时针方向焊至时钟 0 点，注意接头应平整，并应填满弧坑。

（4）盖面焊。调整好焊接工艺参数，按以上要求和次序再焊一次。

（5）清理、交件。

4. 注意事项

（1）焊接第一层时，焊接速度要快，保证根部具有一定的熔滴，焊枪小幅摆动，使焊角较小，盖面时，焊枪摆动稍大，以保证焊缝两侧熔合好，并使焊角尺寸符合规定要求。

（2）上述步骤应一气呵成，即操作人员根据管子的曲率变化，不断转腕并改变体位连续焊接，按逆、顺时针方向焊完一圈焊缝。

3.2.4 任务评价

焊接质量检验前要将焊件表面的焊渣及飞溅物清理干净，焊缝不允许修磨和补焊，应保持原始状态。插入式管板平角焊考核评分方法见表 3-2-4。

表 3-2-4 插入式管板平角焊考核评分方法

序号	检查项目	评判等级				得分
		Ⅰ	Ⅱ	Ⅲ	Ⅳ	
1	焊缝余高 /mm	0 ～ 2	2 ～ 3	3 ～ 4	<0 或 >4	
		5 分	3 分	1 分	0 分	
2	焊缝高度差 /mm	<1	1 ～ 2	2 ～ 3	>3	
		5 分	3 分	1 分	0 分	
3	焊缝宽度 /mm	17 ～ 19	≥ 16 或≤ 20	≥ 15 或≤ 22	<15 或 >22	
		5 分	3 分	1 分	0 分	
4	焊缝宽度差 /mm	<1.5	1.5 ～ 2	2 ～ 3	>3	
		5 分	3 分	1 分	0 分	
5	咬边 /mm	无咬边	深度≤ 0.5		深度 >0.5	
		5 分	每 0.5 mm 扣 2 分		0 分	
6	正面成形	优	良	中	差	
		5 分	3 分	1 分	0 分	
7	背面成形	优	良	中	差	
		5 分	3 分	1 分	0 分	
8	背面凹量 /mm	0 ～ 0.5	0.5 ～ 1	1 ～ 2	>3	
		5 分	3 分	1 分	0 分	
9	背面余高 /mm	0 ～ 2	2 ～ 3	3	>5	
		5 分	3 分	1 分	0 分	
10	角变形 /mm	0 ～ 1	1 ～ 3	3 ～ 5	>5	
		5 分	3 分	1 分	0 分	
11	错边量 /mm	0 ～ 0.5	0.5 ～ 1	>1	—	
		5 分	3 分	0 分	—	
12	外观成形	成形美观，焊缝均匀、细密	成形较好，焊缝均匀、平整	成形尚可，焊缝平直	焊缝弯曲，高低、宽窄明显	
		25 分	15 分	5 分	0 分	
13	安全文明	优	良	中	差	
		20 分	10 分	5 分	0 分	
汇总（100 分）						
注：若试件焊接未完成；表面修补及焊缝正反两面有裂纹、夹渣、气孔、未熔合缺陷；该件做 0 分处理。试板两端 20 mm 的缺陷不计						

3.2.5 任务拓展

1. 焊接接头形式及坡口

（1）焊接接头。利用焊接方法连接而成的接头称为焊接接头。它由焊缝、熔合区、热影响区及附近的母材组成。焊接接头在焊接结构中起着连接及传递荷载的作用。

焊接接头分为 10 种类型：对接接头、搭接接头、角接接头、T 形接头、端接接头、十字接头、套管接头、斜对接接头、卷边接头和锁底接头，其类型示意如图 3-2-5 所示。

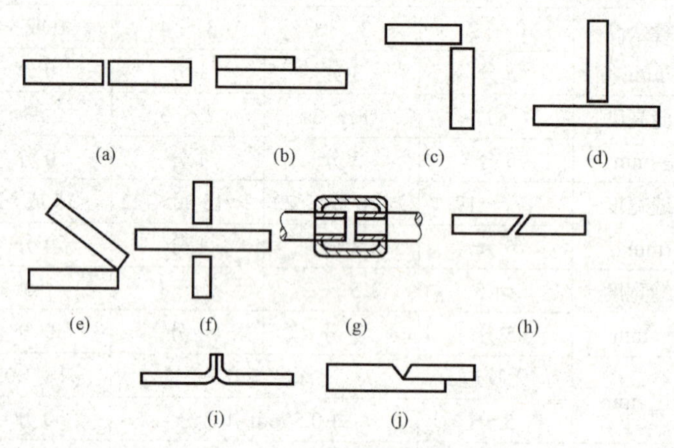

图 3-2-5　焊接接头类型示意

（a）对接接头；（b）搭接接头；（c）角接接头；（d）T 形接头；（e）端接接头；
（f）十字接头；（g）套管接头；（h）斜对接接头；（i）卷边接头；（j）锁底接头

（2）坡口。焊接前，将工件的待焊端部加工成一定形状的沟槽，称之为坡口。开坡口的主要目的是实现完全熔透。此外还可调整焊缝成分及性能，改善结晶条件，提高接头性能。常用坡口类型示意如图 3-2-6 所示。表征坡口形状的几何规格如图 3-2-7 所示。

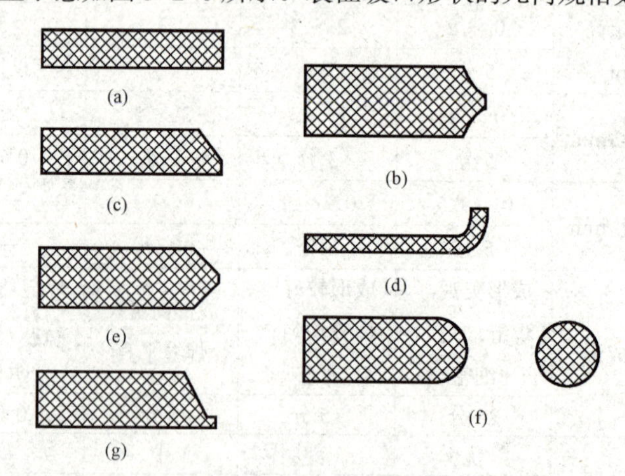

图 3-2-6　接头坡口类型示意

（a）I 形坡口；（b）带钝边双 J 形坡口；（c）单边 V 形坡口；（d）卷边坡口；
（e）双 V 形坡口；（f）圆形坡口；（g）带钝边单 J 形坡口

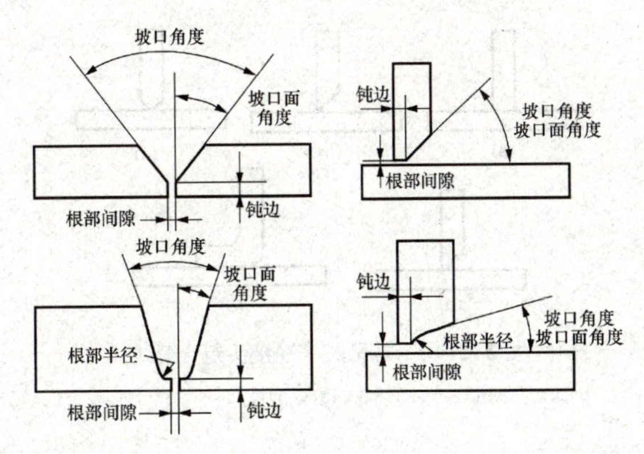

图 3-2-7　坡口形状的几何规格示意

（3）接头组合形式。图 3-2-8 ～图 3-2-12 分别给出了对接接头、角接接头、T 形接头、端接接头及搭接接头中常见的接头组合形式。

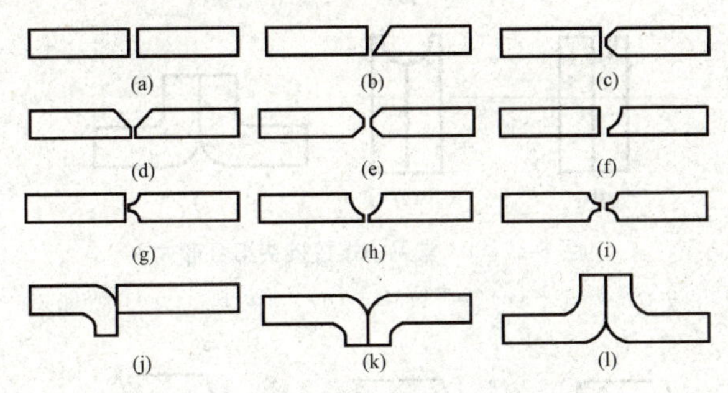

图 3-2-8　常见的对接接头组合形式

（a）单 I 形坡口；（b）单边 V 形坡口；（c）双单边 V 形坡口；（d）V 形坡口；（e）双 V 形坡口；（f）带钝边 J 形坡口；（g）带钝边双 J 形坡口；（h）带钝边 U 形坡口；（i）带钝边双 U 形坡口；（j）喇叭单边 V 形坡口；（k）喇叭 V 形坡口；（l）卷边对接接头

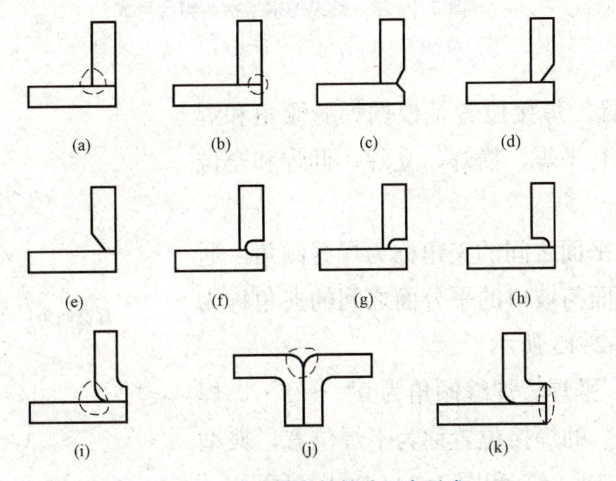

图 3-2-9　常见的角接接头组合形式

（a）内角角焊缝；（b）内角 I 形坡口焊缝；（c）外角 V 形坡口；（d）外角单 V 形坡口；（e）内角单 V 形坡口；（f）外角 U 形坡口；（g）外角 J 形坡口；（h）内角 J 形坡口；（i）内角单喇叭 V 形坡口；（j）喇叭 V 形坡口；（k）卷边角焊缝的端接焊缝

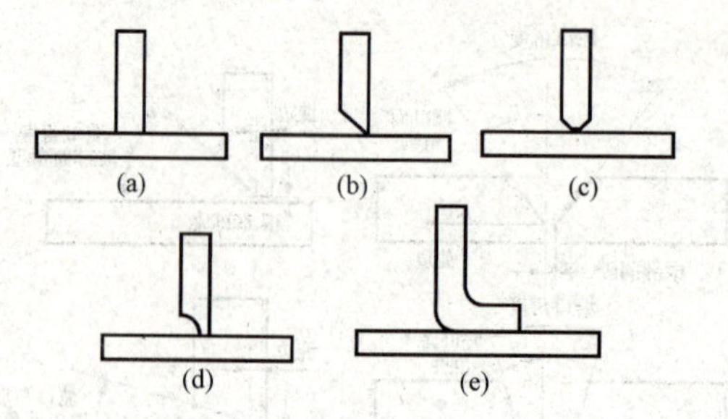

图 3-2-10　常见的 T 形接头组合形式

（a）I 形坡口；（b）单边 V 形坡口；（c）双单边 V 形坡口；（d）J 形坡口；（e）喇叭单 V 坡口

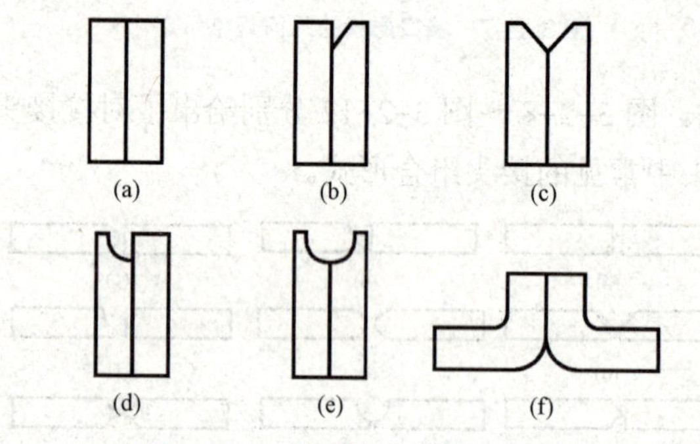

图 3-2-11　常见的端接接头组合形式

（a）I 形坡口；（b）单边 V 形坡口；（c）V 形坡口；（d）J 形坡口；（e）U 形坡口；（f）喇叭 V 形坡口

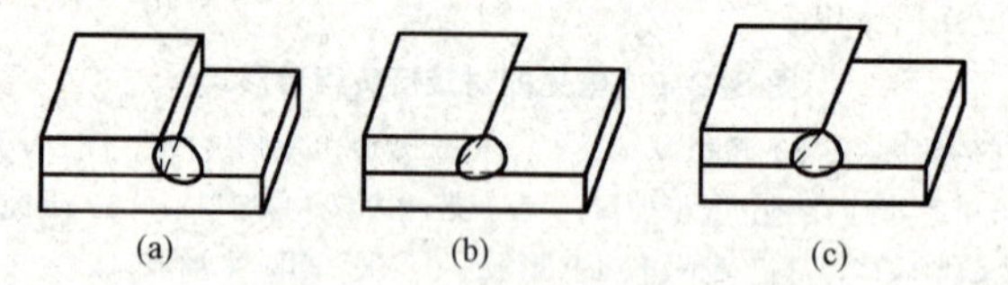

图 3-2-12　常见的搭接接头组合形式

（a）角焊缝；（b）单边 V 形坡口；（c）J 形坡口

（4）焊接位置。焊接位置是根据焊缝倾角和焊缝转角来定义的，有平焊、横焊、立焊、仰焊和全位置焊五种位置。

焊缝轴线与水平面之间的夹角称为焊缝倾角。通过焊缝轴线的垂直面与坡口的平分面之间的夹角称为焊缝转角，如图 3-2-13 所示。

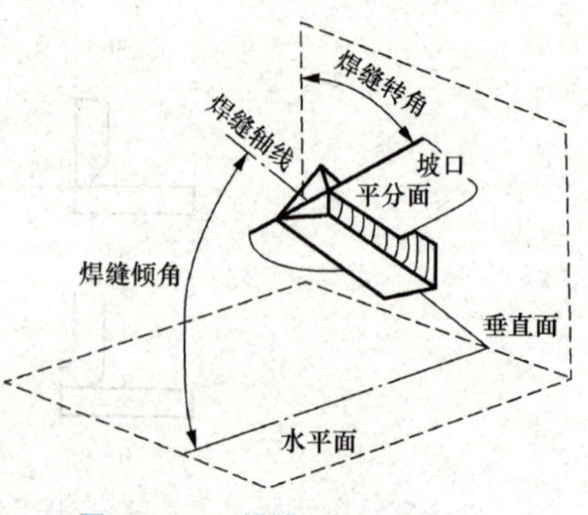

图 3-2-13　焊缝倾角及焊缝转角

1）平焊位置、平焊。焊缝倾角为 0°～5°、焊缝转角为 0°～10° 的焊接位置称为平焊位置，典型平焊位置如图 3-2-14（a）和图 3-2-14（b）所示。

在平焊位置进行的焊接称为平焊。

2）横焊位置、横焊。对于对接焊缝，焊缝倾角为 0°～5°、焊缝转角为 70°～90° 的焊接位置称为横焊位置；对于角接，焊缝倾角为 0°～5°、焊缝转角为 30°～55° 的焊接位置称为横焊位置，典型横焊位置如图 3-2-14（c）和图 3-2-14（d）所示。

在横焊位置进行的焊接称为横焊。

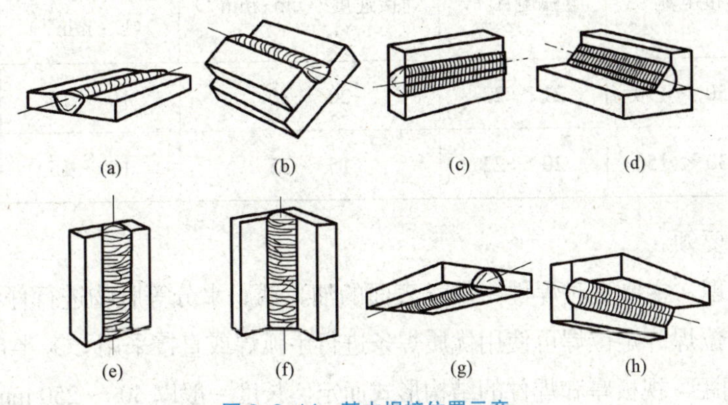

图 3-2-14　基本焊接位置示意

（a）、（b）平焊位置；（c）、（d）横焊位置；

（e）、（f）立焊位置；（g）、（h）仰焊位置

3）立焊位置、立焊。焊缝倾角为 80°～90°、焊缝转角为 0°～180° 的焊接位置称为立焊位置，典型立焊位置如图 3-2-14（e）和图 3-2-14（f）所示。

在立焊位置进行的焊接称为立焊。热源自上而下进行的立焊称为向下立焊；热源自下而上进行的立焊称为向上立焊。

4）仰焊位置、仰焊。对于对接焊缝，焊缝倾角为 0°～15°、焊缝转角为 165°～180° 的焊接位置称为仰焊位置；对于角接，焊缝倾角为 0°～15°、焊缝转角为 150°～180° 的焊接位置称为仰焊位置，典型仰焊位置如图 3-2-14（g）和图 3-2-14（h）所示。

在仰焊位置进行的焊接称为仰焊。

5）全位置焊。管子对接焊时，如果管子固定，则需要焊枪围绕管子一周进行焊接，焊接过程中包含平焊、立焊、仰焊三种焊接位置，如图 3-2-15 所示，因此称为全位置焊。

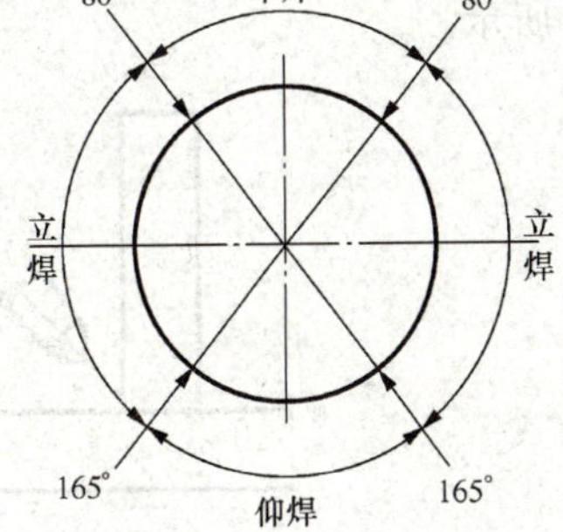

图 3-2-15　全位置焊示意

2.CO_2 气体保护焊的 T 形接头定位焊

（1）任务。T 形接头焊件的定位焊如图 3-2-16 所示。T 形接头焊件的焊接工艺参数见表 3-2-5。

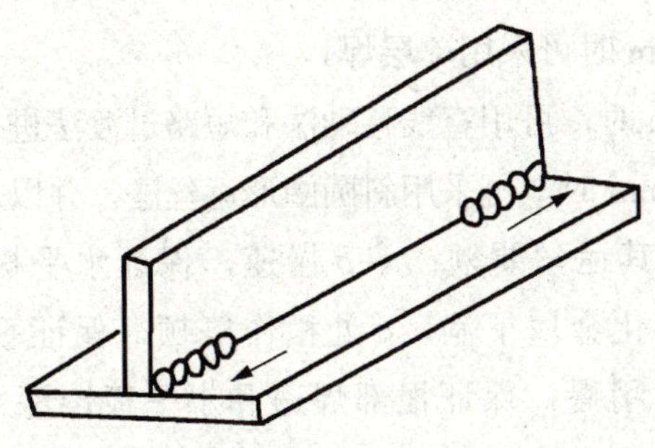

图 3-2-16　T 形接头焊件的定位焊

表 3-2-5　T 形接头焊件的焊接工艺参数

工艺参数	焊接电流 /A	电弧电压 /V	焊接速度 /（$cm \cdot min^{-1}$）	保护气体流量 /（$L \cdot min^{-1}$）	焊脚长度 /mm
第一层	150 ～ 170	21 ～ 23	20 ～ 30	10 ～ 15	6 ～ 6.5
其他各层	130 ～ 150	20 ～ 22	15 ～ 25	10 ～ 15	6 ～ 6.5

（2）操作要领。

1）焊前清理。主要是对焊件、焊丝表面的油、锈、水分等脏物进行仔细清理。

2）装配定位焊。定位焊可使用优质焊条进行手弧焊或直接采用 CO_2 半自动焊进行。定位焊的长度和间距，视板厚和焊件的结构形式而定，长度一般以 30 ～ 250 mm 为宜，间距一般以 100 ～ 300 mm 为宜。

3）注意事项。进行 T 形接头焊接时，极易产生咬边、未焊透、焊缝下垂等现象。为了防止这些缺陷，在操作时，除了正确选用焊接工艺参数外，还要根据板厚和焊脚尺寸来控制焊丝的角度，如图 3-2-17 所示。在等厚度板上进行 T 形接头焊接时，一般焊丝与水平板夹角为 40° ～ 50°，当焊脚长度在 5 mm 以下时，可按图 3-2-18 中 *A* 的方式将焊丝指向夹角处，如果焊脚长度为 5 mm 以上，可将焊丝水平移开，离夹角处 1 ～ 2 mm。这时可以得到等脚的焊缝（图 3-2-18 中的 *B*），否则容易造成垂直板产生咬边和水平板产生焊瘤的缺陷。焊接过程中焊丝的前倾角度为 10° ～ 25°，采用左向焊法，如图 3-2-19 所示。

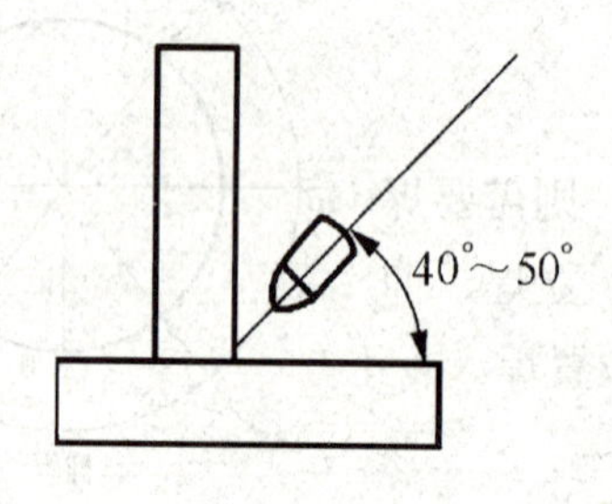

图 3-2-17　T 形接头焊接时焊丝的角度

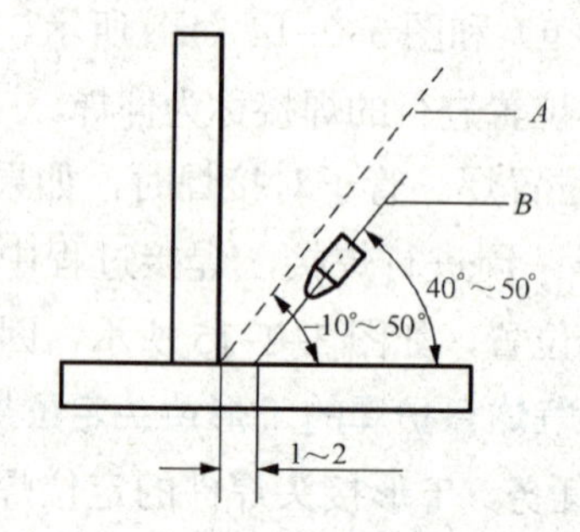

图 3-2-18　T 形接头平角焊时的焊丝位置

4）焊脚长度小于 8 mm 时可采用单层焊。

①焊脚长度小于 5 mm 时，可用直线移动法和短路过渡法进行匀速焊接。

②焊脚长度为 5 ～ 8 mm 时，可采用斜圆圈形运丝法，并以左焊法进行焊接。

如图 3-2-20 所示，其运丝要领：*a*–*b* 慢速，保证水平板有足够的熔深，并充分焊透，*b*–*c* 稍快，防止熔化金属下淌，*c* 处稍作停顿，保证垂直板熔深，并要注意防止产生咬边现象，*c*–*b*–*d* 稍慢，保证根部焊透和水平板熔深，*d*–*e* 稍慢，在 *e* 处稍作停留。

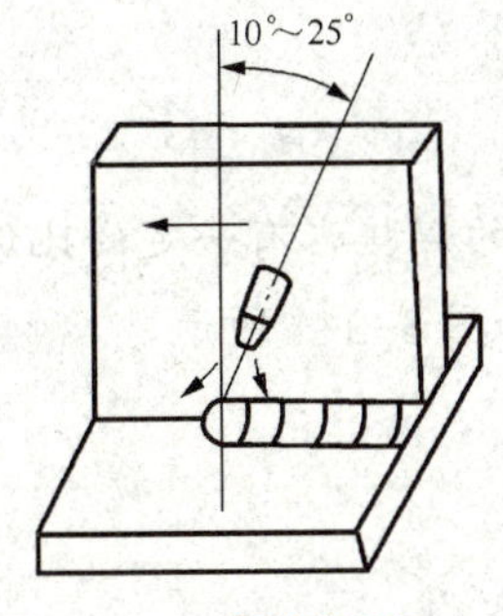

图 3-2-19　焊丝前倾角

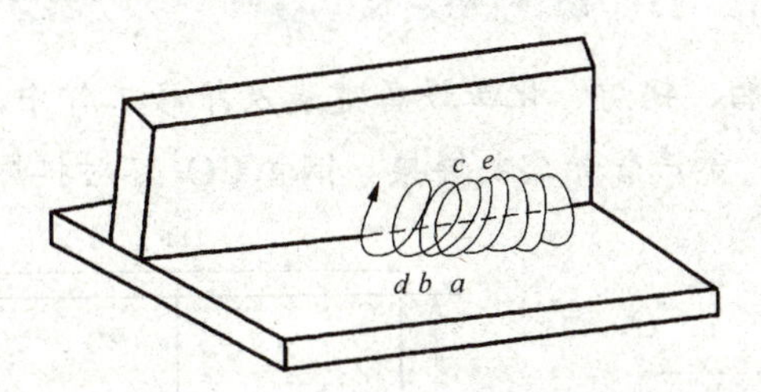

图 3-2-20　T 形接头角焊时的斜圆圈形运丝法

③当焊脚长度为 8 ～ 9 mm 时，焊缝可用两层两道焊，第一层用直线移动运丝法施焊，电流稍大，以保证熔深足够；第二层电流稍偏小，用斜圆圈形左焊法焊接。

④当焊脚长度大于 9 mm 时，仍采用多层多道焊，其焊接层数可参照手弧焊的平角焊多层焊方式进行。但采用横向摆动时，第一道（第一层）采用直线移动运丝法焊接；从第二层开始可采用斜圆圈法和直线移动法交叉进行焊接。

任务思考

1. 正极性和反极性应如何选用？
2. 应如何克服电弧偏吹现象？
3. 定位焊有哪些要求？
4. 如何控制 V 形坡口对接接头的角变形？
5. 打底层的断弧焊接应如何操作？
6. 盖面焊采用哪种运条方法？如何控制焊缝宽度？
7. 板对接平焊过程中常见的焊接缺陷和防止措施有哪些？

实训任务 3.3　钢管 CO_2 环对接焊

实训目标

1. 学习 CO_2 环对接焊缺陷的控制与防止措施；
2. 学习 CO_2 气体保护焊冶金特点；
3. 掌握 CO_2 气体保护焊焊接飞溅的控制；
4. 掌握环焊缝的焊接操作中的加工步骤；
5. 具备求真务实、精益求精的工匠精神；
6. 树立安全第一的工作作风。

3.3.1 任务导入

在船舶、锅炉、化工设备建造及维修工作中，管子的焊接占有一定的比例，许多水管、油管、蒸汽管等需要焊接。钢管 CO_2 环对接焊装配如图 3-3-1 所示。

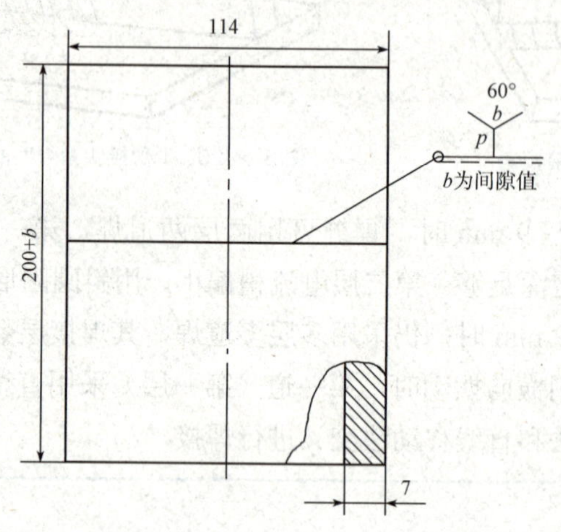

图 3-3-1 钢管 CO_2 环对接焊装配

任务分析

直径为 114 mm 的钢管对接环焊缝形式时，必须利用单面焊双面成形工艺进行焊接，要掌握不调节电流从仰焊很快过渡到立焊、平焊的单面焊接技术，由于是垂直固定的，必须采用焊枪绕管子旋转的方法。焊缝处于横焊位置，其困难是打底层反面易产生缩孔、未熔透等缺陷；盖面焊时，焊缝的接头质量难以控制。首先，要求焊缝具有密封性，保证管子在工作压力作用下不发生渗漏。其次，对焊缝背面不允许烧穿和漏渣，烧穿所引起的金属流垂，凸出在管子内面，将影响液体或气体的流速。

3.3.2 相关知识

焊接时焊接参数的选择：

CO_2 气体保护焊的工艺参数是指焊丝直径、焊接电流、电弧电压、电感、焊接速度、焊丝伸出长度、焊枪倾角及保护气体流量等。正确选用焊接工艺参数是保证焊接质量和提高生产率的重要措施。

大部分的焊接工艺参数直接影响着焊缝的形状尺寸。对于对接焊缝的尺寸，通常以熔深（H）、熔宽（B）和余高（a）表示。而以熔宽与熔深之比（B/H）称为焊缝成形系数。焊缝成形系数一般为 1.3 ～ 2。对于角焊缝尺寸，通常以焊脚（K）和焊喉（h）表示。一般角焊缝的外形要求是等腰直角三角形，这时焊脚和焊喉的关系是：K=1.4/h 或 h=0.7K。图 3-3-2 所示为焊缝的尺寸。

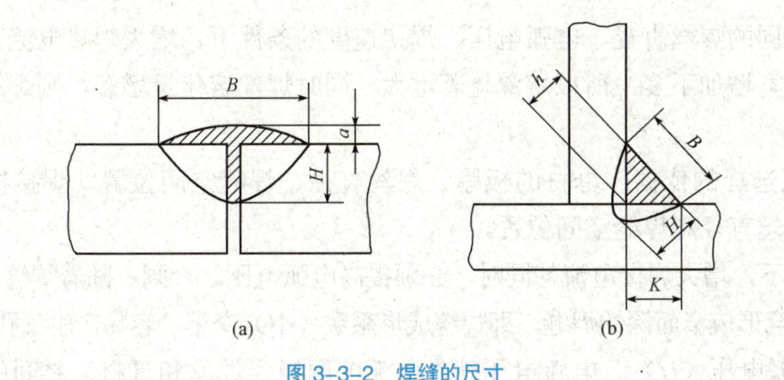

图 3-3-2　焊缝的尺寸

（a）对接焊缝；（b）角焊缝

（1）焊丝直径（*d*）。焊丝直径是一个重要的焊接工艺参数，更换焊丝直径，首先涉及焊接材料的供应，其次更换焊丝直径比较困难（要更换导电嘴、给送轮槽、弹簧软管及调整压力等）。如果生产中使用粗焊丝，焊接电流相应增大，生产率高，但焊缝成形较差。如果用同样的电流、同样的电压及同样的焊接速度，而焊丝直径变小，则焊缝的熔宽减小，熔深增大，余高略有提高。

选用焊丝直径主要考虑母材的板厚、焊接接头及坡口形式、焊接空间位置（平、立、横、仰）及焊缝尺寸等因素。表 3-3-1 所示为焊丝直径和母材板厚的关系。

由于 CO_2 气体保护半自动焊受到操作人员移位的限制（焊速不能太高），且焊丝给送速度最大只能达到 15 m/min 左右，所以细直径焊丝的允许焊接电流也是有限的，细直径焊丝用过大的焊接电流会形成熔深大、熔宽小，即焊缝成形系数（*B/H*）过小，易产生气孔和热裂纹。考虑到这一点，在 500 A 以内的大电流范围内焊接时，通常要使用直径为 1.6 mm 的焊丝，而直径为 1.2 mm 的焊丝可用于 80 ～ 350 A 的场合。

表 3-3-1　焊丝直径和母材板厚的关系　mm

<table>
<tr><td>板厚</td><td>0.6</td><td>0.8</td><td>1.0</td><td>1.2</td><td>1.6</td><td>2.0</td><td>2.3</td><td>3.2</td><td>4</td><td>4.5</td><td>6</td><td>9</td><td>12</td><td>16</td><td>20</td><td>> 20</td></tr>
<tr><td rowspan="7">焊丝直径</td><td>0.6</td><td>—</td><td>—</td><td>—</td><td>—</td><td>—</td><td>—</td><td>—</td><td>—</td><td>—</td><td>—</td><td>—</td><td>—</td><td>—</td><td>—</td><td>—</td></tr>
<tr><td>—</td><td colspan="4">0.8</td><td>—</td><td>—</td><td>—</td><td>—</td><td>—</td><td>—</td><td>—</td><td>—</td><td>—</td><td>—</td><td>—</td></tr>
<tr><td>—</td><td>—</td><td colspan="7">0.9</td><td>—</td><td>—</td><td>—</td><td>—</td><td>—</td><td>—</td><td>—</td></tr>
<tr><td>—</td><td>—</td><td>—</td><td>—</td><td colspan="6">1.0</td><td>—</td><td>—</td><td>—</td><td>—</td><td>—</td><td>—</td></tr>
<tr><td>—</td><td>—</td><td>—</td><td>—</td><td>—</td><td colspan="11">1.2</td></tr>
<tr><td>—</td><td>—</td><td>—</td><td>—</td><td>—</td><td>—</td><td>—</td><td>—</td><td>—</td><td colspan="7">1.4</td></tr>
<tr><td>—</td><td>—</td><td>—</td><td>—</td><td>—</td><td>—</td><td>—</td><td>—</td><td>—</td><td>—</td><td colspan="6">1.6</td></tr>
</table>

另外，对于薄板用短路过渡焊接时，焊接电流在 100 A 以下的情况，焊丝直径越小，电弧越稳定，飞溅越小，这是使用直径 1.0 mm 以下焊丝进行焊接的原因。但是直径小于 1.0 mm 以下焊丝的合适焊接电流范围比较狭窄。而直径为 1.2 mm 和 1.6 mm 的焊丝能适用宽阔的焊接电流范围，工厂生产中使用最广的是直径为 1.2 mm 焊丝。

（2）焊接电流（*I*）。焊接电流决定着焊丝的熔化量和母材的熔化量。焊接电流越大，焊丝的熔化量也越多，两者基本上成正比，即焊接电流越大，母材的熔化量越多，熔透深度越大。在相同的焊丝直径、电弧电压、焊接速度的条件下，增大焊接电流，母材熔化量会增多，而熔宽增加不多，所以熔深显著增大。同时焊丝熔化量增多，则焊缝的余高也有所增高。

焊接电流选择的依据：母材的板厚、焊丝直径、焊缝空间位置、焊接接头及坡口形式，主要是焊丝直径和焊缝空间位置。

通常情况下，增大焊接电流的同时，必须提高电弧电压。否则，随着焊缝熔深的剧增，熔宽略增，便会形成窄而深的焊缝，即焊缝成形系数（中）变小，容易产生气孔和热裂纹。

（3）电弧电压（U）。电弧电压就是电弧的两极（焊丝和母材）之间的电压，它也是电弧长度的标志。电弧电压高低直接影响熔滴过渡形式、飞溅及焊缝成形。如果电弧电压太高，即电弧太长，电弧发出“息洛、息洛”的声音，熔滴过渡不是短路过渡而是滴状过渡，电弧摇摆，且发生大颗粒飞溅。如果电弧电压太低，电弧发出“吧唧、吧唧”的不规则短路声音，电弧加热范围狭窄，熔宽变小，焊缝成形不良。合适的电弧电压，正常的短路过渡，电弧发出有规则的“叽——”的声音，这时的电弧状态是稳定的，飞溅是最小的。

在正常的短路过渡条件下，电弧电压的范围不大，为 17 ～ 25 V。如果在这个范围内，只增大电弧电压，而焊丝直径、焊接电流、焊接速度均不变，这时由于电弧长度拉长，电弧活动范围增大，即熔宽显著增大。由于焊接电流不变，焊丝熔化量近乎不变，熔敷金属量也不变，结果是由于熔宽增大而引起余高减小。关于熔深问题，分两种情况，在 21 V 以内，增大电弧电压（d=1.2 mm，I=150 A，V=40 cm/min），由于电弧热量增大，而引起熔深增大；超过 21 V 后，增大电弧电压，由于电弧拉长而使热利用率降低和熔宽增大两个因素，熔深反而减小。

前已叙述过，增大焊接电流的同时，应适当增大电弧电压，即电压和电流应匹配。其关系式：

$I<250$ A，$U=(0.04I+16)\pm1.5$ V

$I>250$ A，$U=(0.04I+20)\pm1.5$ V

如焊接电流 I =150 A，电弧电压 $U=0.04\times150+16\pm1.5=22\pm1.5$（V）。

值得指出的是焊机上电压表的读数是指焊接电源输出端的电压。输出电压（$U_{出}$）减去两焊接电缆（接焊枪电缆和接焊件电缆）的电阻电压降，才等于电弧电压。例如焊机输出电压表读数为 21 V，而电弧电压仅有 20.5 V，其中 0.5 V 为焊接电缆电阻电压降。如果焊接电缆加长，则电阻电压降还要增大。操作时电弧电压是否合适，要看电弧的稳定性和听电弧的声音而定。

（4）电感（L）。在输出的焊接回路中，串接一个可调节的电感，一则可以调节短路电流增长速度，以获得电弧的稳定和飞溅的减小；二则可调节短路过渡工作周期中的电弧燃烧时间，控制热量的分布以适应不同板厚焊件的需要。

焊接回路中的电感量要根据焊丝直径、焊接电流和电弧电压来选定。表 3–3–2 为不同焊丝直径可选用的电感量。从表中可看出，细焊丝选用的电感量小（短路频率高，短路电流增长速度大）。实际上可用的电感量有一个相当大的范围。

表 3-3-2　不同焊丝直径可选用的电感量

焊丝直径 /mm	0.6	0.8	1.0	1.2
电感量 /mH	0.02 ～ 0.23	0.04 ～ 0.30	0.08 ～ 0.40	0.08 ～ 0.50

应该说明的是，当用不同类型的焊接电源时，其调节电感方法不全相同，所选用的电感量也可能不一样。还有焊机通常不标明电感量，所以操作人员调节电感量时，主要靠观察飞溅和焊缝成形，以及听电弧声音来判断。电弧声音柔和、清晰、连续而不夹杂，飞溅小，则可认为电感量是合适的。

（5）焊接速度（V）。焊接速度对焊缝的成形和焊接接头的性能都有着很大的影响。在确定的焊丝直径、焊接电流及电弧电压条件下，加快焊接速度，单位长度焊接接头吸收电弧的热量减小，这使熔深减小，熔宽也变窄；同时单位长度焊接接头上焊丝熔敷量减小，焊缝余高也有所减小。如果焊接速度过慢，会产生烧穿和焊瘤等缺陷。如果焊接速度过快，不仅会产生未焊透缺陷，也会产生咬边缺陷，甚至会形成“蛇形”焊道（图 3-3-3）。

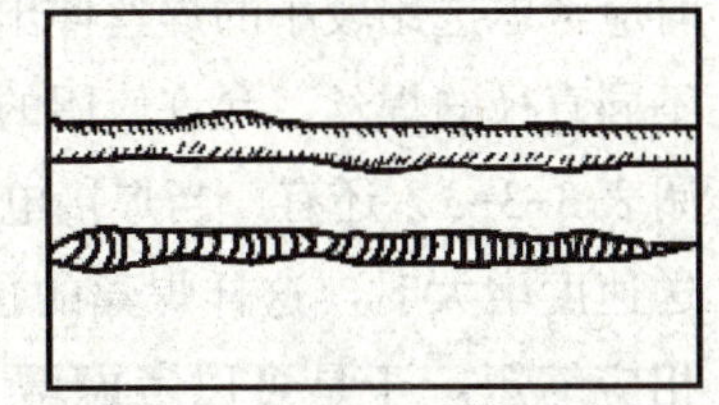

图 3-3-3　高焊速形成的“蛇”焊道

选择焊接速度前，应先根据母材板厚、接头和坡口形式、焊缝空间位置对焊接电流和电弧电压进行调整，达到电弧稳定燃烧的要求，然后考虑焊道截面面积大小，来选择焊接速度。焊道截面面积小，焊速要快；反之，焊速慢。CO_2 气体保护半自动焊是手工操作的，当焊速小于 0.3 cm/s 时，因操作人员用手移动焊枪，易发生颤动，很难稳定匀速。当焊速大于 1.0 cm/s 时，用手移动焊枪，难以对准接缝线。随着焊速的增大，合适的电弧电压范围也随之变小，还会产生大颗粒飞溅及咬边，这时需要增大前倾角和降低电弧电压，以得到一些改善。CO_2 气体保护半自动焊合适的焊接速度为 0.5 ～ 1 cm/s。

（6）焊丝伸出长度（$l_{伸}$）。焊丝伸出长度就是导电嘴末端至焊丝末端之间的距离，它和喷嘴至母材的距离有着密切的关系（图 3-3-4）。抬高喷嘴，即喷嘴和母材之间的距离增大，焊丝伸出长度也相应增大。

焊丝伸出长度也是焊丝进入电弧前的通电长度，这对焊丝起着预热作用。所以，在焊接电流相同的情况下，如果焊丝伸出长度较大一些，则焊丝预热作用大。熔化加快，结果焊丝熔化量增多。从另一角度来说，焊丝给送速度一定时，如果焊丝伸出长度变大，则必须使用较小的焊接电流。

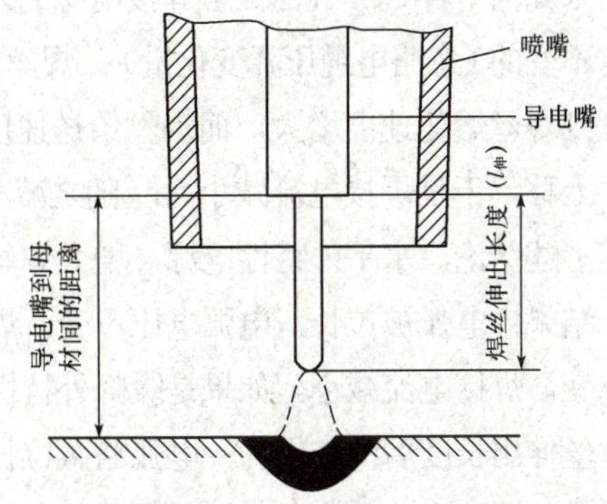

图 3-3-4　焊丝伸出长度

焊丝伸出长度对焊缝成形有着较大的影响（图 3-3-5）。焊丝伸出长度增加（其他焊接工艺参数不变），使焊丝刚性减小，容易左右摇摆，引起电弧加热宽度增大，即熔宽增大，会使熔深减小，余高也减小。若焊丝伸出长度过大，则会使焊丝过热而成段熔断，也会使飞溅增大。当焊丝伸出长度增大后，喷嘴和工件间的距离也增大，气体保护效果变差。过小的焊丝伸出长度，势必减小喷嘴和工件间距离，使操作人员难以观察电弧，使喷嘴容易被飞溅金属堵塞，而如果操作不稳定，还会使焊丝插入熔池，造成电弧燃烧不稳定。

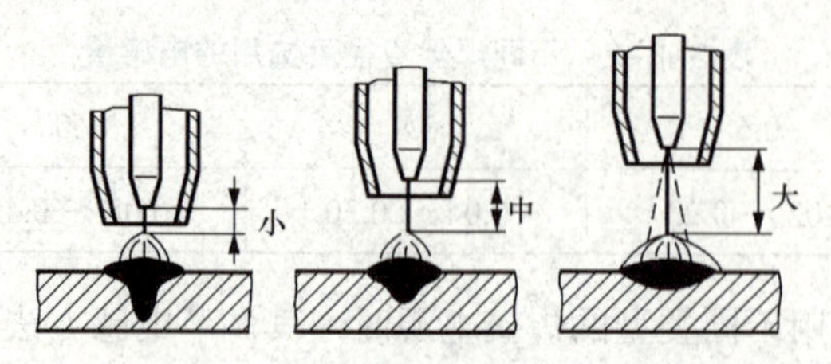

图 3-3-5　焊丝伸出长度对焊缝成形的影响

正常的焊丝伸出长度一般认为是焊丝直径的 10 ～ 12 倍，$l_{伸}$ =（10 ～ 12）d。如果焊丝金属的电阻率高（如不锈钢焊丝），预热作用强，这时应考虑选用较小的焊丝伸出长度。不同材料、不同直径的焊丝，允许使用的焊丝伸出长度可参阅表 3-3-3。还有，当焊接电流增大，即焊丝给送速度增大时，这样焊丝的预热时间（$l_{伸}/v_{给}$）相应缩短，于是可以考虑增大焊丝伸出长度。图 3-3-6 所示为焊丝伸出长度和焊接电流之间的关系。

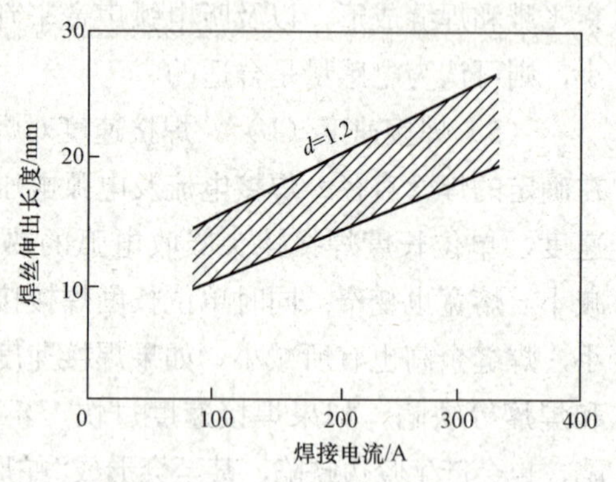

图 3-3-6　焊丝伸出长度对焊缝成形的影响

表 3-3-3　不同材料的焊丝伸出长度

mm

焊丝直径	低合金钢焊丝 H08Mn2SiA	不锈钢焊丝 H06Cr19N9Ti
0.8	6 ～ 12	5 ～ 9
1.0	7 ～ 13	6 ～ 11
1.2	8 ～ 15	7 ～ 12

在操作过程（不调节焊接电源外特性和焊丝给送速度）中，人为增加焊丝伸出长度，其结果如何？若 CO_2 气体保护焊接电源的外特性是水平的，则无论焊接电流多大，电弧电压始终是不变的（忽略电缆压降变化量）。焊丝伸出长度增大，焊丝预热作用增大，如果焊接电流不变，则焊丝熔化速度增大，而焊丝给送速度不变，此时 $v_{熔} > v_{给}$，电弧被拉长，电弧静特性曲线向上移，于是焊接电流减小，$v_{熔}$随之减小，最后 $v_{熔}$仍等于 $v_{给}$，达到了平衡，电弧稳定燃烧。据上述结论，水平外特性电源，增大焊丝伸出长度后的结果：电弧被拉长，电弧电压不变；焊丝给送速度不变，焊接电流减小。如果是缓降外特性电源，增大焊丝伸出长度后的结果为：电弧略微拉长，电弧电压略升；焊丝给送速度不变，焊接电流减小（图 3-3-7）。在操作过程中，利用抬高焊枪喷嘴，适量增大焊丝伸出长度，可使电弧略微拉长，使熔宽稍有增大，减小焊接电流，使熔深略微减小。

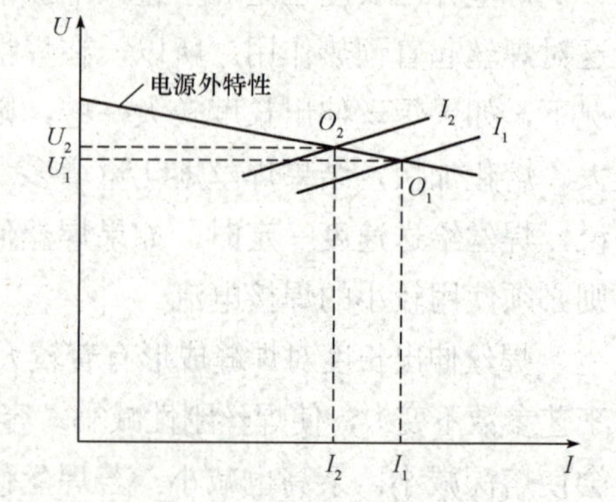

图 3-3-7　缓降外特性增大，拉长电弧，升高电压

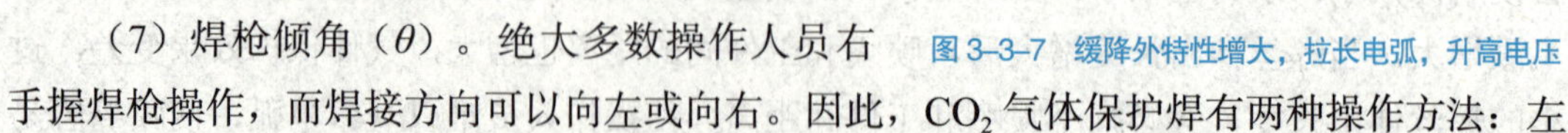

（7）焊枪倾角（θ）。绝大多数操作人员右手握焊枪操作，而焊接方向可以向左或向右。因此，CO_2 气体保护焊有两种操作方法：左

焊法［图 3–3–8（a）］和右焊法［图 3–3–8（b）］。右焊法和左焊法的对比见表 3–3–4。

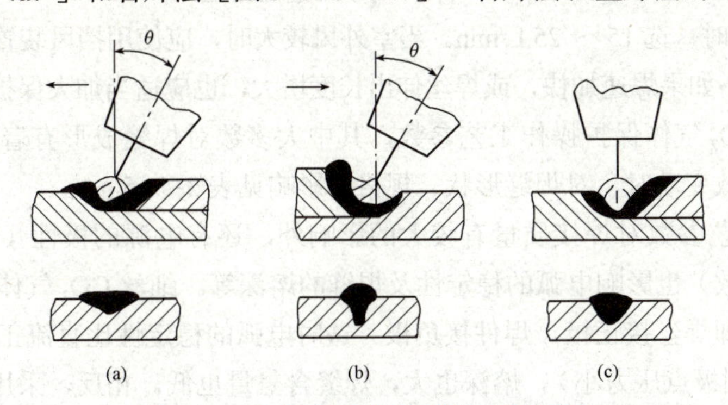

图 3–3–8 左焊法和右焊法对焊缝成形的影响

（a）左焊法；（b）右焊法；（c）无倾角

表 3–3–4 右焊法和左焊法的对比

对比项目	右焊法	左焊法
焊道外形	余高大，形成窄焊道	余高小，形成较平坦的焊道
熔深	大	小
飞溅	小	大
小电流（100 A 以下）时的电弧稳定性	较稳定	略差些
接缝线可见度	接缝线被喷嘴所遮，可见度差	接缝线可见，焊丝能准确对准接缝

进行 CO_2 气体保护焊时，用左焊法还是右焊法？一般情况以左焊法为宜，而在焊接比较深的坡口时，左焊法难以保证焊透，这就需要采用右焊法。

左焊法的倾角通常为 10° ～ 20°，倾角过大时，易产生未焊透及严重飞溅。右焊法的倾角也以 10° ～ 20° 为宜，倾角过大时，会使焊道变凸，甚至产生咬边，且飞溅也显著增加。

（8）保护气体流量（Q）。保护气体流量要确保良好的保护电弧和熔池的效果。气体保护效果不好，会产生大颗粒飞溅，电弧不稳定，焊缝易产生气孔。造成气体保护效果差的主要原因（图 3–3–9）：风的影响；保护气体流量不足；喷嘴和母材间的距离太大；保护气体流量过大造成紊流而使空气侵入；喷嘴黏附着飞溅等。其中，风的影响最为严重，当风速超过 1.5 m/s 时，保护效果变差，会降低焊接质量。

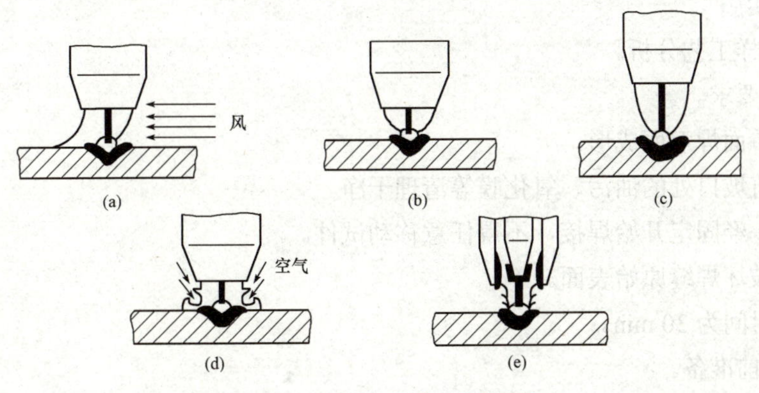

图 3–3–9 气体保护效果差的原因

（a）风的影响；（b）流量太小；（c）喷嘴距母材太高；（d）流量过大；（e）喷嘴黏附飞溅

在用 200 A 以下电流焊接薄板时，保护气体流量通常选 10 ～ 15 L/min；当使用电流大于 200 A 的焊接厚板时，选 15 ～ 25 L/min。当室外风较大时，应使用挡风装置，并加大保护气体流量才能焊接。如果焊速加快，或焊丝伸出长度增大，也应适当加大保护气体流量。

以上几个 CO_2 气体保护操作工艺参数，其中大多数对焊缝成形有着较大的影响。当其中单项工艺参数变动时，对焊缝形状、规格的影响见表 3-3-5。

除了焊接工艺参数对焊接质量有较大的影响外，还有电源的极性（它不是一个物理量，不能称为参数）也影响电弧的稳定性及焊缝的熔深等。细丝 CO_2 气体保护焊普遍采用的是直流反接，即焊丝接正极，焊件接负极。这时电弧的稳定性比直流正接好，而且飞溅也较小（熔滴受到极点压力小），熔深也大，焊缝含氢量也低。相反，采用直流正接时（焊丝接负极，焊件接正极），焊丝的熔化系数大为提高，约为直流反接时的 1.6 倍，而熔深浅，飞溅也增大。利用这个特点，直流正接用于堆焊、铸铁补焊和大电流高速 CO_2 气体保护焊。这对修补工作有利，并能提高生产率。

表 3-3-5　各焊接工艺参数单项变动时对焊缝形状、规格的影响

焊接工艺参数	d ↑	I ↑	U ↑		V ↑	$l_{伸}$ ↑
			<21 V	>21 V		
熔深	↓	♁	↑	↓	↓	↓
熔宽	↑	↑	♁	♁	↓	↑
余高	↓	↑	↓	↓	↓	↓
注：↑增大；↓减小；♁显增						

3.3.3　任务实施

1. 任务准备

（1）工、量具：操作人员面罩、操作人员手套、护脚、锤子、钢丝刷、锉刀、钢板尺、角向磨光机。

（2）材料：钢管规格为 $D×s×L$=114 mm×7 mm×100 mm（两件），焊丝 H08Mn2SiA10。

（3）设备：NBC1-300 型焊机。

2. 焊接实施

（1）图样工艺分析。

1）考核要求。

①要求单面焊双面成形。

②焊前将坡口处的油污、氧化膜等清理干净。

③试件一经固定开始焊接，不得任意移动试件。

④不许破坏焊缝原始表面。

⑤操作时间为 30 min。

2）操作前准备。

①钝边：钝边 0 ～ 1 mm。

②清理：清除坡口及其内外两侧 20 mm 范围内的油锈及其他污物，至露出金属光泽。

③选择焊接工艺参数。焊接工艺参数见表 3-3-6。

表 3-3-6　焊接工艺参数

焊接层次	焊接电流 /A	电弧电压 /V	保护气体流量 /（L · min^{-1}）	焊丝直径 /mm	焊丝伸出长度 /mm
打底焊	90 ～ 110	18 ～ 20	12 ～ 15	1.0	15 ～ 20
盖面焊	110 ～ 130	20 ～ 22			

④加工技巧：采用左向焊法，焊接层次为二层三道，将管子垂直固定于试件并将间隙较小的位置（2.5 mm）置于起焊位置，注意调整焊枪角度，防止上面咬边。

（2）焊接操作。

1）检验来料规格。

2）选择焊接工艺参数进行装配，如图 3-3-1 所示。

①装配间隙：2.5 ～ 3 mm。

②定位焊：三点均布定位焊，并采用与焊试件相同牌号的焊丝进行定位点焊，焊点长度为 10 ～ 15 mm，要求焊透和保证无焊接缺陷，并将点焊两端修磨成斜坡。

③试件错边量应≤ 1.2 mm。

3）打底焊：调试好焊接参数，在试件右侧定位焊缝上引弧，自右向左开始做小幅度锯齿形横向摆动，待左侧形成熔孔后，转入正常焊接。打底焊时的注意事项如下。

①打底焊道主要保证焊缝的背面成形，焊接过程中，应保证熔孔直径比间隙大 0.5 ～ 1 mm，且两边需对称，才能保证焊根背面熔合好。

②应特别注意打底焊道与定位焊缝的接头，必须熔合好。

③为便于施焊，灭弧后允许管子移动位置，此时可不必填满弧坑，但不能移开焊枪，需利用 CO_2 气体来保护熔池到完全凝固，并在熄弧处引弧焊接，直到焊完打底焊道。

④除净熔渣：飞溅后，修磨接头局部凸起处。

4）盖面焊：调试好工艺参数，自右向左进行焊接，并注意以下几点。

①起焊位置应与打底焊道接头错开。

②适当加大焊枪的横向摆动幅度，保证坡口两侧熔合好，焊枪角度同打底焊相同。

③为保证焊缝余高对称，盖面层焊道分两道。

④焊接过程中，应保证焊接两侧熔合好，故熔池边缘超过坡口棱边 0.5 ～ 2 mm。

5）清理，交件。

3. 注意事项

（1）注意焊枪角度应及时调整，避免盖面焊缝上道咬边、下道下坠等缺陷。

（2）注意劳动保护，防止飞溅烧伤和弧光照射，并注意使场地通风良好。

3.3.4　任务评价

焊接质量检验前要将焊件表面的焊渣及飞溅物清理干净，焊缝不允许修磨和补焊，应保持原始状态。钢管 CO_2 环对接焊考核评分方法见表 3-3-7。

表 3-3-7 钢管 CO_2 环对接焊考核评分方法

序号	检查项目	评判等级				得分
		I	II	III	IV	
1	焊缝余高 /mm	0 ~ 2	2 ~ 3	3 ~ 4	<0 或 >4	
		5 分	3 分	1 分	0 分	
2	焊缝高度差 /mm	<1	1 ~ 2	2 ~ 3	>3	
		5 分	3 分	1 分	0 分	
3	焊缝宽度 /mm	17 ~ 19	≥ 16 或≤ 20	≥ 15 或≤ 22	<15 或 >22	
		5 分	3 分	1 分	0 分	
4	焊缝宽度差 /mm	<1.5	1.5 ~ 2	2 ~ 3	>3	
		5 分	3 分	1 分	0 分	
5	咬边 /mm	无咬边	深度≤ 0.5		深度 >0.5	
		5 分	每 0.5 mm 扣 2 分		0 分	
6	正面成形	优	良	中	差	
		5 分	3 分	1 分	0 分	
7	背面成形	优	良	中	差	
		5 分	3 分	1 分	0 分	
8	背面凹量 /mm	0 ~ 0.5	0.5 ~ 1	1 ~ 2	>3	
		5 分	3 分	1 分	0 分	
9	背面余高 /mm	0 ~ 2	2 ~ 3	3	>5	
		5 分	3 分	1 分	0 分	
10	角变形 /mm	0 ~ 1	1 ~ 3	3 ~ 5	>5	
		5 分	3 分	1 分	0 分	
11	错边量 /mm	0 ~ 0.5	0.5 ~ 1	>1	—	
		5 分	3 分	0 分	—	
12	外观成形	成形美观，焊缝均匀、细密	成形较好，焊缝均匀、平整	成形尚可，焊缝平直	焊缝弯曲，高低、宽窄明显	
		25 分	15 分	5 分	0 分	
13	安全文明	优 20 分	良 10 分	中 5 分	差 0 分	
汇总（100 分）						
注：若试件焊接未完成；表面修补及焊缝正反两面有裂纹、夹渣、气孔、未熔合缺陷；该件做 0 分处理。试板两端 20 mm 的缺陷不计						

3.3.5 任务拓展

1. 操作人员工作位置的组织

CO_2 气体保护半自动焊的焊枪和软管电缆重量不轻，CO_2 气体保护半自动焊操作人员的劳动强度大于手工焊条电弧焊操作人员，再加上 CO_2 气体保护半自动焊是连续工作的，所以必须合理组织劳动，减少体力消耗，这样才能使工作顺利进行。

（1）焊接基本姿势。合理的焊接姿势是减轻劳动强度的基本问题，CO_2 气体保护半自动焊操作人员不需要像手工焊条电弧焊操作人员那样手臂悬空握住焊把进行操作。

（2）脚步的移动。CO_2 气体保护半自动焊是连续工作的，几米长的焊缝通常一气呵成，这就需要操作人员以平稳的脚步移动来移动工位（图 3–3–10），脚步移动时要把握焊枪不晃动。

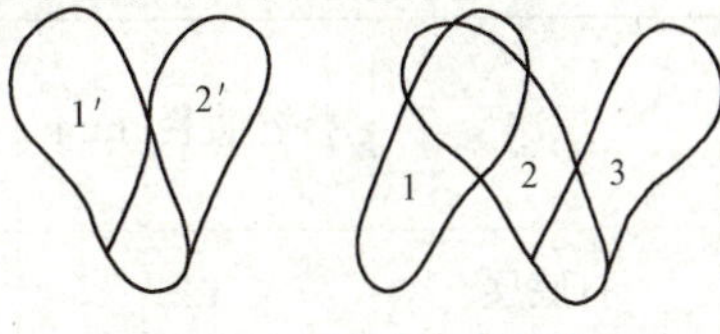

图 3–3–10　操作人员脚步的移动

（3）送丝机的置放。由于焊丝软管电缆长度的限制，一次焊接的焊缝长度不可能很长，合理置放送丝机，可少搬动送丝机，减少辅助生产时间。置放送丝机前，先估计焊件平面面积可以划分成几块（每块面积就是以电缆软管长度为半径的圆面积），焊接时就将送丝机置放在每块面积的中央。置放送丝机时应注意软管电缆不能有过度弯曲，避免造成送丝不畅通。

2. 水平固定管子对接的 CO_2 气体保护焊

水平固定管子对接是全位置单面焊，通常在无法进行滚动焊接的情况下使用。管子材料多为 20 钢，其焊接性能优良，不会发生淬硬而引起裂缝。管子焊接的变形也不是主要问题，重要的是保证根部焊透且不烧穿，外观成形良好，致密性符合要求。

（1）坡口装配和定位焊。管子壁厚≥ 5 mm，开成 V 形坡口，坡口角度为 50° ±2° ，钝边为 0.5 ～ 1 mm，装配间隙为 2 ～ 2.5 mm，管子的轴线应对直，两轴线偏差（同心度）≤ 0.5 mm。图 3–3–11 所示为水平固定管子对接的坡口尺寸和装配要求。定位焊前坡口两侧各 20 mm 范围内打磨清洁。通常用三点定位焊，位置在 3 点、9 点、12 点（以时钟为参照）方向，定位焊要求是焊透根部，反面成形良好。不宜在 6 点方向定位焊，因为 6 点方向是起焊点。管径小于 76 mm 的也可以两点定位焊。定位焊缝长度为 10 ～ 20 mm，对定位焊缝要仔细检查，发现裂纹、未焊透、气孔缺陷，应予以铲除重焊。焊打底层之前，可将两端磨成斜坡形。管子对接时也可不用定位焊，而用装配“马”将其焊在管子接缝两侧（图 3–3–12），这避开了定位焊缝易引起的缺陷。

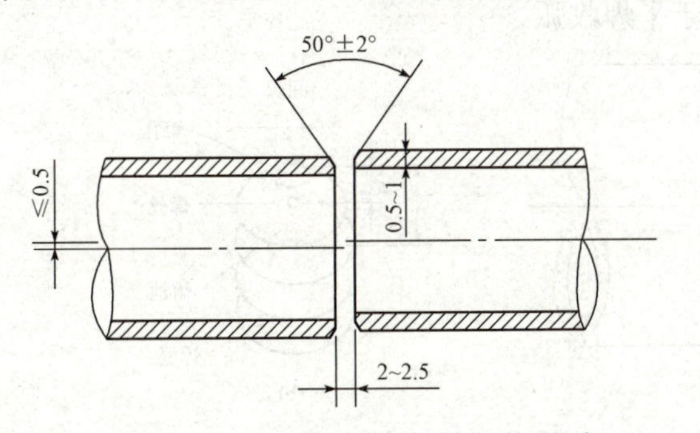

图 3–3–11　水平固定管子对接的坡口尺寸

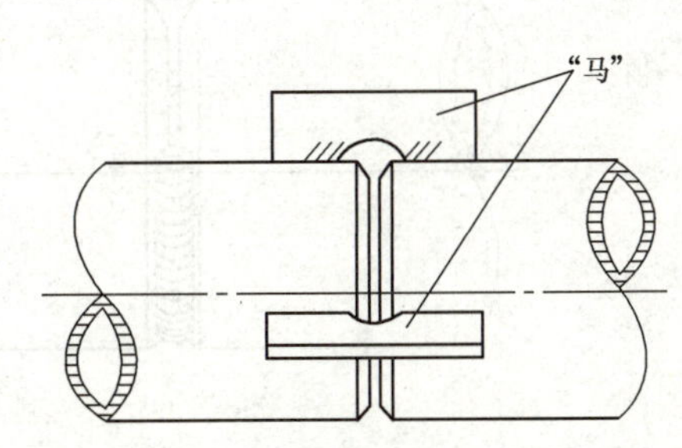

图 3–3–12　用装配“马”对管子定位

焊丝用H08Mn2SiA（ER49-1），直径1.2 mm，CO_2气体纯度≥99.5%。管子全位置焊接的工艺参数通常取立焊的上限、平焊的下限，两者要兼顾。表3-3-8为水平固定管子对接CO_2气体保护焊的工艺参数。

表3-3-8 水平固定管子对接CO_2气体保护焊的工艺参数

层次	焊丝直径 /mm	焊接电流 /A	电弧电压 /V	焊丝伸出长度 /mm	保护气体流量 /（$L \cdot min^{-1}$）
打底层	1.2	100～120	18～20	10～15	13～16
填充层	1.2	120～140	19～22	10～15	15～18
盖面层	1.2	120～130	18～22	10～15	15～18

（2）焊打底层。采用分两半圈焊接，自下而上单面焊接两面成形。打底层焊丝在各钟点位置时，焊丝向焊接方向倾斜的角度是在变化的［图3-3-13（a）］。焊丝在两坡口面中间的位置在坡口角的平分线上，这是不变的［图3-3-13（b）］。然而，焊丝和电弧的空间位置由仰焊转为平焊，却是“翻天覆地”的变动。

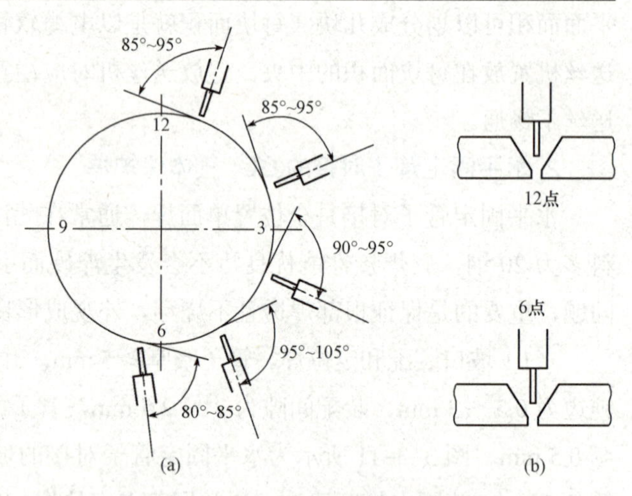

图3-3-13 水平固定管子对接焊丝的位置

（a）焊丝和管子的位置；（b）焊丝和坡口面的位置

在6点方向过约10 mm处引弧开始焊接，焊枪做小幅锯齿形摆动，如图3-3-14所示，幅度不宜大，只要看到坡口两侧母材金属熔化即可，焊丝摆动到两侧稍作停留。为了防止穿丝（焊丝穿出熔池）和未焊透，焊丝不能离开熔池，焊丝宜在熔池前半区域约$l/3$处，如图3-3-14（b）所示，l为熔池长度，横向摆动，逐渐上升。焊枪前进的速度要视焊接位置而变，在立焊时，要使熔池有较长时间的冷却，从而避免焊瘤，既要控制熔孔尺寸均匀，又要避免熔池脱节现象。焊至12点方向时收弧，相当于平焊收弧。

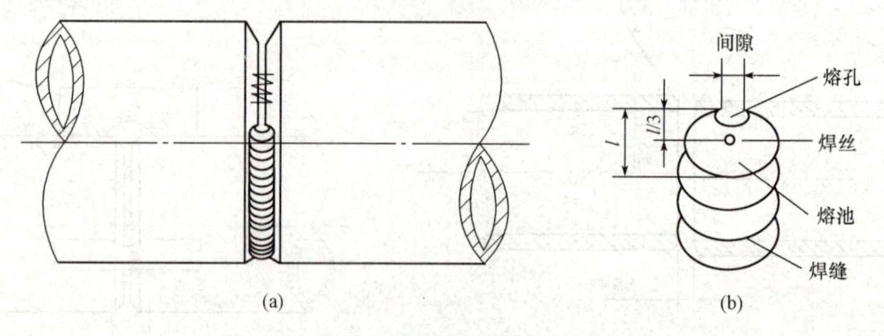

图3-3-14 水平固定管子对接的打底层焊接

（a）焊丝的摆动；（b）焊丝、熔池、熔孔焊后半圈前，先将 6 点方向和 12 点方向焊缝始末端磨薄呈斜坡状（图 3-3-15），长度为 10 ～ 20 mm。在打磨区域中过 6 点方向引弧，引弧后拉回到打磨区端部开始焊接，按照打磨区域形状摆动焊枪，焊接到打磨区极限位置时听到“噗”的击穿声后，即反面成形良好，接着像焊前半圈一样，焊接后半圈，直到焊至距 12 点方向 10 mm 时，焊丝改用直线形或极小幅度锯齿形摆动，焊过打磨区域收弧。

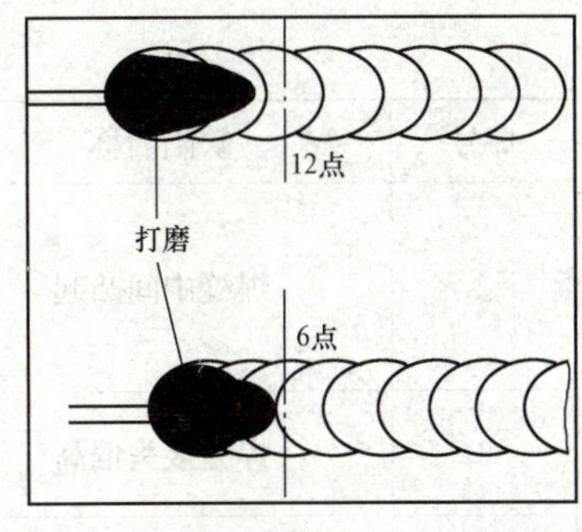

图 3-3-15　前半圈焊缝始末端的打磨

（3）焊填充层。焊填充层前如发现打底层焊缝有局部凸起，要用砂轮磨平，防止坡口两侧未熔合。焊填充层时，焊枪的横向摆动较焊打底层时稍大些，焊丝宜在熔池中央 *l*/2 处左右摆动。采用锯齿形或月牙形摆动（图 3-3-16），焊丝在两侧稍作停留，在中央部位速度略快，摆动的幅度要参照前层焊缝的宽度。

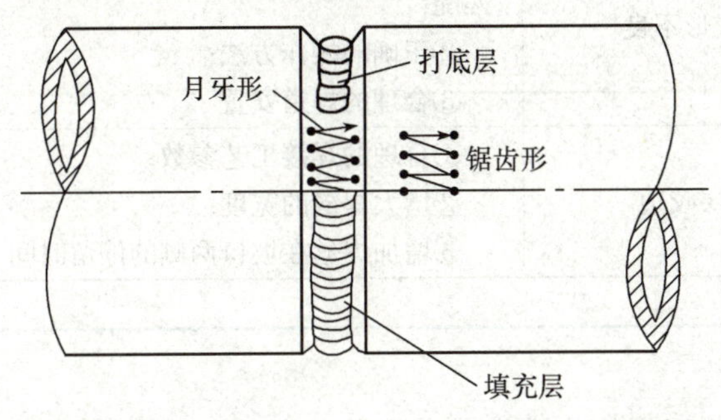

图 3-3-16　水平固定管子对接、填充层的焊丝摆动

焊填充层后半圈前，必须对前半圈焊缝的始末端打磨成斜坡形，尤其是 6 点方向，更应注意。焊后半圈方法基本同焊前半圈，主要是始末端要求成形良好。焊填充层后，焊缝厚度达到距管子表面 1 ～ 2 mm，且不能将管子坡口面边缘熔化。若发现局部高低不平，则应填平磨齐。

（4）焊盖面层。焊盖面层时，焊丝应做锯齿形或月牙形摆动，摆动幅度要参照坡口宽度，并在两侧稍作停留，中间略快摆动焊枪，防止咬边，力求焊缝外形美观。

当管壁较厚、坡口上部较宽时，盖面层宜用三道焊成，第一、二焊道安置在两侧，第三焊道位居中央。

水平固定管子对接焊缝易产生的缺陷及对策见表 3-3-9。

表 3-3-9　水平固定管子对接焊缝易产生的缺陷及对策

序号	缺陷名称	对策
1	未焊透及未熔合	①增大焊接电流，减慢焊接速度； ②增加焊缝宽度； ③焊丝在坡口两侧作适当逗留； ④正确的焊枪操作

续表

序号	缺陷名称	对策
2	焊缝中间凸起	①焊丝在坡口两侧作适当逗留； ②增大焊接电流，同时升高电弧电压； ③焊丝伸出长度加大
3	焊缝接头偏高	①焊前用砂轮磨薄焊缝的接头处； ②合理的引弧和收弧方法
4	焊打底层穿丝	正确控制焊丝在熔池中的位置
5	打底层收弧处产生缩孔	①收弧时回焊，增加收弧处焊缝厚度； ②打底层收弧处将弧坑引向坡口侧面； ③使用收弧控制装置，减小电流收弧
6	焊缝成形不良	①调整焊接工艺参数，使电流、电压及气体流量合理匹配； ②正确的操作方法； ③合理的焊道安置
7	盖面层咬边	①合理的焊接工艺参数； ②增大焊缝的宽度； ③增加焊丝在坡口两侧的停留时间

任务思考

1.CO_2 气体保护焊环焊缝的操作分为几个步骤，分别是什么？

2.CO_2 气体保护焊焊接内部缺陷有哪些？怎么防止？

3.CO_2 气体保护焊气瓶安全的要求是什么？

4.CO_2 气体保护焊环焊缝焊接装配上应有何要求？

大国工匠

船舶制造是海洋工业发展的基础，船舶焊接是船舶制造的主要工艺之一，中船桂江造船有限公司高级焊接技师徐维水，坚守船舶制造电焊工岗位已有30余年。他精研技艺，熟练掌握各种焊接技术，完成了一项项高难度焊接项目，他攻关创新，改良工艺，为船舶制造行业高质量发展贡献出自己的力量。

1. 高质量焊缝，经得起X光检测

徐维水的高超技艺，来自长期艰苦磨炼。低磁钢和异种钢是特种船只建造材料，焊接易变形、难校正，焊接成形不美观，工作效率低，焊接成本高。中船桂江造船有限公司遇到这个新产品的建造项目时，徐维水主动承担起焊接工艺试验的任务。经过不断摸索，查阅、整理资料，通过不断调整氩气比例作为保护气体，调整电压、电流数值大小，他确定了12种焊接工艺。经过3个月不断尝试，终于达到技术标准，他和团队焊接出的成形焊缝，不仅美观，而且射线检测合格率、焊接后致密性试验合格率均达到100%。

中船桂江造船有限公司在3 000 t级以下船只建造技术上处于国内领先水平，而身处船舶建造最基础也是最重要的焊工岗位，徐维水以技艺报国，精通多种焊接技术，最终成为造船焊接行业中的明星人物。

2. 坚持工艺创新，提升焊接效率

为降低电焊工的工作强度，减少焊接辐射伤害，徐维水改良了多种建造工艺。首先，为攻克公务高速船薄板焊接技术难点，徐维水通过不断试验，确定了薄板焊接多项技术参数，在薄板防变形焊接上取得了突破性成就。其次，为了解决船体内部焊接空间狭小的问题，徐维水大范围推广陶质衬垫单面焊双面成形技术。

同时，作为一名优秀共产党员，徐维水以身作则，发挥先锋模范带头作用。比如，对于自己多年练就的高超技能和积累的丰富经验，他对徒弟们倾囊相授，帮助更多焊接工人快速成长。随着以他名字命名的自治区级技能大师工作室的成立，徐维水在焊接教学与传承、创新与拓展等方面有了更系统的方法。如今，该工作室在助力企业转型升级、高技能人才集聚、技能骨干培养等方面的积极作用日渐凸显。

04 项目四　氩弧焊实训

实训任务 4.1　薄铝板角接平焊

实训目标

1. 学习 TSP-300 直流氩弧焊设备的组成；
2. 学习薄板角接平焊中常见缺陷产生的原因和防止措施；
3. 熟悉 TSP-300 直流氩弧焊机的安装和调节；
4. 熟悉钨极氩弧焊的引弧与收弧；
5. 掌握钨极氩弧焊的填丝技巧；
6. 掌握薄板角接平焊直线运条法；
7. 具备严谨认真的工作作风与爱岗敬业的工作态度；
8. 具备安全意识与精益求精的工匠精神。

4.1.1　任务导入

本任务利用 TSP-300 直流氩弧焊机在焊件上进行定点引弧操作、定位焊操作及角接平焊操作训练，即将一块铝板表面清理干净，水平放置，另一铝板垂直置于水平铝板中间上方，其技术要求如图 4-1-1 所示。学生通过引弧、定位焊和角接平焊的训练，可以掌握引弧和稳弧操作技能，熟悉运枪及填丝方法，还可以掌握焊道的起头、焊道的接头和收尾的操作方法。

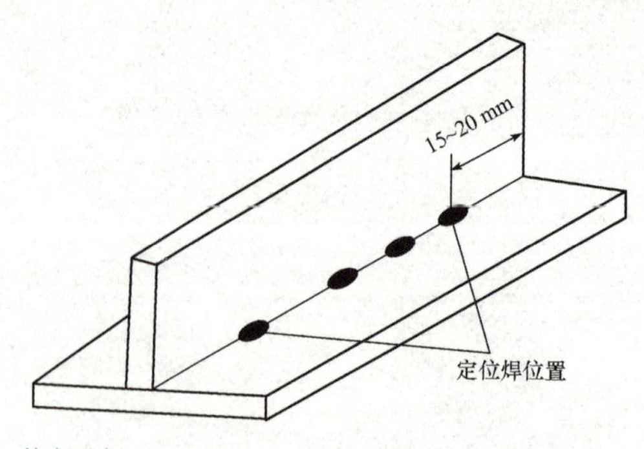

技术要求

1. 工件材料：2 mm 铝板。
2. 在铝板上的运条轨迹处正、反面进行引弧与定位焊。
3. 要求焊缝基本平直，接头圆滑，收尾弧坑填满。
4. 焊缝宽度 c=（4±1）mm，焊缝余高 h=（4±1）mm。

图 4-1-1　薄铝板角接平焊技术要求

任务分析

薄铝板角接平焊是将一铝板水平放置，另一铝板垂直置于水平铝板上方进行水平焊接的操作方法。在焊件上用非接触式引弧，然后进行定位焊接，最后进行水平焊接。薄铝板角接平焊的特点：首先是容易焊接，熔滴借本身的重力易落入熔池，不易滴落在外，焊缝成形较好；其次是观察电弧方便，有利于填丝操作，但缺点是在焊接时容易变形或焊穿。

薄铝板角接平焊应注意以下问题：引弧时手法要稳，否则容易将焊条粘在焊件上；填丝时向熔池输送焊丝位置控制应合适，否则易导致钨极与焊丝短路；焊缝形成过程中应控制焊接速度，否则易出现变形与焊穿现象。焊丝向熔池输送时，运条速度应均匀、焊接电流大小合适，以保证焊缝成形。

4.1.2 相关知识

1. 焊机结构特征

以 TSP-300 直流氩弧焊机设备为例，其情况如图 4-1-2 所示。

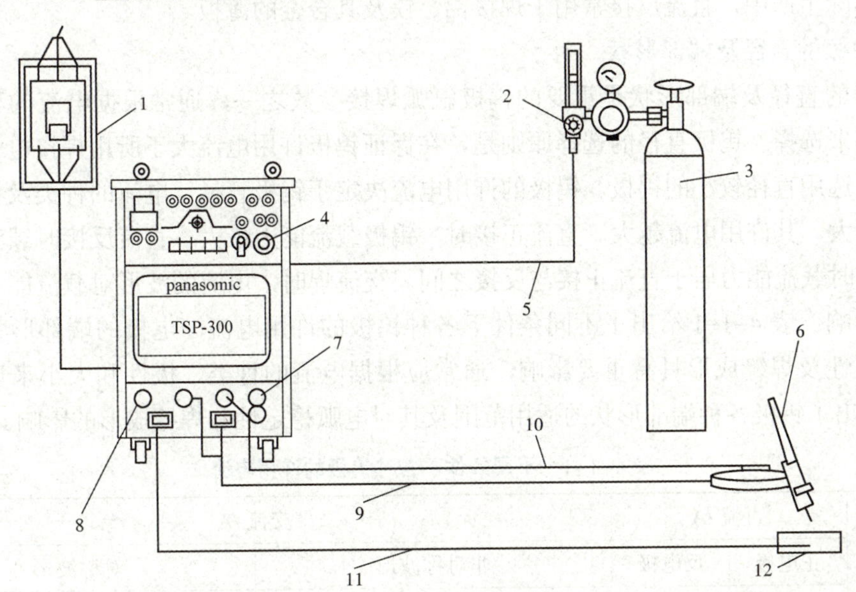

图 4-1-2 TSP-300 直流氩弧焊机设备情况

1—配电箱；2—流量计；3—气瓶；4—焊接电源；5—气管；6—焊炬；7—冷却水；8—外接遥控器；9—负极电缆；10—焊炬开关；11—正极电缆；12—工件

2. 直流氩弧焊的焊接极性

（1）直流正接（DCSP）。直流正接时，工件接电源的正极，钨棒接电源的负极，又称直流正极性接法，具有如下工艺特点。

1）电弧引燃后，钨极发射电子，由于电子发射能力强，同样直径的钨棒就可允许较大的电流通过。

2）在同样的焊接电流下，直流正接可采用较小直径的钨棒，电流密度增大，电弧稳定性高，并在工件上形成窄而深的熔池。

3）钨极氩弧焊时，阴极区的产热仅占 30%，而阳极区的产热占 70%，因此熔深大、焊接变形小、热影响区小。

4）钨极作为阴极，受热量小，不易过热，使用寿命长。

在实际生产中，直流正接广泛用于除铝、镁及其合金以外的其他金属的焊接。

（2）直流反接（DCEP）。直流反接时，工件接电源的负极，钨棒接电源的正极，又称直流反极性接法，具有以下工艺特点。

1）弧引燃后，电子从工件的熔池表面发射，经过电弧加速撞向电极，易使钨极过热，使寿命缩短。

2）与直流正接相比，同样直径的钨极，允许使用的电流显著减小（降低大约 90%）。

3）在电流一定时，不得选用直径较大的钨极，否则会造成电弧不稳定、熔深浅、热影响区大。

4）直流反接时，工件表面受到质量较大的正离子的冲击，易将表面氧化膜去除，也就是说电弧具有很强的“阴极清理作用”，这对于铝、镁及其合金的焊接来说十分重要。

在实际生产中，直流反接常用于焊接铝、镁及其合金的薄板。

3. 钨极的直径及端部形状

钨极的直径及端部形状是重要的钨极氩弧焊接参数之一，通常根据电流的种类、极性及大小来选择。钨极直径的选择原则是，在保证钨极许用电流大于所用焊接电流的前提下，尽量选用直径较小的钨极。钨极的许用电流决定于钨极直径、电流的种类及极性。钨极直径越大，其许用电流越大。直流正接时，钨极载流能力最大，直流反接时载流能力最小，交流时载流能力居于直流正接与反接之间。交流焊时，电流的波形对载流能力也具有重要的影响。表 4–1–1 给出了不同条件下各种钨极的许用电流。电极的端部形状对焊接过程稳定性及焊缝成形具有重要影响，通常应根据电流的种类、极性和大小来选择。表 4–1–2 给出了钨极各种端部形状的适用范围及其对电弧稳定性和焊缝成形的影响。

表 4–1–1　不同条件下各种钨极的许用电流

电极直径 /mm	直流 /A		交流 /A					
	正电极	反电极	非对称波形			对称波形		
	EWP EWT–1 EWTh–2 EWTh–3	EWP EWT–1 EWTh–2 EWTh–3	EWP	EWT–1 EWTh–2 EWZr	EWTh–3	EWP	EWT–1 EWTh–2 EWZr	EWTh–3
0.26	≥ 15	—	≥ 15	≥ 15	—	≥ 15	≥ 15	—
0.51	5 ～ 20	—	5 ～ 15	5 ～ 20	—	10 ～ 20	5 ～ 20	10 ～ 20
1.02	15 ～ 80	—	10 ～ 60	15 ～ 80	10 ～ 80	20 ～ 30	20 ～ 60	20 ～ 60

续表

1.59	70 ～ 150	10 ～ 20	50 ～ 100	70 ～ 150	50 ～ 150	30 ～ 80	60 ～ 120	30 ～ 120
2.38	150 ～ 250	15 ～ 30	100 ～ 160	140 ～ 235	100 ～ 235	60 ～ 130	100 ～ 180	60 ～ 180
3.18	250 ～ 400	25 ～ 30	150 ～ 210	225 ～ 325	150 ～ 325	100 ～ 180	160 ～ 250	100 ～ 250
3.97	400 ～ 500	40 ～ 55	200 ～ 275	300 ～ 400	200 ～ 400	160 ～ 240	200 ～ 320	160 ～ 320
4.76	500 ～ 750	55 ～ 80	250 ～ 350	400 ～ 500	250 ～ 500	190 ～ 300	290 ～ 390	190 ～ 390
6.35	750 ～ 1 000	80 ～ 125	325 ～ 450	500 ～ 630	325 ～ 630	250 ～ 400	340 ～ 525	250 ～ 525

表 4-1-2　钨极各种端部形状的适用范围及其对电弧燃烧稳定性和焊缝成形的影响

钨极端部形状		适用范围	电弧燃烧稳定性	焊缝成形
锥台形		直流正接，大电流；脉冲钨极氩	好	良好
圆锥形		直流正接，小电流	好	焊道不均匀
球面形		交流	一般	焊缝不易平直
平面形		一般不用	不好	一般

4. 钨极伸出长度

钨极伸出长度通常是指露在喷嘴外面的钨极长度。伸出长度过大时，钨极易过热，且保护效果差；而伸出长度太小时，喷嘴易过热。因此钨极伸出长度必须保持适当的值。对接焊时，钨极的伸出长度一般保持为 5 ～ 6 mm；焊接 T 形焊缝时，钨极的伸出长度最好为 7 ～ 8 mm。

5. 薄板角接平焊操作

（1）TSP-300 直流氩弧焊机面板如图 4-1-3 所示。

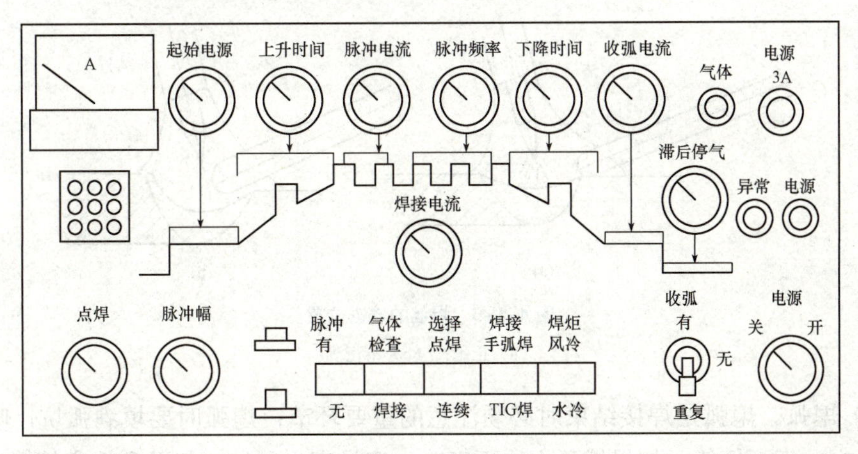

图 4-1-3　氩弧焊机面板

（2）引弧。TSP-300 直流氩弧焊机采用脉冲引弧，在钨极与工件之间保持 3 ～ 5 mm 的距离，然后按下焊炬开关，在高压脉冲电流作用下，氩气电离引燃电弧。

（3）焊枪的把持及运行形式。

1）焊枪的把持。右手握焊枪，左手持焊丝。右手食指和大拇指夹住枪身前部，其余三指触及焊件，作为支点；也可用其中两指或一指作为支点。注意，要稍加用力握住焊枪，这样能使电弧稳定。

2）薄板角接平焊中焊枪的运行形式。在铝薄板的焊接过程中宜采用直线往复移动：焊枪沿焊缝做往复直线移动，其特点是易于控制热量，可防止烧穿，焊缝成形良好。

3）薄板角接平焊中焊枪与工件之间、焊丝与工件之间的夹角。在焊接过程中，焊枪与工件之间、焊丝与工件之间均应保持适当的夹角，而且焊丝的填充方向及位置应合适，这些均取决于电流大小、焊接接头形式、焊接位置等。薄板角接平焊中焊枪夹角示意如图 4-1-4 所示。

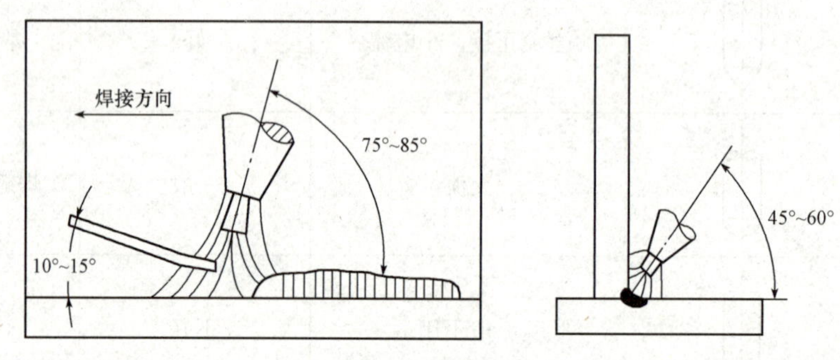

图 4-1-4　薄板角接平焊中焊枪夹角示意

（4）填丝。通常用左手握焊丝，握持方式是将焊丝夹在大拇指与食指、中指之间。填充焊丝应沿电弧前边的熔池边缘送进，不得送入到熔池中心，不得抬起到电弧空间，如图 4-1-5 所示。送丝动作要轻，不得搅动氩气保护层，以防止空气进入。严防焊丝与钨极接触，焊丝端头也不得离开氩气保护区。如果不慎使钨极与焊丝相碰发生短路，瞬间可能会产生很大的飞溅和烟雾，而且可能会造成焊缝污染和夹钨。在这种情况下，应立即停止焊接，用砂轮磨掉被污染处，重新磨尖钨极后再进行焊接。

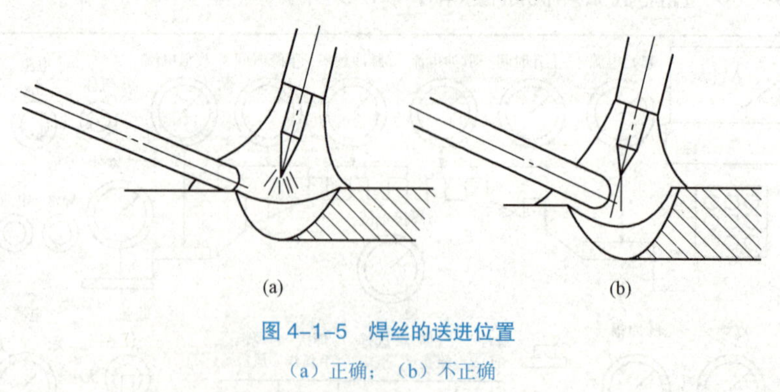

图 4-1-5　焊丝的送进位置

（a）正确；（b）不正确

（5）熄弧。熄弧是焊接结束时必须注意的重要环节：熄弧时要填满弧坑，喷嘴保持在熔池上方，直至停气。如果熄弧方法不正确，容易产生裂纹、气孔和焊穿等焊接缺陷。

如果允许，一般应在收弧板（或称引出板）上收弧，焊后将收弧板切除。若不能采用收弧板，则TSP-300直流氩弧焊机采用电流衰减熄弧法。TSP-300直流氩弧焊机上有电流衰减装置，在熄弧时松开焊枪上的开关，使焊接电流逐渐衰减，焊丝继续熔化，使熔池得以填满。焊前需在焊机上调节好衰减电流值。

4.1.3 任务实施

1. 安全文明生产要求

（1）氩弧焊的有害因素。氩弧焊影响人体的有害因素有以下三方面。

1)放射性。钍钨极中的钍是放射性元素，但钨极氩弧焊时，钍钨极的辐射剂量很小，在允许范围之内，对人的危害不大。如果放射性气体或微粒进入人体成为内放射源，则会严重影响身体健康。

2）高频电磁场。采用高频引弧时，产生的高频电磁场的强度为60～110 V/m，超过参考卫生标准（20 V/m）数倍，但由于时间很短，对人体影响不大。若频繁起弧，或者把高频振荡器作为稳弧装置在焊接过程中持续使用，则高频电磁场可成为有害因素之一。

3）有害气体（臭氧和氮的氧化物）。氩弧焊时，弧柱温度高，紫外线辐射强度远大于一般电弧焊，因此，在焊接过程中会产生大量的臭氧和氮的氧化物，尤其是臭氧的浓度远远超出参考卫生标准。若不采取有效的通风措施，这些气体对人体健康的影响很大，是氩弧焊最主要的有害因素。

（2）安全防护措施。

1）通风措施。氩弧焊工作现场要有良好的通风装置，以排出有害气体及烟尘。除厂房通风外，可在焊接工作量大、焊机集中的地方，安装几台轴流风机向外排风。此外，还可采用局部通风的措施将电弧周围的有害气体抽走，如采用明弧排烟罩、排烟焊枪、轻便小风机等。

2）防护射线的措施。尽可能采用放射剂量极低的钍钨极和铈钨极。加工钍钨极和铈钨极时，应采用密封式或抽风式砂轮磨削，操作者应佩戴口罩、手套等劳动防护用品，加工后要洗净手脸。钍钨极和铈钨极应放在铝盒内保存。

3）防护高频电磁场的措施。

①工件良好接地，焊枪电缆和地线要用金属纺织线屏蔽。

②适当降低频率。

③尽量不要使用高频振荡器作为稳弧装置，减少高频电作用时间。

④其他个人防护措施。氩弧焊时，由于臭氧和紫外线作用强烈，宜穿戴非棉布工作服（如耐酸呢、柞丝绸等）。在容器内焊接且不能采用局部通风的情况下，可以采用送风式头盔、送风口罩或防毒口罩等劳动防护用品。

2. 焊前准备

（1）焊机。准备TSP-300直流氩弧焊机电源，由电工接好电源线和接地线，并用测电笔测量机壳的带电情况，再由焊工接好焊机的输出焊接电缆线。

（2）钨极。根据焊接情况选择钨极直径。钨极直径的选择原则是，在保证钨极许用电流大于所用焊接电流的前提下，尽量选用直径较小的钨极。钨极的许用电流取决于钨极直径、电流的种类及极性。钨极的直径越大，其许用电流越大。

（3）焊件。准备两块铝板，规格为 200 mm×80 mm×2 mm。用钢丝刷清理待焊处边缘 15 mm 范围内的污物和氧化皮。

（4）辅助工具和量具的准备。操作者应准备好工作服、工作帽、绝缘鞋、电焊手套、面罩、防光眼镜等劳保用品；焊接操作作业区附近应备好焊钳、錾子、钢丝刷、样冲、划针、手锤、敲渣锤、焊缝万能量规等辅助工具和量具。

3. 焊接实施

（1）两板定位装焊操作步骤。

1）将两铝板焊接处氧化膜清理干净。

2）在离边 15 ～ 20 mm 处进行定位焊，如图 4-1-6 所示。

3）如此不断重复，便可完成若干个装焊点训练。

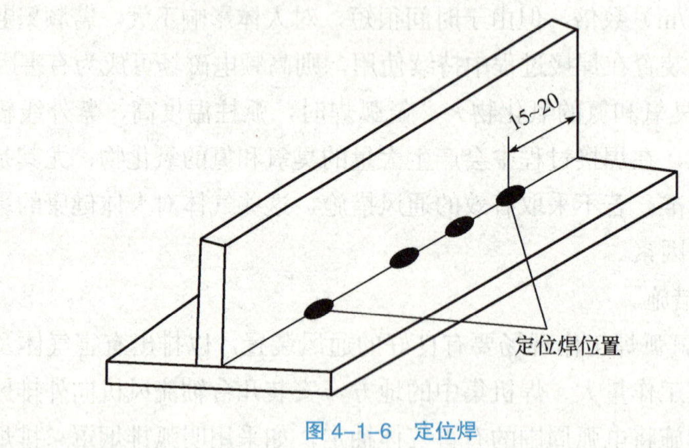

图 4-1-6　定位焊

（2）薄板角接平焊操作步骤。

1）待定位焊完成后，在薄板另一侧进行角接平焊训练。

2）使用直径 2 mm 的焊丝，在 60 ～ 100 A 范围内调节适合的焊接脉冲电流，在 5 ～ 15 V 范围内调节适合的电弧电压。以焊缝作为焊接的轨迹，采用直线往复移动进行焊接操作。

3）进行起头、接头、收尾的操作训练。

4. 注意事项

（1）通过薄板角接平焊的技能训练，能把握住定位焊的技巧。

（2）通过薄板角接平焊积累填丝经验和提高填丝熟练程度。

（3）操作过程中变换不同的弧长、焊接速度和焊枪角度，从而了解诸因素对焊缝成形的影响，并不断积累薄板焊接经验。

（4）每焊完一条焊道可分别调节一次焊接电流，认真分析大小不同的电流对焊接质量的影响，从中找出最佳焊接电流值的焊接状态。

4.1.4　任务评价

焊接质量检验前要将焊件表面的焊渣及飞溅物清理干净，焊缝不允许修磨和补焊，应保持原始状态。薄铝板角接平焊考核评分方法见表 4-1-3。

表 4-1-3　薄铝板角接平焊考核评分方法

序号	检查项目	评判等级				得分
		Ⅰ	Ⅱ	Ⅲ	Ⅳ	
1	焊缝余高 /mm	0 ～ 2	2 ～ 3	3 ～ 4	<0 或 >4	
		5 分	3 分	1 分	0 分	
2	焊缝高度差 /mm	<1	1 ～ 2	2 ～ 3	>3	
		5 分	3 分	1 分	0 分	
3	焊缝宽度 /mm	17 ～ 19	≥ 16 或≤ 20	≥ 15 或≤ 22	<15 或 >22	
		5 分	3 分	1 分	0 分	
4	焊缝宽度差 /mm	<1.5	1.5 ～ 2	2 ～ 3	>3	
		5 分	3 分	1 分	0 分	
5	咬边 /mm	无咬边	深度≤ 0.5		深度 >0.5	
		5 分	每 0.5 mm 扣 2 分		0 分	
6	正面成形	优	良	中	差	
		5 分	3 分	1 分	0 分	
7	背面成形	优	良	中	差	
		5 分	3 分	1 分	0 分	
8	背面凹量 /mm	0 ～ 0.5	0.5 ～ 1	1 ～ 2	>3	
		5 分	3 分	1 分	0 分	
9	背面余高 /mm	0 ～ 2	2 ～ 3	3	>5	
		5 分	3 分	1 分	0 分	
10	角变形 /mm	0 ～ 1	1 ～ 3	3 ～ 5	>5	
		5 分	3 分	1 分	0 分	
11	错边量 /mm	0 ～ 0.5	0.5 ～ 1	>1	—	
		5 分	3 分	0 分	—	
12	外观成形	成形美观，焊缝均匀、细密	成形较好，焊缝均匀、平整	成形尚可，焊缝平直	焊缝弯曲，高低、宽窄明显	
		25 分	15 分	5 分	0 分	
13	安全文明	优	良	中	差	
		20 分	10 分	5 分	0 分	
汇总（100 分）						
注：若试件焊接未完成；表面修补及焊缝正反两面有裂纹、夹渣、气孔、未熔合缺陷；该件做 0 分处理。试板两端 20 mm 的缺陷不计						

4.1.5 任务拓展

TSP-300 的主要功能和特点：

（1）50 Hz/60 Hz 频率可通过线路板上转换插头 TX3、TX4 进行转换，出厂时设定在 50 Hz。如设定错误，焊机的输出电流将不正常。50 Hz 挡：在 380 V、50 Hz 的地域使用时，请设定在 50 Hz 挡。60 Hz 挡：在 380 V、60 Hz 的地域使用时，请设定在 60 Hz 挡。

（2）提前送气、滞后停气功能可以保证整个焊接过程都在气体保护下进行，防止焊缝的始、尾端出现气孔。提前送气时间为 0.3 s，滞后停气时间为 2 ～ 23 s。滞后停气时间可通过面板上滞后停气时间调节旋钮进行设定。

（3）收弧“无”“有”和“重复”功能。

1）收弧“无”功能：适用工件的点固、短焊缝焊接等场合。用收弧“无”方式焊接时，需设定焊接电流和滞后停气时间调节旋钮。

2）收弧“有”功能：用小电流防止引弧时烧穿工件，焊接结束时变为小电流以填满弧坑。用收弧“有”方式焊接时，需设定起始电流、上升时间、焊接电流、下降时间、收弧电流和滞后停气时间调节旋钮。

3）收弧“重复”功能：工作过程和各旋钮的设定与收弧“有”基本相同，区别在于收弧结束松开焊枪开关后又变为焊接电流，以后按焊枪开关收弧电流，松开关焊接电流，周而复始，焊接结束需提起焊炬拉断电弧，此功能可适用焊缝间隙大小不均匀等场合。

（4）焊接电流缓升、缓降功能。TIG 焊时，对于一些热敏感的材料，为了保证焊接质量，需要使工件的温度缓慢上升或下降，即在焊接开始时由起始电流缓升到焊接电流，焊接结束时由焊接电流缓降到收弧电流，其缓升、缓降的速率可通过上升时间或下降时间旋钮进行设定。TSP-300 焊机在收弧有或收弧重复时具备此功能。上升时间和下降时间的调节范围均为 0.2 ～ 10 s。

●任务思考

1. 焊前应将焊接处多大范围的表面清理干净？
2. 薄板角接平焊训练中的常见问题有哪些？如何解决？
3. 长焊道焊接时应怎样保证其连续性？
4. 如何防止起焊处熔深不够或者烧穿？
5. 弧坑产生的原因是什么？如何防止？

实训任务 4.2　水平转动管对接氩弧焊

实训目标

1. 学习钨极氩弧焊单面焊双面成形操作技术；
2. 学习钨极氩弧焊设备常见故障及排除措施；
3. 熟悉低碳钢小直径管水平转动对接焊；
4. 掌握钨极氩弧焊打底焊道的质量控制技巧；
5. 具备求真务实、精益求精的工匠精神；
6. 具备严谨求实、树立安全第一的工作作风。

4.2.1　任务导入

本任务利用 TSP-300 直流氩弧焊机在焊件上进行定位焊操作、焊道打底焊操作及其水平对接焊操作训练。焊件焊接的两端开 60° V 形坡口，对焊接区域进行焊前清理，待清理完成后，分别在周长 1/3 的位置进行定位焊，每处 10 ～ 15 mm，完成定位焊后进行打底焊接，最后实现工件单面焊双面成形的实训目的，如图 4-2-1 所示。通过任务的实训内容，掌握管件水平转动焊接时定位焊技术、焊道打底焊技术，最终掌握水平转动管对接焊技术。

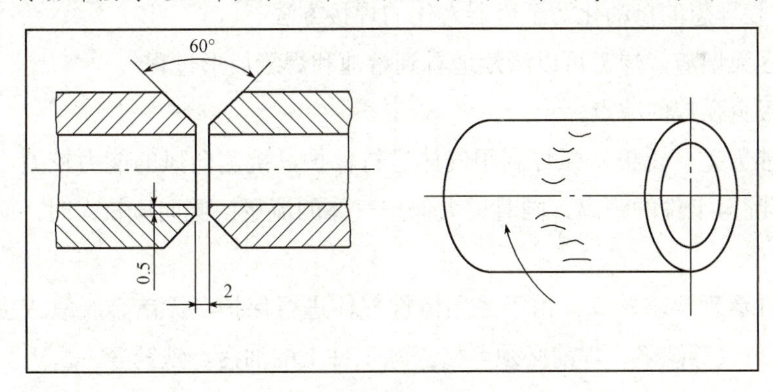

图 4-2-1　水平转动管对接焊

任务分析

将管对接试件在空间水平位置放置，焊接时管子转动，焊工沿着坡口自上而下进行焊接。小直径管水平对接焊操作技术难度较大，由于管径小，管壁薄，焊接时温度上升较快，容易造成焊穿或焊道过高，焊缝产生咬边和焊瘤等缺陷。首先在焊件上用非接触式引弧；其次进行定位焊接，再次进行打底焊接；最后实现工件单面焊双面成形的焊接目的。

水平转动管对接焊应注意以下问题：引弧时手法要稳，否则容易将钨极粘在焊件上；填丝时向熔池输送焊丝位置控制应合适，否则易导致钨极与焊丝短路；焊缝形成过程中应保持管转动速度与焊接能量相匹配，否则易出现变形与焊穿现象。焊丝向熔池输送时，运条速度应均匀、焊接电流调节恰当，以保证焊缝的成形。

4.2.2 相关知识

1. 氩弧焊的特点

（1）钨极氩弧焊的优点。

1）适用面广，几乎可焊接所有金属及合金，适合各种位置的焊接。

2）焊接过程稳定，氩弧燃烧非常稳定，而且焊接过程中钨棒不熔化，弧长变化干扰因素相对较少，因此焊接过程非常稳定。

3）焊接质量好，氩气是一种惰性气体，它既不溶于液态金属，也不与金属起任何化学反应，而且氩气容易形成良好的气流隔离层，能有效地阻止氧、氮等侵入焊缝金属。

4）适合薄板焊接、全位置焊接，即使是几安培的小电流，钨极氩弧仍能稳定燃烧，而且热量相对较集中，因此可焊接 0.3 mm 的薄板，采用脉冲钨极氩弧焊电源，还可以进行全位置焊接及不加衬热的单面焊双面成形焊接。

5）焊接过程易于实现自动化，钨极氩弧焊的电弧是明弧，焊接过程参数稳定，易于检测及控制，是理想的自动化乃至机器人化的焊接方法。

6）焊缝区无熔渣，焊工可以清楚地看到熔池和焊缝成形过程。

（2）钨极氩弧焊的缺点。

1）抗风能力差，钨极氩弧焊利用气体进行保护，抗侧向风的能力较差，侧向风较小时，可降低喷嘴至工件的距离，同时增大保护气体的流量；侧向风较大时，必须采取防风措施。

2）对工件清理要求较高，由于采用惰性气体进行保护，无冶金脱氧或去氢作用，为了避免气孔、裂纹等缺陷，焊前必须严格去除工件上的油污、铁锈等。

3）生产率低，由于钨极的载流能力有限，尤其是交流焊时钨极的许用电流更低，致使钨极氩弧焊的熔透能力较低，焊接速度小，焊接生产率低。

2. 焊炬的作用及其组成

焊炬又叫焊枪，是钨极氩弧焊机的关键组成部件。

钨极氩弧焊炬又称钨极氩弧焊枪，其主要作用如下：

（1）夹持钨极。

（2）传导焊接电流。

（3）向焊接区输出保护气体。

焊炬依据冷却方式可分为水冷和空冷两种。水冷焊炬用水对焊接电缆及喷嘴进行冷却，因此能够承受较大的电流。空冷焊炬结构简单，重量轻，便于操作，但允许通过的电流较小。一般来说，电流在 160 A 以上的设备必须采用水冷焊炬。另外，按照焊炬的外部形状及特征，钨极氩弧焊炬又可分为笔式及手把式两种。图 4-2-2 所示为典型手把式钨极氩弧焊炬的结构。

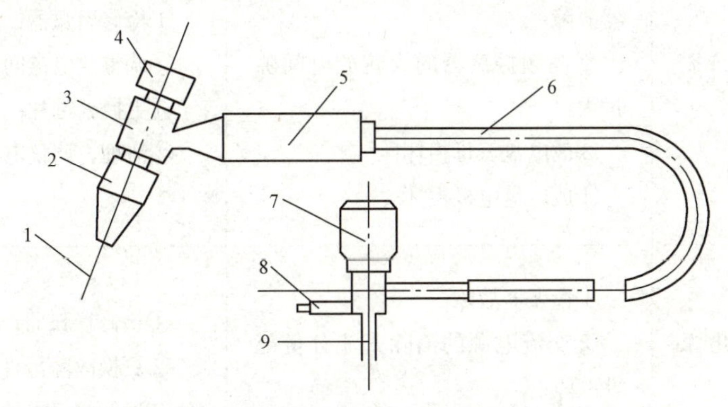

图 4-2-2　典型手把式钨极氩弧焊炬的结构

1—钨极针；2—陶瓷喷嘴；3—焊炬体；4—短帽；5—把手；6—电缆；7—气路开关；8—气路接头；9—电线接头

3. 氩弧焊的焊前清理方式

氩气是惰性气体，在焊接过程中不与液态金属发生任何化学反应，因此，钨极氩弧焊没有去氢、脱氧作用。为了保证焊接质量，必须去除焊接接头附近的氧化膜、油脂及水分。焊接铝、镁、钛等活泼金属时，这种处理尤其重要。清理方法主要有机械清理、化学清理及化学机械清理三种。

（1）机械清理。采用钢丝刷、刮刀、砂布、喷砂或喷丸等机械方法去除工件表面的氧化膜、油污等。对于铝及铝合金，通常采用刮刀或钢丝刷进行清理。对于大型钢质工件，可采用喷砂或喷丸法进行清理，而较小的不锈钢工件通常采用砂布打磨。

（2）化学清理。利用化学反应去除工件及焊丝表面的氧化膜及油污，特别适合铝合金、钛合金、镁合金母材及焊丝的焊前处理。

4. 钨极氩弧焊设备常见故障及排除措施

钨极氩弧焊设备常见故障及排除措施见表 4-2-1。

表 4-2-1　钨极氩弧焊设备常见故障及排除措施

故障	原因	排除措施
电源开关接通，但指示灯不亮	①开关损坏； ②控制变压器损坏； ③熔断器损坏； ④指示灯损坏	①更换开关； ②检修变压器； ③更换熔丝； ④更换指示灯
控制线路有电，但焊机不启动	①动开关接触不良； ②启动继电器或热继电器故障； ③控制变压器损坏	①检修或更换开关； ②检修或更换继电器； ③检修或更换变压器

续表

故障	原因	排除措施
无振荡信号，或振荡信号弱	①高频振荡器或高压脉冲引弧器故障； ②高频振荡器的火花放电间隙过大； ③放电盘云母损坏； ④放电盘电极损坏	①检修引弧器； ②调整放电盘间隙； ③更换云母片； ④清理、调整电极
焊接过程中，电弧不稳定	①稳弧器故障； ②交流电源的消除直流分量部件故障； ③电源故障	①检修稳弧器； ②更换故障部件； ③检修焊接电源
焊机启动后无氩气输出	①气路堵塞； ②电磁气阀故障； ③控制线路故障； ④气体延迟线路故障	①清理气路； ②检修电磁气阀； ③检查故障并修复； ④检修故障线路
收弧时电流衰减不正常	①继电器故障； ②衰减控制线路故障； ③焊接电源故障	①检修或更换继电器； ②检修衰减控制线路； ③检修焊接电源

4.2.3 任务实施

1. 安全文明生产要求

氩弧焊采用氩气作为保护气体，利用高频电引弧和稳弧，电弧温度高达 3 000 ℃以上，在焊接过程中具有放射线、高频电、紫外线、氧气、氮氧化合物等有害因素，危及焊接操作者的健康。焊工牢记操作时应遵循的安全操作规程，在作业中贯彻始终。钍钨极棒应采用固定的专用设备来储存，大储量的钍钨极应存放在封闭式铁箱里，并安装排气管道，将有害气体排出室外；焊接场所的地面、墙壁上最好铺设瓷砖或水磨石，以利于清扫污物；采用专用砂轮来磨尖钍钨极棒，砂轮机要安装除尘设备；打磨钍钨极棒时，操作人员应将工作服的袖口扎紧，戴上专用口罩、手套等。

2. 焊前准备

（1）焊机。准备 TSP-300 直流氩弧焊机，由电工接好电源线和接地线，并用测电笔测量机壳的带电情况，然后由焊工本人接好焊机的输出焊接电缆线，采用直流正接法。

（2）焊接材料。焊丝选用 ER50-6（H08Mn2SiA），铈钨极（WCe-20），保护气体为氩气，纯度不低于 99.99%。

（3）焊件。焊件为低碳钢板，规格为 50 mm×100 mm×5 mm。钢板的一侧加工成 30° 坡口，修磨钝边 0 ～ 0.5 mm，每两根管子装配成一组焊件。清理坡口及其正反面两侧 20 mm 范围内和焊丝表面的油污、锈蚀、水分，直至露出金属光泽。

（4）装配与定位焊。定位焊为一点定位，定位焊缝长度为 10 mm 左右，并保证该处间隙为 2 mm，与它相隔 180° 处间隙为 1.5 mm，使管子轴线水平并加固定点，间隙小的一侧位于右边。总装配间隙为 1.5 ～ 2.0 mm，错边量不大于 0.5 mm，最后将组装好的试件水平固定在焊接转动支架上。

（5）辅助工具和量具的准备。操作者应准备好工作服、工作帽、绝缘鞋、电焊手套、面罩、防光眼镜等劳保用品；焊接操作作业区附近应备好焊钳、錾子、钢丝刷、样冲、划针、手锤、敲渣锤等辅助工具和量具。

3. 任务实施

低碳钢小直径管对接水平转动焊接工艺参数见表 4-2-2。

表 4-2-2　低碳钢小直径管对接水平转动焊焊接工艺参数

焊道分布	焊接层次	焊接电流 /A	电弧电压 /N	氩气流量 /（L·min^{-1}）	焊丝直径 /mm	钨极直径 /mm	喷嘴直径 /mm	喷嘴至工件距离 /mm
	打底焊（1）	90 ～ 100	15 ～ 17	8 ～ 10	25	25	8	≤ 10
	盖面焊（2）	95 ～ 100		6 ～ 8				

4. 操作要点

（1）打底层焊接。

1）引弧。在图 4-2-3 所示时针 12 点方向位置引弧起焊，引弧时将钨极对准坡口根部并使其逐渐接近母材。引弧后控制弧长为 2 ～ 3 mm，对坡口根部两侧加热待钝边熔化形成熔池后即可填丝。始焊时焊接速度应慢些，并多填焊丝加厚焊缝，以达到背面成形和防止裂纹的目的。

2）焊枪角度。焊枪与管子、焊丝的夹角如图 4-2-3 所示。

3）送丝手法。焊丝端部应始终处于氩气保护范围内，以避免焊丝氧化，且不能直接插入熔池，应位于熔池的前方，边熔化边送丝。送丝动作干净利落，使焊丝端头呈球形。

4）在焊接过程中，电弧应交替加热坡口根部和焊丝端部，控制坡口两侧熔透均匀，以保证背面焊缝的成形。

5）在图 4-2-3 所示时针 12 点位置灭弧，灭弧前应送几滴填充金属，以防止出现冷缩孔，并将电弧移至坡口一侧，然后收弧。

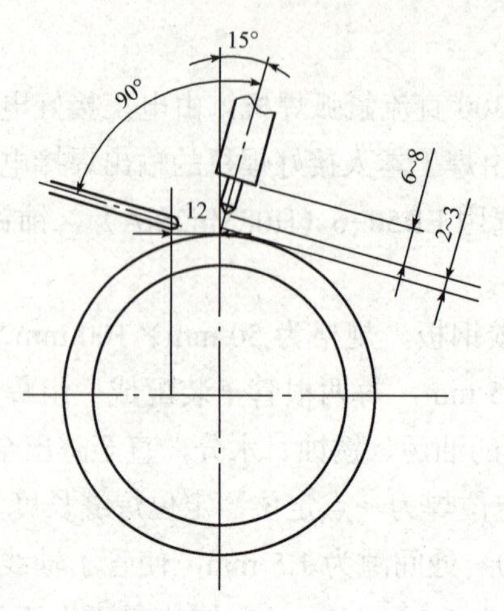

图 4-2-3　焊枪与管子、焊丝的夹角

6）打底焊接时，尽量一气呵成，中途尽量不停顿。若中断时，应将原焊缝末端重新熔化，使起焊焊缝与原焊缝重叠 5 ～ 10 mm。

7）打底焊焊道厚度一般为 3 mm 左右，太薄易导致在盖面焊时将焊道焊穿或使焊缝背面剧烈氧化。

（2）盖面层焊接。清除打底焊道氧化物，修整局部凸处后进行盖面层焊接。

1）焊枪应在时钟 12 点左右的位置起焊，焊枪可做月牙形或锯齿形摆动，摇动幅度应稍大，待坡口边缘及打底焊道表面熔化，形成熔池后可加入填充焊丝。

2）焊枪摆动到坡口边缘时，应稍作停顿，以保证熔合良好，防止咬边。

3）当盖面焊缝封闭时，应尽量继续转动焊件，并逐渐减少焊丝填充量，衰减电流熄弧。

4.2.4　任务评价

焊接质量检验前要将焊件表面的焊渣及飞溅物清理干净，焊缝不允许修磨和补焊，应保持原始状态。水平转动管对接氩弧焊评分方法见表 4-2-3。

表 4-2-3　水平转动管对接氩弧焊考核评分方法

序号	检查项目	评判等级				得分
		I	II	III	IV	
1	焊缝余高 /mm	0 ～ 2	2 ～ 3	3 ～ 4	<0 或 >4	
		5 分	3 分	1 分	0 分	
2	焊缝高度差 /mm	<1	1 ～ 2	2 ～ 3	>3	
		5 分	3 分	1 分	0 分	
3	焊缝宽度 /mm	17 ～ 19	≥ 16 或≤ 20	≥ 15 或≤ 22	<15 或 >22	
		5 分	3 分	1 分	0 分	
4	焊缝宽度差 /mm	<1.5	1.5 ～ 2	2 ～ 3	>3	
		5 分	3 分	1 分	0 分	

续表

序号	检查项目	评判等级				得分
		I	II	III	IV	
5	咬边 /mm	无咬边	深度≤ 0.5		深度 >0.5	
		5 分	每 0.5 mm 扣 2 分		0 分	
6	正面成形	优	良	中	差	
		5 分	3 分	1 分	0 分	
7	背面成形	优	良	中	差	
		5 分	3 分	1 分	0 分	
8	背面凹量 /mm	0 ～ 0.5	0.5 ～ 1	>1 ～ 2	>3	
		5 分	3 分	1 分	0 分	
9	背面余高 /mm	0 ～ 2	2 ～ 3	3	>5	
		5 分	3 分	1 分	0 分	
10	角变形 /mm	0 ～ 1	1 ～ 3	3 ～ 5	>5	
		5 分	3 分	1 分	0 分	
11	错边量 /mm	0 ～ 0.5	0.5 ～ 1	>1	—	
		5 分	3 分	0 分	—	
12	外观成形	成形美观，焊缝均匀、细密	成形较好，焊缝均匀、平整	成形尚可，焊缝平直	焊缝弯曲，高低、宽窄明显	
		25 分	15 分	5 分	0 分	
13	安全文明	优	良	中	差	
		20 分	10 分	5 分	0 分	
汇总（100 分）						
注：若试件焊接未完成；表面修补及焊缝正反两面有裂纹、夹渣、气孔、未熔合缺陷；该件做 0 分处理。试板两端 20 mm 的缺陷不计						

4.2.5 任务拓展

1. 打底焊道的焊接常见缺陷及预防

（1）表面气孔。这种气孔是手工钨极氩弧焊经常出现的一种缺陷。原因是坡口及其近旁金属表面清理不干净，或氩气不纯，流量过大、过小或钨极伸出喷嘴太长等造成的。预防表面气孔的措施是将焊丝、焊件坡口及其近旁金属表面彻底清理干净，更换不纯的氩气或选择合适的氩气流量等。实践经验表明，当焊枪的喷嘴端面距人脸部 10 mm 左右时打开氩气流量开关，脸部有轻微的风吹感觉，就说明氩气流量合适。

（2）弧坑、裂纹。通常是收弧时未填满熔池造成的，也就是熄弧方法不正确时产生的缺陷。只要在熄弧时注意填满熔池，然后将电弧引出熔池外熄弧，就不会产生弧坑、裂纹。

（3）未焊透。不正确的焊丝和焊枪角度会使电弧偏吹，产生未焊透。另外，焊接电流过小、焊接速度过快、电弧过长也会产生未焊透缺陷。为避免这种缺陷的产生，除了保证焊枪和焊丝角度正确外，还要保证焊枪、焊丝在同一个平面上。在选择合适的焊接电流后，要适当地控制焊接速度和弧长，当熔深达到 1 mm 左右时，应迅速添加焊丝。只有采取了上述措施后，才可避免未焊透缺陷的出现。

2. 专用夹具及焊缝背面成形的保护装置

不锈钢管及薄板对接焊一般是在专用夹具上进行装配和焊接的。装配夹具中央镶嵌一块带有凹槽的铜板，装配时，将试件的坡口根部间隙对准铜板的凹槽，调整好间隙后加上压板，压紧试件由于夹持在带有小槽的夹缝内，从焊枪流出的保护气体，除保护试件熔池正面外，还有部分保护气体通过试件的装配间隙吹入专用夹具的凹槽内，这样有助于焊件散热，减少试件的挠曲。为防止背面焊缝氧化，需进行充氩保护，利用凹槽壁的反射作用将吹入通气槽的气体反吹到试件坡口背面，使焊缝背面成形良好，如图 4-2-4 所示。

3. 打底焊道的厚度

打底焊道应具有一定的厚度，对于壁厚不大于 10 mm 的管子，其厚度不得小于 3 mm；对于壁厚大于 10 mm 的管子，其厚度不得小于 4 mm，如图 4-2-5 所示。打底焊缝完成，经清理后，才能进行填充层或盖面层的焊接。

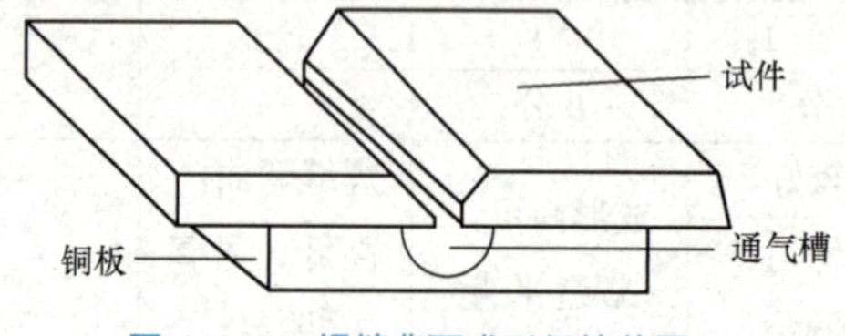

图 4-2-4　焊缝背面成形保护装置

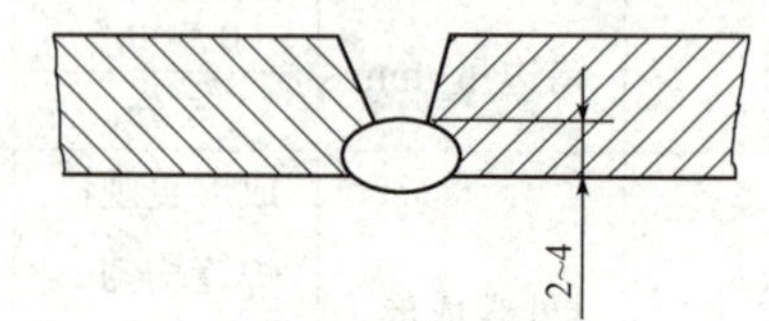

图 4-2-5　打底焊道的熔敷厚度

任务思考

1. 焊前清理方式有哪些？分别用在哪些场合？
2. 水平管对接焊训练中常见问题有哪些？如何解决？
3. 在水平管对接中如何避免咬边的发生？
4. 焊炬在焊接中有哪些作用？钨极伸出焊炬的长度如何选择？
5. 如何实现管转动速度与填丝速度相协调？

实训任务 4.3　薄壁容器钨极氩弧焊

实训目标

1. 学习薄壁容器的焊接工艺；
2. 学习钨极氩弧焊设备的维护保养；
3. 掌握钨极氩弧焊薄壁容器焊接的操作方法；
4. 掌握薄壁容器的装配方法；
5. 掌握钨极氩弧焊各方位焊接操作方法；

6. 具备严谨认真、精益求精的工匠精神；

7. 具备安全意识、责任意识、爱岗敬业、无私奉献的劳动精神。

4.3.1 任务导入

本任务利用 TSP-300 直流氩弧焊机在焊件上进行装配焊操作、焊道打底焊操作及其容器水平固定盖面焊操作训练。管件焊接端开45° V形坡口，对焊接区域进行焊前清理，清理完成后分别在周长 1/3 的位置进行定位焊，每处 10 ～ 15 mm，待完成定位焊后进行打底焊接，最后实现薄壁容器焊接，如图 4-3-1 所示，通过上面的实训内容，学生可以掌握薄壁容器焊接时定位焊技术、薄壁容器焊道打底焊技术，最终掌握薄壁容器焊接技术。

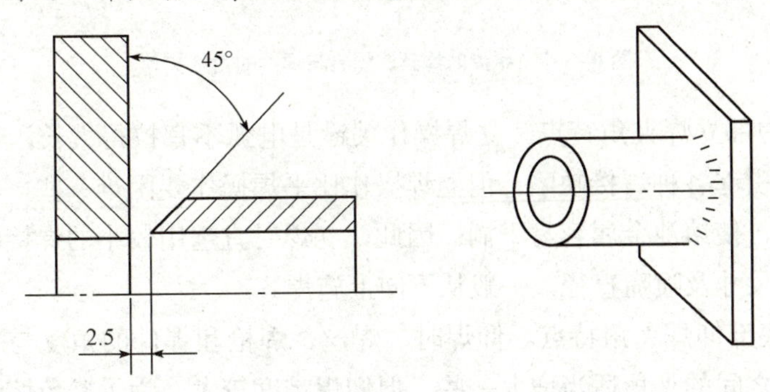

图 4-3-1 管底焊件水平固定焊试件

任务分析

管底水平固定焊接包括平、立和仰三种焊接位置。它是管底焊接技能操作难度最大的一种焊接位置。试件每层都分成两半圈进行焊接，先按顺时针方向焊前半圈，后按逆时针方向焊后半圈。薄壁容器接焊应注意以下问题：引弧时手法要稳，否则容易将钨极粘在焊件形成夹杂；填丝时，不同的焊接位置向熔池内填丝量也不同，若控制不好，容易出现咬边与焊瘤，焊接参数的选择应合适，否则无法完成焊接。

4.3.2 相关知识

1. 管对接操作要点

（1）容器上部平焊夹角特点。容器上部焊接中夹角必须控制适当，焊枪与焊件的夹角过小，会降低氩气的保护效果；夹角过大，操作及填充焊丝比较困难。当根部间隙较大时，可减小焊枪与焊件之间的夹角，加快焊接速度和送丝速度。平焊时焊丝、焊枪与焊件的角度夹角如图 4-3-2 所示。

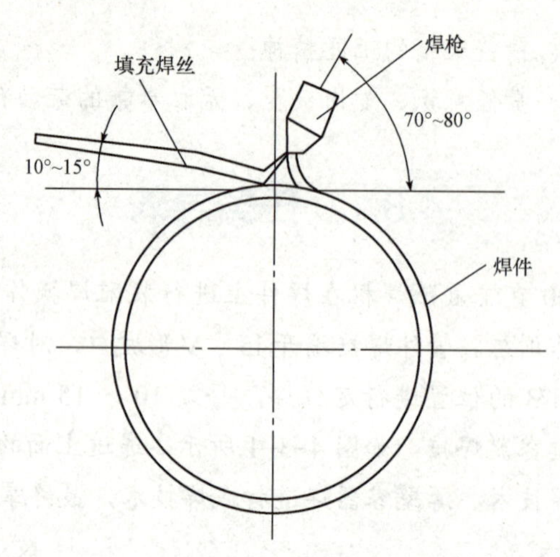

图 4-3-2　平焊时焊丝、焊枪与焊件的角度夹角

（2）容器中部立焊夹角特点。立焊操作关键是电弧不宜拉得太长，焊枪下倾角度不能太小，否则会引起各种焊接缺陷。但立焊操作比平焊操作要困难一些，主要是因为喷嘴直径会影响视线，使熔池金属容易下淌。因此，立焊时宜选用较小的焊接电流和较细的焊丝，以减小熔池尺寸及喷嘴直径，一般从下向上施焊。

（3）容器底部仰焊夹角特点。仰焊时，焊丝、焊枪和焊件的角度与平焊大体相同。焊丝与工件表面之间的夹角适当增大一些。但仰焊难度较大，为了避免熔池金属和熔滴在重力作用下产生下淌，在操作时焊接电流要小，焊接速度要快，坡口和根部间隙要适当小一些。

2. 薄壁焊接中变形的控制

防止和减小焊接变形的措施如下：

（1）预留收缩余量。焊接结构施焊后，总会发生纵向和横向收缩变形，为了弥补焊后尺寸缩短，在备料时预先加放收缩余量。因为收缩量受多种因素影响，不同地区的工厂往往根据各自经验选择不同数据或采用适合自己的经验公式进行估算。

（2）反变形。根据结构焊后的变形情况，预先给出一个大小相等、方向相反的变形以抵消结构焊后产生的变形。不同的生产条件、工艺流程各不相同，因此反变形的数据应根据各自经验选择。

（3）刚性固定。增加刚性可以减小构件焊后变形。薄板焊接时，在焊缝两侧放置压铁和在薄板四周施加定位焊，可减小焊后波浪变形。

（4）合理的焊接次序。结构装配后，焊接次序对焊接残余变形和焊接残余应力的分布有很大影响。平面纵横交叉焊缝焊接时，先焊短焊缝，后焊长焊缝。进行立体结构焊接时，先焊立体交叉构件间的角焊缝，再焊立体构件与平板间的角焊缝。

3. 焊接结构变形的矫正

（1）利用机械作用力使构件产生与焊接变形相反的塑性变形，即将焊接接头塑性区缩短部分再拉长。

（2）火焰加热矫正是利用火焰局部加热时，受热的高温区产生压缩塑性变形，该处金属冷却后收缩达到矫正变形目的。火焰加热矫正需首先确定正确的加热位置，加热的位置和区域选择不当可能会得到相反的效果。通常，加热量越大，矫正的变形量也就越大。船舶结构用低碳钢和低合金钢一般采用的加热温度为 600 ℃～ 800 ℃。

4. 氩弧焊打底层操作要点及注意事项

（1）将底板平面垂直于水平面固定，定位焊缝置于时钟 12 点位置处的正上方，如图 4–3–3 所示。焊枪角度和焊丝位置有两种情况，用①②区分，箭头指出了它们的位置。整条圆形焊缝分顺时针和逆时针两半周进行焊接。

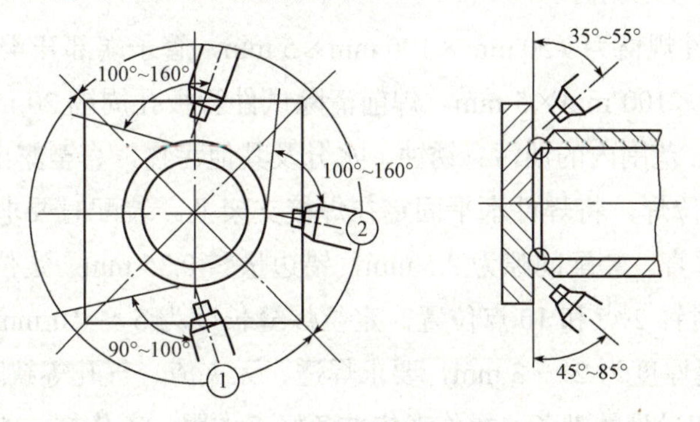

图 4–3–3　全位置焊枪角度示意

（2）先顺时针焊，引弧在时钟 6 点位置的右侧 10 ～ 15 mm 处，电弧引燃后先不加焊丝，待根部熔化，形成熔池和熔孔后，再将焊丝送至根部，开始加焊丝，此时焊接电弧稍向上移，焊丝始终要送到熔池前方的熔孔处并在根部稍做推送动作。焊接时电弧尽可能短一些，熔池要小，但要保证管板和管子坡口面熔合好。根据熔孔大小和熔池表面情况调整焊枪角度和焊接度。

（3）焊接过程中要注意观察熔池状况和熔孔大小，当焊枪均匀移动通过时，必须将交界处充分地熔合。熔孔应深入母材 0.5 mm 左右，熔池液态金属应清晰明亮。为了保证根部熔透，应压低电弧操作并按顺时针方向焊接至时针 12 点位置右侧 10 ～ 20 mm 定位焊缝处。

（4）焊至时针 12 点位置、定位焊缝打磨过的弧坑处时，提高焊枪高度，拉长电弧，加快焊接速度，使钨极垂直焊件，对定位焊缝处进行加热，重叠处少加或不加焊丝，焊缝的宽窄高低应一致，保证此处的焊缝接头良好；板孔棱边处的熔孔应超过管子侧坡口根部 0.5 mm，否则背面焊缝焊道太宽、太高。

4.3.3　任务实施

1. 安全文明生产

焊前焊工应仔细检查焊机的控制线路、气路是否正常。与前面一样，焊接操作者要注意放射线、高频电、紫外线、O_2、氮氧化合物等因素的危害。焊工牢记操作时应遵循的安全操作规程，在作业中贯彻始终。操作者应戴静电口罩，防止有害气体和金属烟尘吸入人体；气瓶不能受强烈的冲击和挤压以免气瓶损伤或内压升高而发生爆炸，瓶内保护气体不能用尽，必须保留一定的气体压力；焊接工作结束时，切断电源、关闭冷却水和气瓶阀门（断电、断水、断气），扑灭残余的火星后再离开作业现场。

2. 焊前准备

（1）焊机。准备 TSP-300 直流氩弧焊机，由电工接好电源线和接地线，并用测电笔测量机壳的带电情况，然后由焊工本人接好焊机的输出焊接电缆线（采用直流正接法）。

（2）焊接材料。焊丝选用 ER50-6（H08Mn2SiA），铈钨极（WCe-20），保护气体为氩气，纯度不低于 99.99%。

（3）焊件。管件规格为 ϕ50 mm×100 mm×5 mm，管子端部开 45° 单边 V 形坡口。底板规格为 100 mm×100 mm×5 mm。焊前清除试件管板孔周围 20 mm 和管子端部、坡口内、外表面 20 mm 范围内的油污、锈蚀、水分及其他污物，直至露出金属光泽。

（4）装配与定位焊。将焊件水平固定在焊接支架上。装配时要求管子内径与底板同心，管子与底板相垂直。装配间隙为 2.5 mm，错边量≤ 0.35 mm。定位焊采用两点固定试件上半部，即焊接时钟 2 点和 10 点位置，定位焊缝长度为 5 ～ 10 mm，两端修磨成斜坡状，便于接头。焊缝厚度为 2 ～ 3 mm，要求焊透、无夹渣、气孔等缺陷。

（5）辅助工具和量具的准备。操作者应准备好工作服、工作帽、绝缘鞋、电焊手套、面罩、防光眼镜等劳保用品；焊接操作作业区附近应备好焊钳、錾子、钢丝刷、样冲、划针、手锤、敲渣锤等辅助工具和量具。

3. 焊接实施

低碳钢容器水平固定焊接工艺参数见表 4-3-1。

表 4-3-1　低碳钢容器水平固定焊焊接工艺参数

<table>
<tr><th>焊道分布</th><th>焊接层次</th><th>焊接电流
/A</th><th>电弧
电压
/V</th><th>氩气流量
/(L·min^{-1})</th><th>焊丝
直径
/mm</th><th>钨极
直径
/mm</th><th>喷嘴
直径
/mm</th><th>喷嘴至工
件距离
/mm</th></tr>
<tr><td rowspan="3">1 2 3</td><td>打底焊（1）</td><td>80 ～ 95</td><td>12 ～ 14</td><td>8 ～ 12</td><td rowspan="3">2.5</td><td rowspan="3">2.5</td><td rowspan="3">8～12</td><td rowspan="3">8 ～ 12</td></tr>
<tr><td>盖面焊（2）</td><td>85 ～ 90</td><td rowspan="2">12 ～ 16</td><td>7 ～ 11</td></tr>
<tr><td>盖面焊（3）</td><td>95 ～ 105</td><td>6 ～ 8</td></tr>
</table>

4.3.4　任务评价

焊接质量检验前要将焊件表面的焊渣及飞溅物清理干净，焊缝不允许修磨和补焊，应保持原始状态。薄壁容器钨极氩弧焊考核评分方法见表 4-3-2。

表 4–3–2　薄壁容器钨极氩弧焊考核评分方法

序号	检查项目	评判等级				得分
		I	II	III	IV	
1	焊缝余高 /mm	0 ～ 2	2 ～ 3	3 ～ 4	<0 或 >4	
		5 分	3 分	1 分	0 分	
2	焊缝高度差 /mm	<1	1 ～ 2	2 ～ 3	>3	
		5 分	3 分	1 分	0 分	
3	焊缝宽度 /mm	17 ～ 19	≥ 16 或≤ 20	≥ 15 或≤ 22	<15 或 >22	
		5 分	3 分	1 分	0 分	
4	焊缝宽度差 /mm	<1.5	1.5 ～ 2	2 ～ 3	>3	
		5 分	3 分	1 分	0 分	
5	咬边 /mm	无咬边	深度≤ 0.5		深度 >0.5	
		5 分	每 0.5 mm 扣 2 分		0 分	
6	正面成形	优	良	中	差	
		5 分	3 分	1 分	0 分	
7	背面成形	优	良	中	差	
		5 分	3 分	1 分	0 分	
8	背面凹量 /mm	0 ～ 0.5	0.5 ～ 1	1 ～ 2	>3	
		5 分	3 分	1 分	0 分	
9	背面余高 /mm	0 ～ 2	2 ～ 3	3	>5	
		5 分	3 分	1 分	0 分	
10	角变形 /mm	0 ～ 1	1 ～ 3	3 ～ 5	>5	
		5 分	3 分	1 分	0 分	
11	错边量 /mm	0 ～ 0.5	0.5 ～ 1	1	—	
		5 分	3 分	0 分	—	
12	外观成形	成形美观，焊缝均匀、细密	成形较好，焊缝均匀、平整	成形尚可，焊缝平直	焊缝弯曲，高低、宽窄明显	
		25 分	15 分	5 分	0 分	
13	安全文明	优	良	中	差	
		20 分	10 分	5 分	0 分	
汇总（100 分）						
注：若试件焊接未完成；表面修补及焊缝正反两面有裂纹、夹渣、气孔、未熔合缺陷；该件做 0 分处理。试板两端 20 mm 的缺陷不计						

4.3.5 任务拓展

通常，应按照下列方法对钨极氩弧焊设备进行保养。

（1）定期检查焊机的接线是否可靠。检查接触器和继电器的触头工作情况，如发现烧毛或损坏，应及时修理或更换。

（2）焊机应置于通风良好、干燥整洁的地方。

（3）经常检查焊机的绝缘情况。

（4）经常检查焊枪上的电缆、气管、水管等，发现问题及时更换。检查焊枪的弹性夹头夹紧情况和喷嘴的绝缘性能是否良好。

（5）经常检查供气系统和供水系统的管子及各种仪表是否完好，发现问题及时更换。

（6）检查高频引弧系统是否正常，导线、电缆接头是否可靠，对于自动钨极氩弧焊，还要检查调整机构、送丝机构是否完好。

（7）搬动焊机时应将易损件（如流量计等）取下放好。

●任务思考

1. 本任务中的薄壁容器选用何种试验进行检验比较合适？
2. 如何减少薄壁容器焊接变形？
3. 全位置焊接中各位置的焊接速度如何？
4. 薄壁容器变形如何校正？

实训任务 4.4 小直径铜管垂直固定焊

实训目标

1. 学习纯铜管钨极氩弧焊工艺参数的选择方法；
2. 学习纯铜钨极氩弧焊焊前预热方法和预热温度；
3. 掌握左向焊法氩弧焊操作；
4. 掌握打底焊、盖面焊的焊枪角度控制方法；
5. 熟悉管对接横焊的钨极氩弧焊操作；
6. 具备自觉遵守职业道德和实训操作规范的职业操守；
7. 具备良好的团队协作精神。

4.4.1 任务导入

本任务利用 WS-300 氩弧焊机对垂直固定铜管对接进行打底焊、填充焊及盖面焊的操作训练，即将两根纯铜管材做成 70° Y 形坡口，进行垂直固定管对接，其要求如图 4-4-1

所示。通过打底焊、填充焊及盖面焊的训练，学生可以掌握垂直固定管对接钨极氩弧焊的左向焊法和管对接横焊的钨极氩弧焊操作技能以及焊后纯铜管的水冷却过程，熟悉焊接工艺参数的选择和焊枪角度的控制方法。

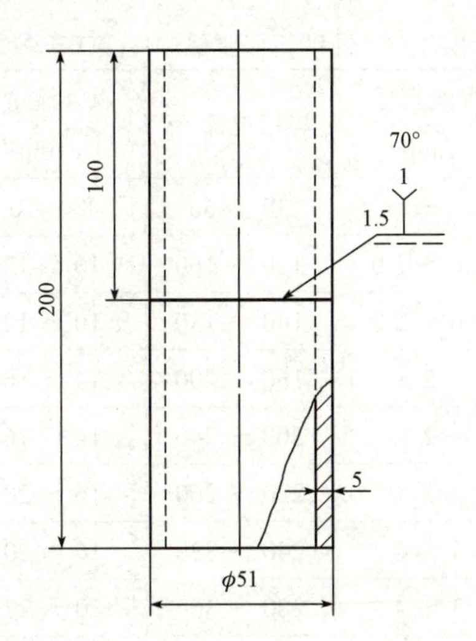

技术要求

1. 工件材料：T2。
2. 焊前预热。
3. 坡口钝边 $p \leqslant 1.5$ mm，坡口角度 α=70°。

图 4-4-1　小直径铜管垂直固定焊接头技术要求

任务分析

纯铜是焊接性能较差的金属，其物理性质和化学性质与碳钢相比有较大的不同，在焊接时会产生很多困难。纯铜的热导率是钢的 10 倍，焊接时填充金属与母材不能很好地熔合，会产生焊不透的缺陷；纯铜的导热性高，焊接熔池凝固快，氢气来不及析出，常常在焊缝中产生气孔；纯铜的热膨胀系数比低碳钢大 50% 以上，焊接时收缩量较大，焊件焊后会产生严重的变形。

管对接钨极氩弧焊应注意以下问题：注意控制打底焊焊枪角度，保证背面焊缝的高度。送丝要有规律，不能时快时慢，以保证焊缝成形美观。打底焊时，熔池的热量要集中在坡口的下部，防止上部坡口过热，母材熔化过多，出现咬边等缺陷。

4.4.2　相关知识

纯铜可以采用许多弧焊方法（钨极氩弧焊、焊条电弧焊、埋弧焊、碳弧焊、气焊等）进行焊接，尤其以钨极氩弧焊的焊接质量最高。由于氩气对熔池的保护效果好、热量集中、焊接热影响区窄、焊件变形小，所以能获得令人较为满意的焊接质量。但是由于钨极对许用焊接电流的限制，钨极氩弧焊多用于厚度小于 3 mm 的薄件结构和厚件打底层的焊接。

1. 纯铜焊接工艺参数

纯铜钨极氩弧焊焊接工艺参数的选用见表 4-4-1。

表 4-4-1　纯铜钨极氩弧焊焊接工艺参数

板厚 /mm	钨极直径 /mm	焊丝直径 /mm	焊接电流 /A	氩气流量 /（$L \cdot min^{-1}$）	预热温度 /℃	备注
0.3 ～ 0.5	1	—	30 ～ 60	8 ～ 10	不预热	卷边接头
1	2	1.6 ～ 2.0	120 ～ 160	10 ～ 12	不预热	—
1.5	2 ～ 3	1.6 ～ 2.0	140 ～ 180	10 ～ 12	不预热	—
2	2 ～ 3	2	160 ～ 200	14 ～ 16	不预热	—
3	3 ～ 4	2	200 ～ 240	14 ～ 16	不预热	双面成形
4	4	3	220 ～ 260	16 ～ 20	300 ～ 350	双面焊
5	4	3 ～ 4	240 ～ 320	16 ～ 20	350 ～ 400	双面焊
6	4 ～ 5	3 ～ 4	280 ～ 360	20 ～ 22	400 ～ 450	—
10	5 ～ 6	4 ～ 5	340 ～ 400	20 ～ 22	450 ～ 500	—
12	5 ～ 6	4 ～ 5	360 ～ 420	20 ～ 24	450 ～ 500	—

2. 纯铜钨极氩弧焊操作要点

（1）焊前预热。为减缓焊接时热量散失，防止未焊透，焊前应对焊件进行预热。对于铜材料厚度为 4 ～ 40 mm 的，预热温度可在 300 ℃～ 600 ℃范围内进行选择，最高可达 750 ℃～ 800 ℃。

预热的方法可根据焊件结构而定。形状复杂、体积较小的焊件，可在炉中整体加热或用气体火焰整体加热；结构简单、体积或厚度较大的焊件可用火焰局部加热或红外线加热器加热。一种预热大厚度纯铜管的加热装置如图 4-4-2 所示。

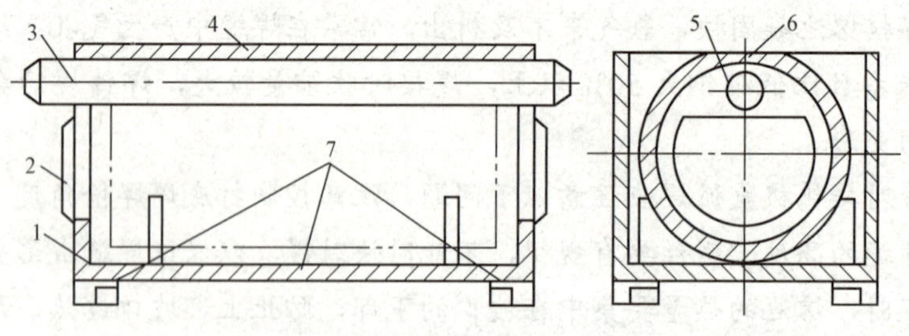

图 4-4-2　纯铜管的加热装置

1—炉体；2—炉门；3—石墨支承棒；4—焊件；5—石墨布垫；6—焊缝；7—木炭

（2）引弧。用高频振荡器引弧或在引弧处一侧设置石墨板或炭块（若焊接设备没有高频振荡器），电弧引燃稳定燃烧后，再移至焊接处，保持恒定的电弧长度。在不添加焊丝的对接焊时，弧长控制 1 ～ 2 mm，添加焊丝的对接焊时，弧长为 4 ～ 7 mm。

（3）焊枪、焊丝和焊件之间的相对位置。操作时采用左向焊法，即从右向左焊。焊接平焊缝、管子环缝、搭接角焊缝时，焊枪、焊丝和焊件之间的相对位置分别如图 4-4-3 ～图 4-4-5 所示。喷嘴与焊件间的距离以 10 ～ 15 mm 为宜，这样既便于操作，观察熔池情况，又能使焊接区获得良好的保护。

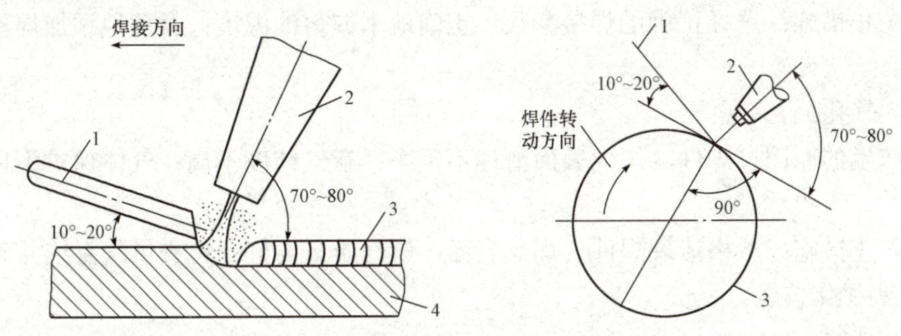

图 4-4-3　焊接平焊缝时焊枪、焊丝和焊件之间的相对位置

1—焊丝；2—焊枪；3—焊缝；4—焊件

图 4-3-4　焊接管子环缝时焊枪、焊丝和焊件之间的相对位置

1—焊丝；2—焊枪；3—焊件

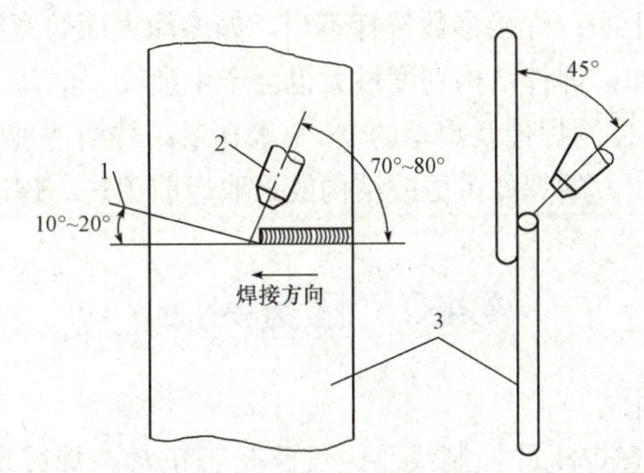

图 4-4-5　焊接搭接角焊缝时焊枪、焊丝和焊件之间的相对位置

1—焊丝；2—焊枪；3—焊件

3. 手工钨极氩弧焊常见缺陷及防止措施

手工钨极氩弧焊常见的缺陷有焊缝成形不良、烧穿、未焊透、咬边、气孔和裂纹等。

（1）焊缝成形不良。焊缝成形不良主要表现为外形尺寸超过规定的范围、高低宽窄不一、背面下凹等。焊缝成形差会影响焊接接头的强度，并造成应力集中等危害。

1）主要原因：焊接参数选择不当；操作不熟练；送丝方法不当或不熟练；焊枪运走不均匀；熔池温度控制不好等。

2）防止措施：选择适当的焊接参数；提高操作技能。

（2）烧穿。在焊接过程中熔化金属自坡口背面流出形成穿孔的缺陷，称为烧穿。

1）主要原因：焊接电流太大；熔池温度过高；焊件根部间隙太大；送丝不及时；焊接速度太慢等。

2）防止措施：选择正确的焊接参数；保证焊件的装配质量；提高操作技能。

（3）未焊透。

1）产生的原因：焊接电流太小；焊接速度太快；焊件根部间隙太小；焊件的坡口角度太小及钝边太大；电弧过长或焊偏；焊前清理不干净；操作技术不熟练。

2）防止措施：选择正确的焊接参数；保证焊件坡口加工质量和合适的根部间隙；正确控制熔池的温度；提高操作技能。

（4）咬边。

1）产生的原因：焊接速度过快；熔化金属冷却过快；焊接电流太大；焊枪角度不当；

焊缝正面氩气流量太大；钨极磨得过尖；送丝速度过慢。

2）防止措施：选择正确的焊接参数；正确地掌握熔池温度；合理地添加焊丝，提高操作技能。

（5）气孔。

1）产生的原因：焊件、焊丝表面清理不干净；氩气纯度不高；气体保护不良；操作不当。

2）防止措施：严格清理焊件、焊丝表面；氩气质量要好；检查供气系统并确保气路畅通；提高操作技能。

（6）裂纹。

1）主要原因：焊件或焊丝中C、S含量高，Mn含量低，在焊接过程中容易产生热裂纹；焊件、焊丝表面清理不干净；焊接参数选择不当，如熔深大而熔宽窄，以及焊接速度快，使熔化金属冷却速度增加；焊件结构刚度过大也会产生裂纹。

2）防止措施：严格控制焊件及焊丝的P、S等含量；严格清理焊件表面；选择合理的焊接参数；对结构刚度较大的焊件可更改结构或采取焊前预热、焊后消氢处理。

4.4.3 任务实施

1. 安全文明生产要求

焊前焊工应仔细检查焊机的控制线路、气路是否正常。焊接操作者要注意放射线、高频电、紫外线、氧气、氮氧化合物等因素的危害。焊工牢记操作时应遵循的安全操作规程，在作业中贯彻始终。在保证电弧稳定性的基础上，尽量降低振荡频率。加设接地屏蔽装置能使高频电磁场局限在一定范围内，大大减小对人体的影响。加强通风，控制作业现场的温度和湿度。

2. 焊前准备

（1）焊机。准备WS-300氩弧焊机，由电工接好电源线和接地线，并用测电笔测量机壳的带电情况，然后由焊工本人接好焊机的输出焊接电缆线。

（2）焊丝。H08Mn2SiA焊丝，直径为2.5 mm，注意焊丝使用前对焊丝表面进行清理，焊接前将焊丝先在烧碱溶液及硫酸溶液中清洗，酸碱中和之后将焊丝放在150 ℃～200 ℃的烘干箱内烘干。

（3）焊件。准备纯铜管两根，规格为51 mm×5 mm×100 mm，以两段为一组焊件，分别在管的一侧开35°坡口，钝边高度小于1.5 mm，由两段纯铜管组对成坡口角度为70°的垂直固定管焊件。

（4）辅助工具和量具的准备。操作者应准备好工作服、工作帽、绝缘鞋、电焊手套、面罩、防光眼镜等劳保用品；焊接操作作业区附近应备好焊钳、錾子、钢丝刷、样冲、划针、手锤、敲渣锤、焊缝万能量规等辅助工具和量具。

（5）焊前清理。清理管件表面的油污、铁锈、氧化皮、水分及其他污染物，并去除毛刺，尤其对坡口和两侧各20～30 mm范围内的油污、铁锈和氧化物等要清理干净。用砂布清除焊丝上的锈蚀及油污。

3. 焊接实施

（1）装配及定位焊。装配时注意对平，尽量固定后点固，防止错边，装配间隙为 1.5 ～ 2 mm。采用与焊接试件相同的焊丝进行定位焊，采用一点定位，焊点焊缝长度为 10 ～ 15 mm，并保证该处间隙为 2 mm，与它间隔 180° 处间隙为 1.5 mm，将管子轴线垂直并加固定，间隙小的一侧位于右边。定位焊点两端应预先打磨成斜坡。

（2）焊接工艺参数应根据选用的焊丝直径、钨极直径来选定焊接电流、氩气流量，具体见表 4–4–2。

表 4–4–2　焊接工艺参数表

工件厚度 /mm	焊接层数	焊丝直径 /mm	钨极直径 /mm	焊接电流 /A	氩气流量 /（$L \cdot min^{-1}$）
5	打底焊	2.5	2.5	90 ～ 95	8 ～ 10
	盖面焊			95 ～ 110	7 ～ 9

（3）焊接技能操作技术。采用两层三道进行焊接，打底焊为一层一道，盖面焊为一层二道（分上、下二道），左向焊法。

1）打底焊。打底焊时的焊枪角度如图 4–4–6 所示。首先在右侧间隙较小处引弧，先不加焊丝，待坡口根部熔化，形成熔池和熔孔后开始添加焊丝，当焊丝端部熔化形成熔滴后，将焊丝轻轻向熔池里推一下，并向管内摆动，将铁水送到坡口根部，以保证背面焊缝的高度。填充焊丝的同时，焊枪做小幅度横向摆动，并向左均匀移动。

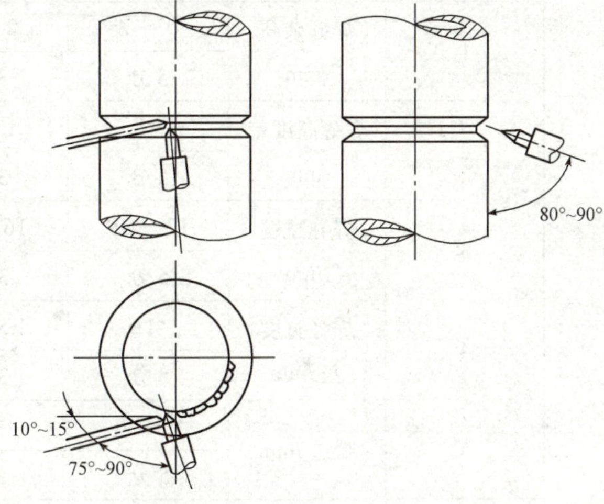

图 4–4–6　打底焊时的焊枪角度

在焊接过程中，填充焊丝以往复运动方式间断地送入电弧内的熔池前方，在熔池前成滴状加入。焊丝送进要有规律，不能时快时慢，以保证焊缝成形美观。当焊工要移动位置暂停焊接时，应按收弧要点操作。焊工再进行焊接时，焊前应将收弧处修磨成斜坡并清理干净，在斜坡上引弧，移至离接头处 10 mm 左右的地方，焊枪不动，当获得明亮、清晰的熔池后，即可添加焊丝，继续向左焊接。重新引弧焊接的位置应与前焊的焊缝重叠 10 mm 以上，重叠处焊接只添加少许焊丝，熔池要贯穿到接头根部，确保接头处熔透。小管子垂直固定打底焊，熔池的热量要集中在坡口的下部，以防止上部过热，母材熔化过多，出现咬边或焊缝背面下坠等缺陷。

2）盖面焊。盖面焊由上、下两道焊道组成，先焊下面的焊道，后焊上面的焊道。其焊枪角度如图 4–4–7 所示。

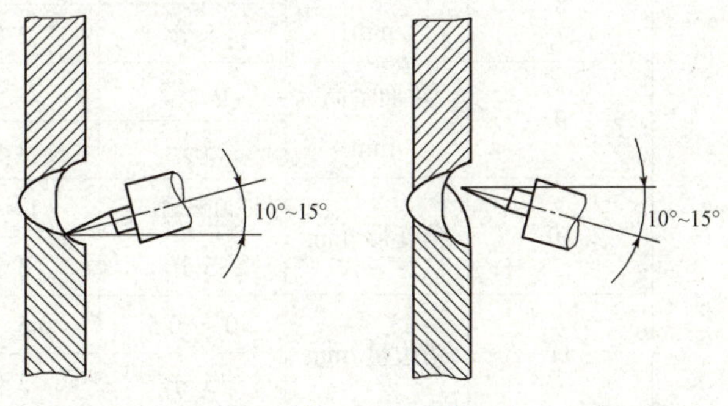

图 4–4–7　盖面焊焊枪角度

焊下面的盖面焊道时，电弧对准打底焊道下沿，使熔池的上沿在打底焊道的

1/2 ～ 2/3 处，熔池的下沿超出管子坡口下棱边 0.5 ～ 1.5 mm。

焊上面的焊道时，电弧对准打底焊道的上沿，使熔池的上沿超出管子坡口上棱边 0.5 ～ 1.5 mm，熔池的下沿与下面的盖面焊焊道圆滑过渡，焊接速度要适当加快，送丝频率加快，适当减少送丝量，防止焊缝下坠。

4.4.4 任务评价

焊接质量检验前要将焊件表面的焊渣及飞溅物清理干净，焊缝不允许修磨和补焊，应保持原始状态。小直径铜管垂直固定焊考核评分方法见表 4-4-3。

表 4-4-3 小直径铜管垂直固定焊考核评分方法

序号	检查项目	评判等级				得分
		Ⅰ	Ⅱ	Ⅲ	Ⅳ	
1	焊缝余高 /mm	0 ～ 2	2 ～ 3	3 ～ 4	<0 或 >4	
		5 分	3 分	1 分	0 分	
2	焊缝高度差 /mm	<1	1 ～ 2	2 ～ 3	>3	
		5 分	3 分	1 分	0 分	
3	焊缝宽度 /mm	17 ～ 19	≥ 16 或≤ 20	≥ 15 或≤ 22	<15 或 >22	
		5 分	3 分	1 分	0 分	
4	焊缝宽度差 /mm	<1.5	1.5 ～ 2	2 ～ 3	>3	
		5 分	3 分	1 分	0 分	
5	咬边 /mm	无咬边	深度≤ 0.5		深度 >0.5	
		5 分	每 0.5 mm 扣 2 分		0 分	
6	正面成形	优	良	中	差	
		5 分	3 分	1 分	0 分	
7	背面成形	优	良	中	差	
		5 分	3 分	1 分	0 分	
8	背面凹量 /mm	0 ～ 0.5	0.5 ～ 1	1 ～ 2	>3	
		5 分	3 分	1 分	0 分	
9	背面余高 /mm	0 ～ 2	2 ～ 3	3	>5	
		5 分	3 分	1 分	0 分	
10	角变形 /mm	0 ～ 1	1 ～ 3	3 ～ 5	>5	
		5 分	3 分	1 分	0 分	
11	错边量 /mm	0 ～ 0.5	0.5 ～ 1	>1	—	
		5 分	3 分	0 分	—	

续表

序号	检查项目	评判等级				得分
		Ⅰ	Ⅱ	Ⅲ	Ⅳ	
12	外观成形	成形美观，焊缝均匀、细密	成形较好，焊缝均匀、平整	成形尚可，焊缝平直	焊缝弯曲，高低、宽窄明显	
		25 分	15 分	5 分	0 分	
13	安全文明	优	良	中	差	
		20 分	10 分	5 分	0 分	
汇总（100 分）						
注：若试件焊接未完成；表面修补及焊缝正反两面有裂纹、夹渣、气孔、未熔合缺陷；该件做 0 分处理。试板两端 20 mm 的缺陷不计						

4.4.5 任务拓展

手工氩弧焊可以焊接黄铜结构，也可以进行黄铜铸件缺陷的焊补工作，其焊接工艺和纯铜手工氩弧焊相似。由于黄铜的导热性和熔点比纯铜低，以及含有容易蒸发的元素锌等特点，所以在填充焊丝和焊接规范等方面有一些不同的要求。

1. 焊前准备

（1）工件和焊丝的表面清理。工件焊接边缘和焊丝表面的氧化膜、油污等脏物，在焊前必须清理干净，否则会引起气孔、夹渣等缺陷，使焊缝的性能降低。清理的方法一般有机械清理法和化学清理法。机械清理法是用风动钢丝轮、钢丝刷或细砂纸清理，直到露出金属光泽为止。化学清理法是将焊接边缘和焊丝放入 30% 硝酸水溶液中浸蚀 2 ～ 3 min，然后在流动的冷水中用清洁的布或棉纱擦洗干净。

（2）坡口的制备。对接接头板厚小于 3 mm 时，不开坡口。板厚为 3 ～ 10 mm 时，开 V 形坡口，坡口角度为 60° ～ 70° 。板厚大于 10 mm 时，开 X 形坡口，坡口角度为 60° ～ 70° 。为避免未焊透，一般不留钝边。

（3）装配。根据板厚和坡口尺寸，对接接头的装配间隙在 0.5 ～ 1.5 mm 范围内选取。

2. 焊丝的选用

黄铜手工氩弧焊可以采用标准黄铜焊丝，牌号有丝 221、丝 222 和丝 224，其化学成分和焊缝的力学性能见表 4–4–4，也可以采用与母材相同成分的材料做填充焊丝。

表 4–4–4 铜及铜合金焊丝的化学成分和焊缝的力学性能

牌号	名称	焊丝成分 /%	熔点 /℃	焊缝抗拉强度 σ_b/（$kg \cdot mm^{-2}$）		
				母材	合格标准	一般值
丝 201	特制紫铜焊丝	锡 1.0 ～ 1.2；硅 0.35 ～ 0.5；锰 0.35 ～ 0.5；磷 0.1；铜余量	1050	紫铜	18	21 ～ 24

续表

牌号	名称	焊丝成分 /%	熔点 /℃	焊缝抗拉强度 σ_b/（kg · mm^{-2}）		
				母材	合格标准	一般值
丝 202	低磷铜焊丝	磷 0.2 ～ 0.4；铜余量	1060	紫铜	18	20 ～ 23
丝 221	锡黄铜焊丝	锡 0.8 ～ 1.2；硅 0.15 ～ 0.35；铜 59 ～ 61；锌余量	890	H62 黄铜	34	38 ～ 43
丝 222	铁黄铜焊丝	锡 0.7 ～ 1.0；硅 0.05 ～ 0.15；铁 0.35 ～ 1.20；锰 0.03 ～ 0.09；铜 57 ～ 59；锌余量	860	H62 黄铜	34	38 ～ 43
丝 224	硅黄铜焊丝	硅 0.30 ～ 0.70；铜 61 ～ 69；锌余量	905	H62 黄铜	34	—

由于上述焊丝的含锌量较高，所以在焊接过程中烟雾很大，不仅影响焊工的身体健康，而且还妨碍焊接操作的顺利进行。为了减少焊接过程中锌的蒸发，采用 QSi3-1 青铜作为填充焊丝，可以得到满意的结果。采用 H62 和 QSi3-1 填充焊丝焊接 H62 黄铜，表 4-4-5 所示为 H62 黄铜焊接接头的力学性能。

表 4-4-5　H62 黄铜焊接接头的力学性能

填充焊丝	抗拉强度 σ_b/（kg · mm^{-2}）	冷弯角 α/（°）
H62	32 ～ 35	180
QSi3-1	37 ～ 37.5	180

3. 焊接操作

焊接可以用直流正接，也可以用交流。用交流焊接时，锌的蒸发比直流正接时少。焊接规范与纯铜焊接相似，但通常焊前不用预热，只是在焊接板厚大于 12 mm 的接头和焊接边缘厚度相差比较大的接头时才需预热。而后者只预热焊接边缘较厚的零件。焊接速度应尽可能快，板厚小于 5 mm 的接头，最好能一次焊成。

4. 焊后处理

焊件在焊后应加热 300 ℃～ 400 ℃进行退火处理，消除焊接应力，以防止黄铜机件在使用过程中破裂。例如，黄铜螺旋桨在焊补后，必须进行退火处理。

任务思考

1. 纯铜焊接时有哪些困难？
2. 纯铜焊接时为什么要进行预热？预热温度如何？有哪些预热方法？
3. 纯铜钨极氩弧焊接时如何引弧？
4. 纯铜管钨极氩弧焊操作要领有哪些？
5. 为什么钨极与焊丝或钨极与熔池不能直接接触？

大国工匠

国之重器的“焊”卫者——陈景毅

在中国船舶旗下的江南造船，陈景毅的大名，电焊工无人不知、无人不晓。他从业

30年，参与了我国首艘万吨级驱逐舰、万吨级海监船、雪龙2号极地科考船和新型深远海大型综合科学考察船等国家重点产品的建造，攻克了多项重大工程关键技术难题。而他的三次首创，更是技惊四座，名满天下。

陈景毅，男，1970年11月出生，中共党员，江南造船船舶电焊工特级技师、制造一部首席专家、上海市焊接首席技师、全国劳模、全国技术能手。

1. 攻克50余项工艺难题

多年来，本着对焊接技艺的极致追求，凡是江南造船承担的大国重器项目，陈景毅总是冲在前面，出色地完成了多项重大工程技术攻关和多艘大国重器的建造。

他攻克了某高新产品不锈钢与青铜异种金属的焊接、铸铁与钢的焊接，是国内采用同步焊、退火焊等特殊焊接方法，成功解决低温钢乙烯球罐焊接难题的第一人；他是国内应用MIG焊接方式，采用无间隙一次单面焊双面成形焊接技术，成功焊接5 mm厚度不锈钢管的第一人。

在国家某重大产品建造中，他攻克了特种材料的自动角焊机焊接工艺，使超长导向制动槽焊接的纵向扭曲变形仅为全长的十万分之一，两套装备以优质的精度奠定了我国重大海洋装备科研生产的基础。

在“雪龙”号极地科考破冰船建造中，破冰刀区域的100 mm超厚钢板，用普通焊接工艺焊接容易出现裂纹，陈景毅重新编制了焊接工艺，并采用同人数、同参数、同速度分段退焊法焊接，解决了100 mm超厚板冰刀区域容易产生焊接冷裂纹的难题。

某高新产品专用设备（42GMO三芯辊）由于长期使用超厚板的加工工艺，出现了环状裂纹，他反复研究材料的特性，自主探索和匹配焊材，成功修复了裂纹，为公司节约了设备返修费200万元。

在某舟桥项目中，他突破了3 mm薄板高强度钢气保焊单面焊双面成形技术，不仅解决易碳刨穿透和未焊透的难题，还将焊缝拍片一次合格率稳定于96%以上。

多年来，在江南造船的培养下，陈景毅凭着精湛的技艺，对事业的不懈追求，攻克焊接工艺难题50余项，并申报多项专利，成为电焊行业的领跑者和创新者。而他个人也获得了国务院政府特殊津贴、上海工匠、上海市五一劳动奖章和全国五一劳动奖等殊荣。

2. “焊”接技艺传承的纽带

自唐应斌算起，陈景毅可以算是江南造船第三代大国工匠的代表，也是继刘维新之后的第二代“江南焊王”。“工匠不仅要技艺高超，更要为后世培育人才”，这是江南工匠精神的光荣传统，他时刻牢记在心，全心全意把个人所学、所掌握的焊接技术都毫无保留地传授给青年焊工，孜孜不倦地培养江南造船新一代焊接技能人才，诲人不倦，他用心浇灌培育了一大批焊接高技能人才。大弟子陈宜峰荣获2012年“嘉克杯”国际焊接比赛第一名的优异成绩，荣获“全国技术能手”荣誉称号，如今在公司也承担了多项重要产品的生产任务。

陈景毅以国家级技能大师工作室为载体，先后为公司培养了9大类特种钢，共计600余名焊工，为江南造船的重大项目建造锻造出了一支强有力的焊工铁军。他用手中的焊枪打造了一条传承的纽带。

即便荣誉等身，仍初心不改、坚守一线，凭精湛技能投身钢铁海防；纵使桃李争妍，仍谆谆教导，鞠躬尽瘁，一腔热血浇灌江南焊花。三十年如一日的陈景毅将一切奉献给了造船事业，用实际行动诠释着“爱国奉献、求实创新”的江南精神，延续着江南工匠的传统精神，“造大国重器、育江南工匠”。

05 项目 5　埋弧自动焊实训

实训任务 5.1　埋弧自动平对接焊

实训目标

1. 学习 MZ-1000 埋弧焊机的结构；
2. 学习埋弧焊的安全技术；
3. 掌握 MZ-1000 埋弧焊机的基本操作；
4. 掌握埋弧焊引弧、熄弧焊接操作技术；
5. 具备严谨认真、精益求精的工匠精神；
6. 具备安全意识、责任意识、爱岗敬业的劳动精神。

5.1.1　任务导入

把对接接头焊件悬空放置在焊接工作台上，先用埋弧焊焊接一面焊缝，再将焊件翻身，焊另一面焊缝，这种焊接方法称为悬空双面埋弧焊。I 形坡口不留间隙的平对接直缝焊是悬空双面埋弧焊的一种形式。悬空双面埋弧焊由于不需要焊接辅助材料及焊接辅助装置，工艺简单，使用方便，在目前国内工厂焊接结构、容器制造中，常用于焊接 8 mm 以上厚度的长焊缝。现有两块 Q235-A 低碳钢板（图 5-1-1），准备实施 I 形坡口不留间隙的平对接直缝焊。

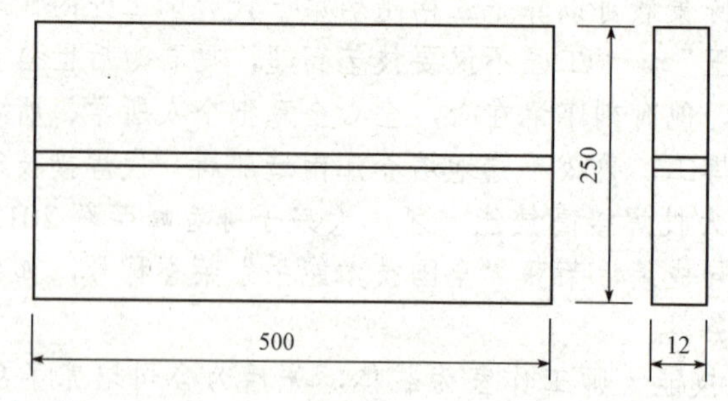

技术要求

1. 钢板采用双面埋弧焊。
2. 焊缝背面允许清根。
3. 焊缝余高 0 ～ 3 mm，焊接要采用引弧板、收弧板，但必须全焊透。

图 5-1-1　埋弧自动平板焊工件技术要求

任务分析

针对低碳钢板I形坡口不留间隙的平对接直缝焊，做好焊前准备工作，领会焊丝、焊剂及焊材的特点。本任务选用的是MZ-1000埋弧焊机，该焊机是埋弧焊中应用广泛的焊机之一，需要懂得该焊机的结构，学会焊机的基本操作。

I形坡口的平对接直缝焊是悬空双面埋弧焊中基本的操作项目，要学会焊前坡口形式尺寸的准备及清理、引弧、熄弧等实际操作，并进行焊接件的外观检验。在此过程中，遵守埋弧焊安全操作内容，贯彻埋弧焊的相关焊接标准，执行焊接检验程序。

5.1.2 相关知识

1. 埋弧焊的原理

埋弧焊是电弧焊的一种，又称焊剂层下自动焊，即焊接时电弧被颗粒状的焊剂所覆盖掩埋而不外露。焊接时，在焊接部位覆盖着一层颗粒状的焊剂，焊剂在常温下不导电。当焊丝与焊件间形成电弧后，电弧的热量使周围的焊剂熔化形成液态熔渣，部分焊剂分解、蒸发成气体，气体排开熔渣，使熔渣在电弧周围形成一个封闭的空腔，电弧在空腔中稳定燃烧。连续送入电弧的焊丝，以熔滴状态过渡，与熔化的母材混合，形成金属熔池。金属熔池上盖着一层液态熔渣，熔渣外层是未熔化的焊剂，它们一起保护着金属熔池，使其与周围空气隔离。熔渣能部分脱除熔池金属中的氧和其他有害杂质，调节熔池金属的成分。液态熔渣在焊缝表面凝固成一层渣壳，去除渣壳后，就可以得到光滑平整的焊缝，埋弧焊原理示意如图5-1-2所示。

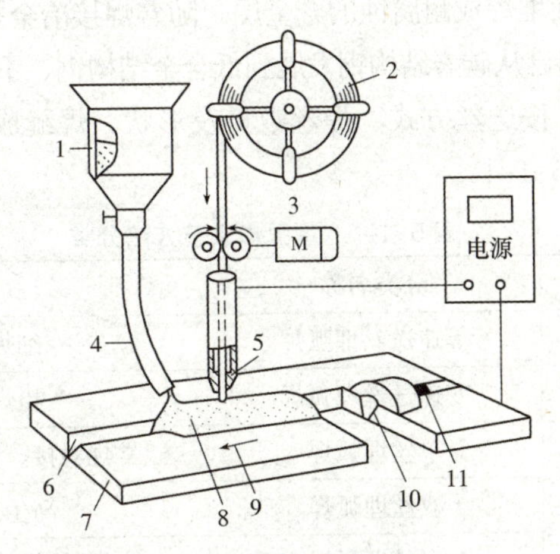

图5-1-2 埋弧焊原理示意

1—焊剂漏头；2—焊丝；3—送丝机构；4—软管；5—导电嘴；6—坡口；
7—母材；8—焊剂；9—焊接方向；10—熔敷金属；11—渣壳

（1）埋弧焊的主要特点。

1）生产率高。埋弧焊使用的电流大，焊缝熔深大。焊接厚度小于12 mm的焊件可以不开坡口。同时焊接速度快，对接厚度为 8 ～ 10 mm 的钢板，焊接速度可高达 30 ～ 50 m/h。

2）焊缝质量高。埋弧焊时，焊剂层有效地防止了空气的侵入，减少了空气对焊接熔池的影响；同时焊接参数稳定，对焊工技术要求不高，焊缝成分比较均匀，焊缝性能比较好。

3）劳动条件好。埋弧焊采用机械化操作，使焊工的劳动强度大为降低；焊接电弧在焊剂层下燃烧，消除了弧光对焊工的影响。

4）焊接变形小。埋弧焊的焊接速度快，热量集中，焊接变形小。埋弧焊的坡口尺寸和焊条电弧焊相比，间隙小、钝边大、坡口角度小、填满坡口的熔敷金属量也少。若两块厚钢板的板厚，坡口的形状、规格相同，一块板用埋弧焊焊接，可用很少的焊接层数即可焊成，而另一块板用焊条电弧焊焊接，则需要很多的焊接层数才能焊成。焊接层数少的，其焊接变形小。

5）由于埋弧焊是依靠颗粒状焊剂堆积、熔化后形成保护作用，因此，主要适用水平面（俯位）焊缝焊接。

6）由于埋弧焊所用焊剂的主要成分是 SiO_2、MnO 等金属、非金属氧化物，因此其难以用于焊接铝、钛等氧化性强的金属及其合金。

7）由于埋弧焊设备比焊条电弧焊的复杂，因此其机动灵活性差，只有用于长焊缝焊接才能显示较大的优越性，而短焊缝焊接因受辅助工作量的影响，生产率反而大大降低。

8）适用中厚板焊接，不适合焊接 1 mm 以下的薄板，因为小电流焊接不稳定。

（2）埋弧焊的应用。

1）埋弧焊的应用范围。埋弧焊适用低碳钢及合金结构钢中厚板水平面上长焊缝焊接。由于熔深大、生产率高、机械化操作的程度高，埋弧焊适合中厚板结构的长焊缝焊接，在造船、锅炉与压力容器、桥梁、起重机械、铁路车辆、工程机械等制造部门有着广泛的应用，是当今焊接生产中最普遍使用的焊接方法之一。埋弧焊除了应用于金属结构中构件的连接外，还可在基体金属表面堆焊成耐腐蚀的合金层。随着焊接冶金技术与焊接材料生产技术的发展，埋弧焊能焊的材料已从碳素结构钢发展到低合金结构钢、不锈钢、耐热钢等。

2）埋弧焊的分类。按送丝方式、焊丝数量及形状、焊缝成形条件等，埋弧焊工艺方法分成多种类型，见表 5-1-1。

表 5-1-1　埋弧焊工艺方法分类

分类依据	分类名称	应用范围
按送丝方式	等速送丝埋弧焊	细焊丝、高电流密度
	变速送丝埋弧焊	粗焊丝、低电流密度
按焊丝数量或形状	单丝埋弧焊	常规对接、角接、筒体纵缝、环焊缝
	双丝埋弧焊	高生产率对接、角接焊
	多丝埋弧焊	螺旋焊管等超高生产率对接焊
	单极埋弧焊	耐磨、耐腐蚀合金埋弧焊
按焊缝成形条件	双面埋弧焊	常规对接焊
	单面焊双面成形埋弧焊	高生产率对接焊，难以双面焊的对接焊

2.MZ-1000 型埋弧焊机

MZ-1000 型焊机是应用广泛的一种电弧电压自动调节、变速送丝的典型埋弧焊焊机，适合水平位置或与水平面倾斜不大于 15° 的各种有坡口或无坡口的对接、搭接和角接接头的焊接；如果借助滚轮转胎还可焊接圆筒焊件的内、外环缝。MZ-1000 型焊机主要由自动焊接小车、控制电路和焊接电源三大部分组成。其主要功能是连续不断地向电弧焊焊接区输送焊丝，传输焊接电流，使电弧沿焊缝均匀移动，控制电弧的能量参数，控制焊接自启动和停止，向焊接区铺撒焊剂，焊前调节焊丝末端位置，预置有关焊接参数等。

在焊机使用时必须按制造厂提供的外部接线图，将焊机各部分连接起来。图 5-1-3 所示为 MZ-1000 型埋弧焊机使用直流电源时的外部接线图。

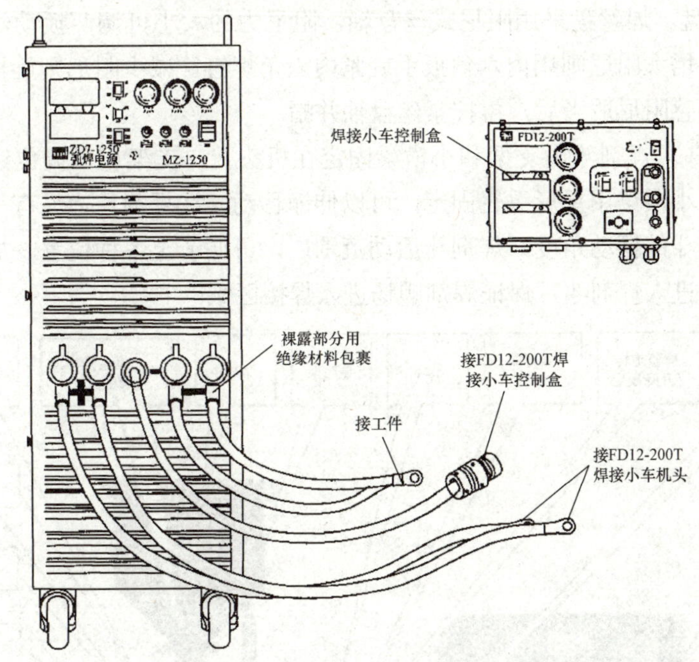

图 5-1-3 MZ-1000 型埋弧焊使用直流电源时的外部接线图（直流）

3. 自动焊接小车结构

自动焊接小车可与 800 A、1000 A、1250 A 及 630 A 等规格的埋弧焊电源配套组成 A310-800/1000/1250/630 系列自动埋弧焊机。小车依靠四个轮子，可以在前进方向与水平面夹角小于 15° 的硬质平面上或行走导轨上行走。小车前、后轮可同时驱动，行走稳定，焊接范围广，调整方便灵活，机头和焊枪一体升降、回转。小车面板上设计有焊接电流、焊接电压、焊接速度调节及显示功能。小车由直流电动机带动，其速度可在 20 ～ 60 m/h 范围内均匀调节，具体如图 5-1-4 所示，自动焊接小车由机座、控制盒、机头（送丝电机减速箱、送丝托架总成、焊枪杆）、焊丝盘、焊剂斗等部分组成。各部件功能如下：

（1）机座。机座内设有可调控的行走电机减速器及传动离合器，前后轮用同步带轮同时驱动，合上行走离合器手柄，小车可正向或反向自动行走，脱开离合器时，小车可手动行走移动。机座内设有拖板，转动波形手轮，可带动立柱横向移动，以便于调节机头的位置。

（2）控制盒。控制盒面板上设有指示标识和操作控制装置，并设有可回转的支架，可方便地转动到便于操作的位置进行操作。

（3）机头焊枪部件。机头由送丝电机减速箱、送丝托架总成、焊枪杆、导电嘴等零部件构成。其功能是将焊丝从焊丝盘上拉出，经导丝架引入，由双驱动送丝轮及校直轮校直后，输入导电嘴送往焊接区域施焊。机头与焊枪连为一体并可以方便地从横臂上拆卸下来，移装到其他焊接机架上使用。焊枪杆可以按用户需要加长接杆使用。导电嘴在焊接时起导电作用。本小车配有相应规格的导电嘴各一只，不同直径的焊丝应选用相应规格的导电嘴。导电嘴属易损件，发现磨损、烧损或表面被拉毛，应及时更换，否则会发生电弧不稳定现象。

（4）焊丝盘。焊丝盘采用阻尼式丝盘轴，阻尼力的大小可调。扳动丝盘轴挡板，卸下丝盘轴并帽，增大阻尼则用内六角扳手旋紧内六角螺钉，减少阻尼则旋松内六角螺钉。转动焊丝盘，手感阻尼适当后，再拧紧丝盘轴并帽。

（5）焊剂斗。焊剂斗由支架和小横梁固定在机头上，支架用可调位锁定手柄固定，可绕机头回转，小横梁用星形手轮固定，可以伸缩移动，在焊剂斗边另有一可调位锁定手柄，可调节焊剂斗的摆动角度，焊剂斗活动范围广，可调节至各种位置。加入的焊剂通过焊剂滤网过滤后进入焊剂斗，保证焊剂顺畅进入焊接区域。

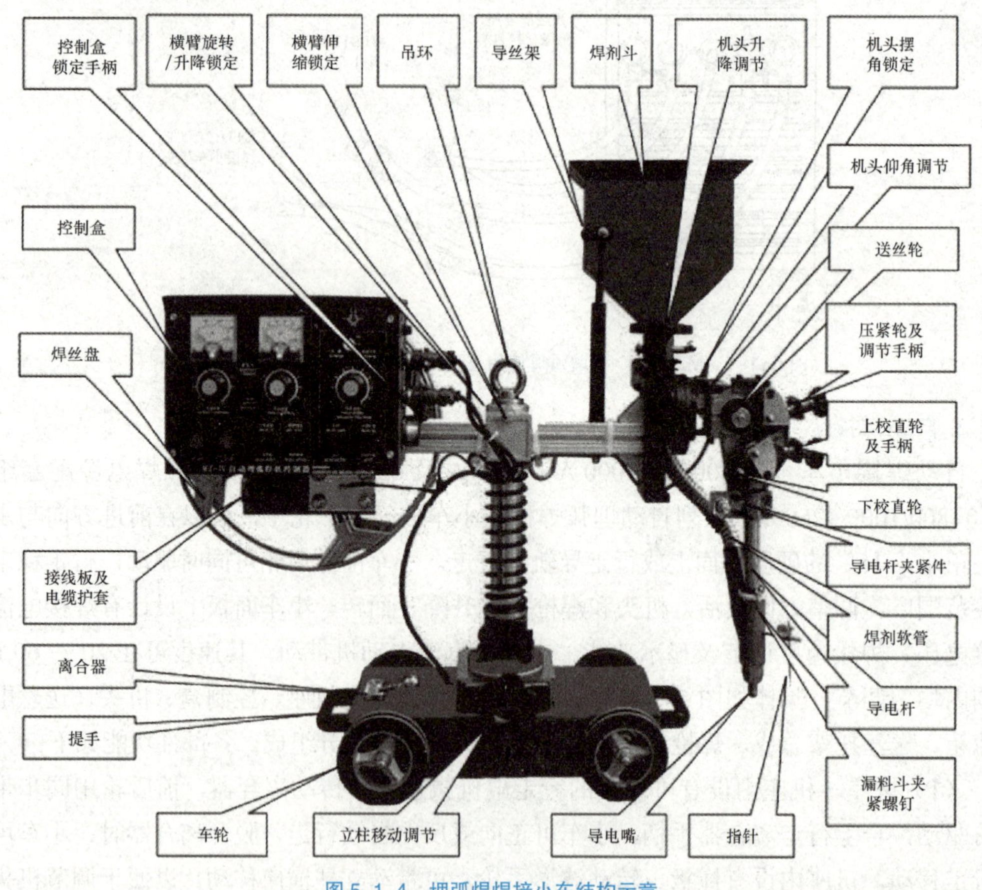

图 5-1-4　埋弧焊焊接小车结构示意

5.1.3 任务实施

1. 安全文明生产

（1）焊接作业前，应先检查焊机设备、操作机及工夹具是否安全可靠，机壳的接地是否良好，接地电阻不得大于 4 Ω。

（2）埋弧自动焊机的小车轮子要有良好绝缘性，导线应绝缘良好，工作过程中应理顺导线，防止扭转及被熔渣烧坏。

（3）控制盒和焊机外壳应可靠接地（零）和防止漏电。接线板罩壳必须盖好。焊接电缆应尽量用整根的长导线，且有足够的截面面积（可用两根长导线并联），如需要电缆接长时，接头连接必须坚固可靠，并外包扎绝缘包布，保证绝缘良好。

（4）焊机应平稳安放在通风良好、干燥的地方，保持清洁干净，防止较大的振动和碰撞。安放在室外时，必须有防雨、雪措施。

（5）焊工在推拉闸刀开关时，应戴好绝缘手套，人必须站在侧面，动作应迅速，防止触电和电弧灼伤。

2. 焊前准备

（1）焊接坡口。对于低碳钢和低合金钢埋弧焊的焊接接头，按《埋弧焊的推荐坡口》（GB/T 985.2—2008）的规定，板厚 6 ～ 12 mm 可采用 I 形坡口焊接，焊缝两端必须装有牌号、厚度与焊件相同的一定尺寸的引弧板；其组对形式及间隙如图 5-1-5 所示。

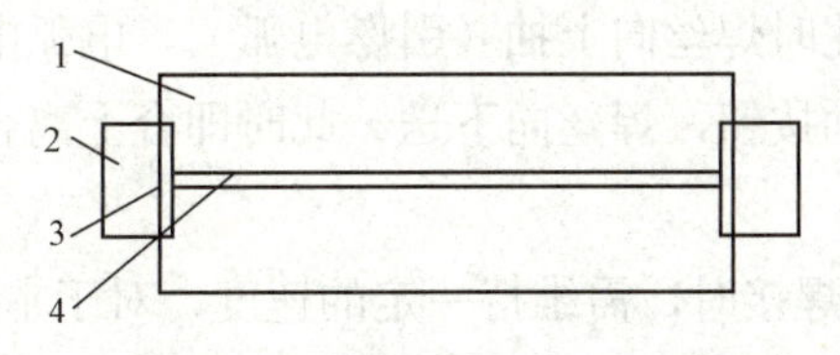

图 5-1-5 平板埋弧焊组对形式示意

1—工件；2—引弧和收弧板；3—固定焊缝；4—焊缝间隙（0 ～ 1.5 mm）

（2）焊接材料。

1）由于焊件是 Q235-A 低碳钢板，焊丝选用 H08MnA，直径 4 mm，该种焊丝适合焊接低碳结构钢、合金结构钢，能够保证焊缝的力学性能与化学成分和焊件相似。

2）焊剂采用熔炼焊剂 HJ-431。焊前，焊剂应进行 200 ℃烘干。该种焊剂属于高锰高硅低氟型熔炼焊剂，与 H08MnA 焊丝配合使用，适用焊接重要的低碳及低合金结构钢。

（3）焊前清理。对焊接区及附近的油污、铁锈等，用角向磨光机打磨干净，使其坡口面及其两侧各 20 mm 范围内不存在污物，以免焊接过程中产生气孔或熔合不良等缺陷。

（4）组装定位焊。根据图纸要求装配工件。准备两块规格为 100 mm×100 mm×12 mm 的 Q235-A 钢板作为引弧板和收弧板，将其点焊在工件两端，对于本任务，定位焊缝属于短焊缝，定位焊只在引弧板和收弧板两端进行，装配焊件应保证间隙均匀、高低平整，且定位焊缝质量应与主焊缝要求一致。

3. 焊接实施

（1）调试焊机。焊接采用单丝埋弧焊，首先对 MZ-1000 焊机进行焊车空载运行调试。

1）焊接电流调节。先将电源接通，然后将控制盒开关放在“开”的位置，再分别按台车控制盘上的“增大”或“减小”按钮调节电流，弧焊电源中的电流调节器即可工作。通过电流指示器预知电流的大致数值，也可以通过焊机外壳侧面的两个按钮“增大”或“减小”调节电流。

2）焊丝“向上”或“向下”调试。分别按台车控制盘上焊丝“向上”或“向下”按钮，按下时焊丝即上抽或下送。

3）台车行走速度调试。把台车上“空载”与“焊接”开关拨至“空载”位置，台车行走方向的转向开关拨至“顺”位置，合上离合器（手柄扳上），焊车即沿着焊接方向行走。如果要改变行走方向，将转向开关拨至“倒”位置，台车即反方向行走。通过调节焊接速度电位器，可变换焊接台车的行走速度。

（2）焊丝调整。焊接前应事先调好焊丝的位置。

1）焊丝伸出长度。焊丝从焊嘴到工件的距离叫作焊丝伸出长度；焊丝伸出越长，电阻越大，熔化速度也越快；反之，焊丝太短，则容易烧毁焊嘴。其焊丝伸出长度一般可取焊丝直径的 6 ～ 8 倍，所以对于本任务取 24 ～ 32 mm。

2）调整焊丝处于垂直状态，并使焊丝对准焊件的焊缝中心，焊缝中心与焊丝在同一直线上，但不接触钢板，然后往返拉动小车几次，反复调试位置，直到焊丝能在整块焊件上对准位置为止。

3）将小车拉到引弧板处，调整好小车行走的方向开关，使焊丝和引弧板可靠接触并撒上焊剂，按启动按钮，此时焊丝向上抽（引燃电弧），电弧电压瞬时增大到一定值，电弧正常燃烧。立即松开启动按钮，焊丝向下送。此时即合上离合器，台车正常行走，开始焊接。

（3）焊接速度调整。焊接时，需维持一定的速度，对于本任务取 42 cm/min，因为当焊接电流和电弧电压不变时，焊接速度增大，熔深和熔宽减小，焊接速度太快，会形成未焊透或焊缝边缘熔合不良的现象。

（4）焊接操作。按照给定的焊接工艺参数进行操作。焊接过程中防止焊剂中混入异物，导致阻塞焊剂引起弧光裸露。不开坡口对接焊缝的形状如图 5-1-6 所示，其悬空双面焊时焊接参数见表 5-1-2。在焊接过程中，应随时观察控制盘上的电流表和电压表的读数。准确的焊接工艺参数可以通过台车控制盘上电流“增大”或“减小”按钮和电弧电压调节器及焊缝速度调节器进行无级调节。

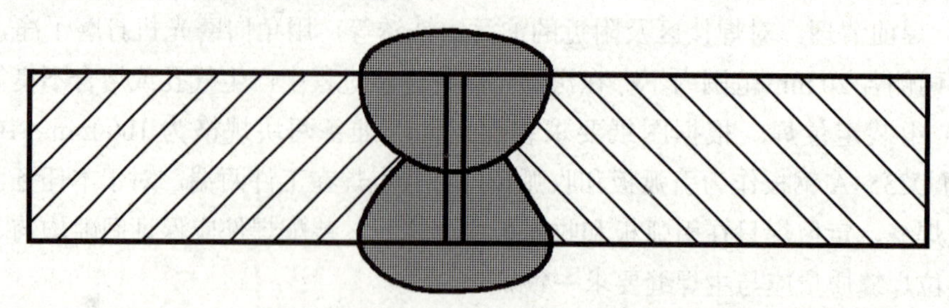

图 5-1-6　埋弧焊焊缝的形状示意

表 5-1-2　悬空双面埋弧焊的焊接参数

板厚 /mm	焊丝直径 /mm	焊接层次	焊接电流 /A	电弧电压 /V	焊接速度 /（$cm \cdot min^{-1}$）
12	4	1	620 ～ 660	35	42
		2	680 ～ 720		40

4. 操作要点

（1）收弧。电弧焊至焊缝终端或引弧板上，先关上焊剂斗阀门，再按下“停止”按钮。按下“停止”按钮时，应分两步。先按“停止”按钮至 1/2 处，使焊丝停送，电弧逐渐拉长到断弧，再按到底，此时焊接电源才被切断；然后按焊丝“向上”按钮，使焊丝回抽，距离加大，松开离合器，至此焊接过程结束。

（2）清根，焊反面焊缝。当第一层焊完后，将焊件翻身，应用碳弧气刨清除焊根，以保证焊缝熔透。清根工艺方法及所用设备可参照手工电弧焊中训练所述。

（3）焊接质量检测。打开离合器（手柄压下），推开台车，回收焊剂，敲去焊渣，检查焊缝表面质量。敲渣壳时要戴防护眼镜，防止渣粒飞出损伤眼睛。

1）宏观金相（目测）。目视检验的距离约为 600 mm，眼睛与被检工件表面所成的视角不小于 30°。要求焊缝成形美观，过渡均匀，无任何肉眼可见缺陷。

2）焊缝外形尺寸。焊缝外形尺寸检验主要是测量焊缝外观尺寸是否符合图样标注尺寸或技术标准规定的尺寸。针对对接焊缝尺寸，主要是检查焊缝的余高（h）和熔宽（B），其中又以测量余高（h）为主。

5.1.4　任务评价

焊接质量检验前要将焊件表面的焊渣及飞溅物清理干净，焊缝不允许修磨和补焊，应保持原始状态。埋弧自动平对接焊考核评分方法见表 5-1-3。

表 5-1-3　埋弧自动平对接焊考核评分方法

序号	检查项目	评判等级				得分
		Ⅰ	Ⅱ	Ⅲ	Ⅳ	
1	焊缝余高 /mm	0 ～ 2	2 ～ 3	3 ～ 4	<0 或 >4	
		5 分	3 分	1 分	0 分	
2	焊缝高度差 /mm	<1	1 ～ 2	2 ～ 3	>3	
		5 分	3 分	1 分	0 分	
3	焊缝宽度 /mm	17 ～ 19	≥ 16 或≤ 20	≥ 15 或≤ 22	<15 或 >22	
		5 分	3 分	1 分	0 分	
4	焊缝宽度差 /mm	<1.5	1.5 ～ 2	2 ～ 3	>3	
		5 分	3 分	1 分	0 分	

续表

序号	检查项目	评判等级				得分
		Ⅰ	Ⅱ	Ⅲ	Ⅳ	
5	咬边 /mm	无咬边	深度≤ 0.5		深度 >0.5	
		5 分	每 0.5 mm 扣 2 分		0 分	
6	正面成形	优	良	中	差	
		5 分	3 分	1 分	0 分	
7	背面成形	优	良	中	差	
		5 分	3 分	1 分	0 分	
8	背面凹量 /mm	0 ～ 0.5	0.5 ～ 1	1 ～ 2	>3	
		5 分	3 分	1 分	0 分	
9	背面余高 /mm	0 ～ 2	2 ～ 3	>3	>5	
		5 分	3 分	1 分	0 分	
10	角变形 /mm	0 ～ 1	1 ～ 3	3 ～ 5	>5	
		5 分	3 分	1 分	0 分	
11	错边量 /mm	0 ～ 0.5	0.5 ～ 1	>1	—	
		5 分	3 分	0 分	—	
12	外观成形	成形美观，焊缝均匀、细密	成形较好，焊缝均匀、平整	成形尚可，焊缝平直	焊缝弯曲，高低、宽窄明显	
		25 分	15 分	5 分	0 分	
13	安全文明	优	良	中	差	
		20 分	10 分	5 分	0 分	
汇总（100 分）						
注：若试件焊接未完成；表面修补及焊缝正反两面有裂纹、夹渣、气孔、未熔合缺陷；该件做 0 分处理。试板两端 20 mm 的缺陷不计						

5.1.5　任务拓展

焊缝外观检验

焊缝外观检验是最基本的检验方法，任何焊缝都必须先进行外观检验，检验合格后才能转入焊缝内部质量检验及其他检验，做进一步检验（无损探伤、致密性试验等）。焊缝外观检验主要用肉眼和焊缝卡板、焊接检验尺、游标卡尺等量具进行观察和测量，有时还借助低倍放大镜进行检验，主要工具如图 5-1-7 所示。外观检验时要有良好的照明。外观检验要测出焊缝的外形尺寸，检验焊缝表面缺陷，对照技术标准，判定焊缝外形质量是否合格。

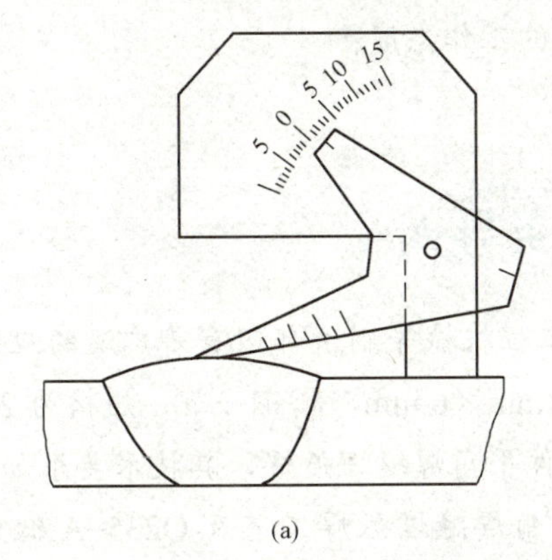

(a)

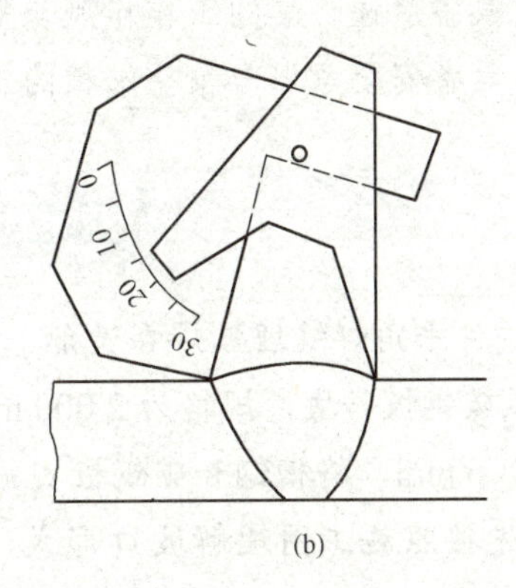

(b)

图 5-1-7　焊接检验尺

（a）测焊缝的余高；（b））测焊缝熔宽

具体检验措施如下：

（1）距离被检验的焊件较近时，眼睛与被检验焊件表面的视角不少于 60° ，或借助适当照明，利用反光镜调节照射角度，直接目视或借助 5 ～ 20 倍放大镜进行焊缝外观检验。

（2）距离被检验的焊件较远时，为看清焊缝，可借助望远镜、内孔管道镜、照相机等仪器，对焊接缺陷进行真伪分辨，其分辨能力应大于直接目视检验效果。

外观检验比较简单且所需的检验工具最少，能检验焊缝表面的清理质量、焊缝几何形状、焊缝表面缺陷、焊缝缺陷修复后的表面质量，是一种成本很低的质量控制手段。这种低成本还体现在它能够在缺陷形成之初就发现，并立即采取最为经济的纠正措施。例如，外观检验能够发现根部裂纹。根部裂纹在其形成之初、并进一步施焊前被发现而进行修补，和直到焊接完成以后再发现而进行修补所需的费用相比要少得多。

●任务思考

1. 埋弧自动焊机由哪几个部分组成？
2. 埋弧自动焊机如何分类？各自适用的范围如何？
3. 焊丝的牌号是怎样编制的？
4. 焊剂分为哪几类？有什么用途？

实训任务 5.2　T 形构件平角埋弧焊

实训目标

1. 学习埋弧焊焊缝坡口的基本形式和尺寸；
2. 学习环缝焊接埋弧焊辅助设备的结构；

3. 熟悉 T 形构件平角焊缝埋弧焊操作；

4. 掌握 T 形构件平角焊缝的质量检验；

5. 具备严谨认真的工作作风与爱岗敬业的工作态度；

6. 具备安全意识与精益求精的工匠精神。

5.2.1 任务导入

T 形构件平角焊缝埋弧焊在造船、桥梁、工程机械等制造部门有着广泛的应用，现有 Q235-A 低碳钢板一块，规格为 2 000 mm×300 mm×6 mm，槽钢一节，规格为 200 mm×2 000 mm×6 mm，将槽钢和碳钢板实施 T 形构件平角焊缝埋弧焊，其技术要求如图 5-2-1 所示，首先按照施工图理解坡口形式，根据平角焊缝埋弧焊工艺及 Q235-A 低碳钢的特点，进行焊前设备、焊材的准备，装配定位工件，选择合适的工艺参数及焊接实施方案，调节 MZ-1000 埋弧焊机进行操作，清理焊件并检验评价。

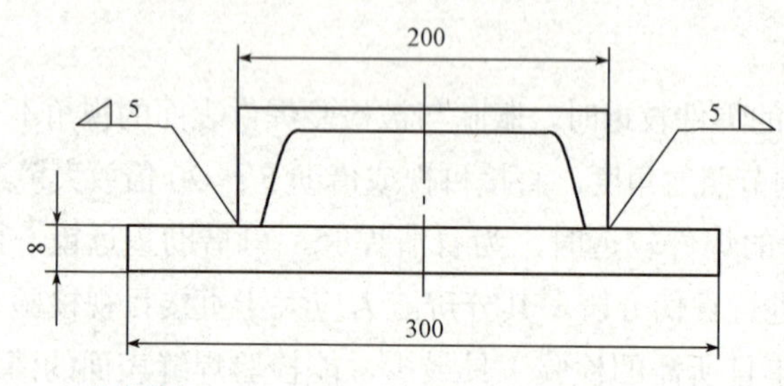

技术要求

1. 工件材料：Q235-A。

2.T 形构件平角焊缝埋弧焊。

3. 焊接前根据图纸要求进行装配，并在两边点焊。

图 5-2-1　平角焊缝埋弧焊施工图技术要求

任务分析

针对 Q235-A 低碳钢板 T 形构件平角焊缝埋弧焊，首先做好焊前准备工作。按照施工图准备材料，选择焊丝、焊剂，确定焊接工艺方案，埋弧焊机选用 MZ-1000 焊机，理解槽钢和 Q235-A 低碳钢板坡口形式，装配引弧板、收弧板，进行焊件组装、点固焊、焊前清理等准备工作，平角焊缝埋弧焊的要点是注意调节焊丝位置，防止角变形，根据这些特点选择合适工艺参数进行焊接，焊后检查焊缝质量。

5.2.2 相关知识

1. 平角焊缝埋弧焊

角焊缝主要用于 T 形接头和角接接头，埋弧焊较多的是焊接 T 形接头角焊缝。焊接时有两种焊法：倾斜焊丝焊，即平角焊；船形位置角焊。T 形接头的两板：一板称为腹板（垂直板）；另一板称为翼板（水平板）。翼板和腹板连接的角焊缝的角平分线处于水平线上并成45°，用倾斜焊丝焊接这样位置的角焊缝，称为横角焊，但习惯上称为平角焊。

（1）埋弧焊角焊缝常用坡口形式及规格见表 5-2-1。

表 5-2-1　埋弧焊角焊缝常用坡口形式及规格

序号	板厚 /mm	符号	坡口形式	坡口规格 /mm
1	6 ～ 14		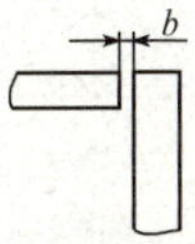	b=0 ～ 2.5
2	10 ～ 20	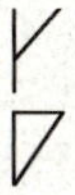	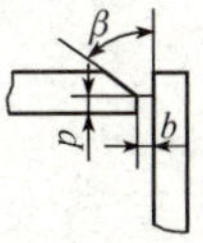	β=35° b=0 ～ 2.5° p=0 ～ 3
3	20 ～ 40		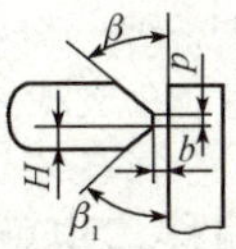	β=35° ～ 45° β_1=40° ～ 50° b=0 ～ 2.5 p=1 ～ 3 H=6 ～ 10
4	10 ～ 24		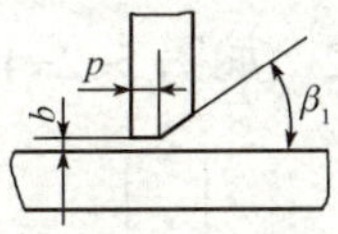	β_1=35° ～ 45° b=0 ～ 2.5 p=3 ～ 7
5	10 ～ 40		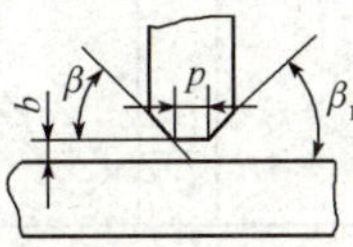	β=10° ～ 50° β_1=10° ～ 50° b=0 ～ 2.5 p=3 ～ 5

（2）平角焊的特点。

1）不易烧穿。平角焊时 T 形接头的间隙不是在焊丝电弧的正下方，因此，这种焊法对间隙的敏感性不大，甚至通常有 3 mm 的间隙不会烧穿。

2）一层焊缝的焊脚小。这种焊法一层焊缝的截面面积通常在 40 mm^2 以下，如果焊脚大于 9 mm，就需要进行多层焊。

3）易产生咬边和焊脚单边缺陷。焊接过程中，熔融金属受重力的作用要向下流淌，所以腹板上易产生咬边缺陷。同时熔融金属向下流而堆积在水平翼板上，于是形成了水平焊脚大于垂直焊脚，即焊脚单边。平角焊易产生的缺陷如图 5–2–2 所示。

（3）平角焊的焊接工艺。

1）焊丝和垂直板夹角小于 45°。来自垂直板的熔融金属要向下流淌，为此要使垂直板受电弧热量少，应使焊丝和垂直板夹角小于 45°，通常为 20°～40°（图 5–2–3），这样电弧热量偏多给予水平板。

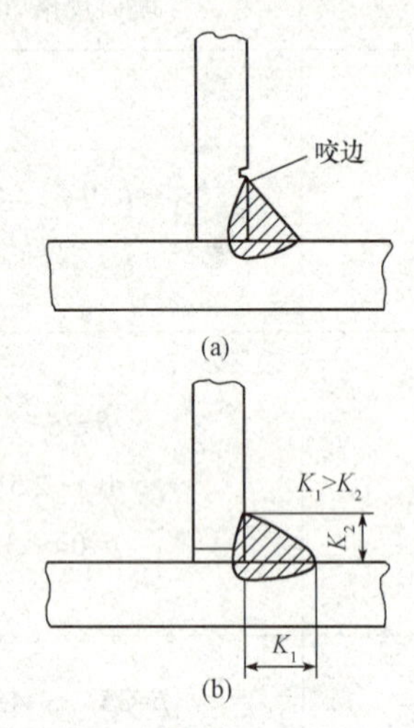

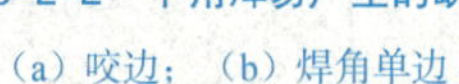

图 5–2–2　平角焊易产生的缺陷

（a）咬边；（b）焊角单边

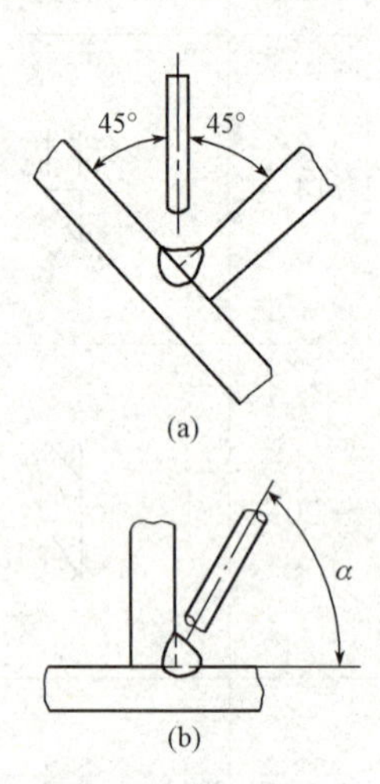

图 5–2–3　T 形接头角焊缝的两种焊法

（a）船形位置角焊；（b）倾斜焊丝焊（平角焊）

2）焊丝向外偏移。焊丝向外偏移，也就是电弧吹力向外移，这样减小了垂直板的受热量，减少了垂直板熔化金属的量；还可以借电弧吹力把熔融金属吹向垂直板，阻止熔融金属流向水平板，可避免咬边和焊脚单边的缺陷。偏移的距离要视焊丝直径和焊脚的规格而定，通常偏移距离 $g=\phi/4$ ～ $\phi/2$，如图 5–2–4 所示。

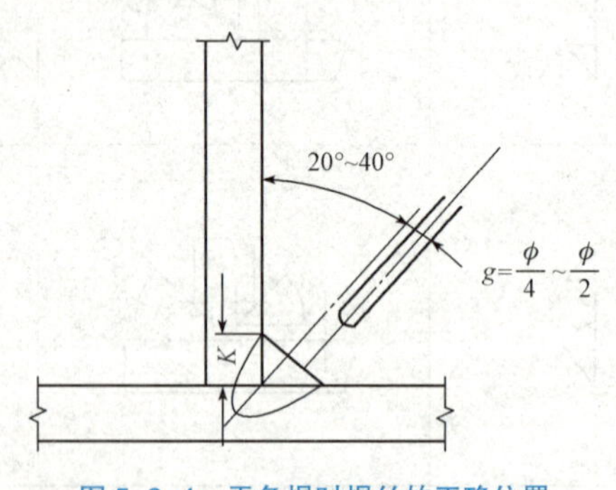

图 5–2–4　平角焊时焊丝的正确位置

（g—焊丝中心线至焊缝中心线的间距）

3）细焊丝、小电流、快焊速。通常平角焊的一层焊缝的焊脚不大于 8 mm，所以焊缝截面面积是不大的，在选择焊接工艺参数时，可用细焊丝、小电流、快焊速。平角焊缝埋弧焊的工艺参数见表 5–2–2。

表 5-2-2　平角焊缝埋弧焊的工艺参数

焊缝形式	焊脚 K/mm	焊丝直径 /mm	焊接电流 /A	电弧电压 /V	焊接速度 /（m•h^{-1}）	电源类型
K δ	3.0	2.0	200 ～ 220	25 ～ 28	58 ～ 60	交流
	4.0	2.0	280 ～ 300	28 ～ 30	54 ～ 55	
		3.0	310 ～ 360	28 ～ 30	54 ～ 55	
	5.0	2.0	380 ～ 400	30 ～ 32	52 ～ 54	
		3.0	440 ～ 460	30 ～ 32	54 ～ 56	
		4.0	480 ～ 500	28 ～ 30	60 ～ 64	
	6.0	3.0	450 ～ 470	28 ～ 30	54 ～ 57	
		4.0	480 ～ 500	28 ～ 30	58 ～ 60	
	7.0	3.0	480 ～ 500	30 ～ 32	47 ～ 48	
		4.0	600 ～ 650	30 ～ 32	50 ～ 51	
	8.0	3.0	500 ～ 530	30 ～ 32	44 ～ 46	
		4.0	670 ～ 700	32 ～ 34	48 ～ 50	

（4）多道焊的平角焊缝埋弧焊。大焊脚尺寸的焊接须用多道焊。焊脚规格大于 8 mm 时平角焊缝埋弧焊的工艺参数见表 5-2-3。

表 5-2-3　T 形接头角焊缝横焊的工艺参数

焊角规格 /mm	焊丝直径 /mm	层数	焊接电流 /A	电弧电压 /V	焊接速度 /（m•h^{-1}）
10	5	1	800	34	30
		2	500	33	30
12	5	1	800	34	27
		2	600	34	36

（5）角焊缝埋弧焊多道焊举例。

1）产品结构和材料。某大桥箱形梁的部件横隔板和扶强材 T 形结构件，如图 5-2-5 所示。横隔板（翼板）厚 20 mm，扶强材（腹板）厚 12 mm，材质为 Q345qD（桥梁用低合金结构钢），采用 I 形坡口，焊脚 K=8 mm，用埋弧焊进行平角焊，焊两层。焊丝为 H10Mn2，焊剂为 SJ101。

2）焊接工艺。

①清理坡口及其周围的污物。

②横隔板置于水平位置，扶强材竖立安装，用 E5015（结 507）焊条进行定位焊。在接缝两端焊上 T 形接头引弧板和收弧板。

③焊第 1 道时，焊丝与垂直板夹角为 25° ～ 35°，焊丝端头对准离角焊缝顶点偏移 2 mm，如图 5-2-5 所示，焊后水平板焊脚 K 达 8 mm，垂直板焊脚约 4 mm。

④焊第 2 道时，焊丝角度略为增大，如图 5-2-6 所示，而焊丝端头对准第 1 道角焊缝顶点，略向水平方向外移，焊接电流小于第 1 道焊接电流，这样可以减小咬边，焊缝成形好。

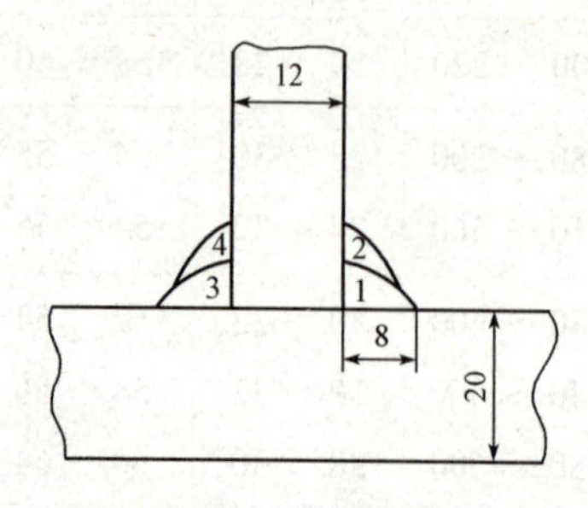

图 5-2-5　T 形构件的坡口及焊缝

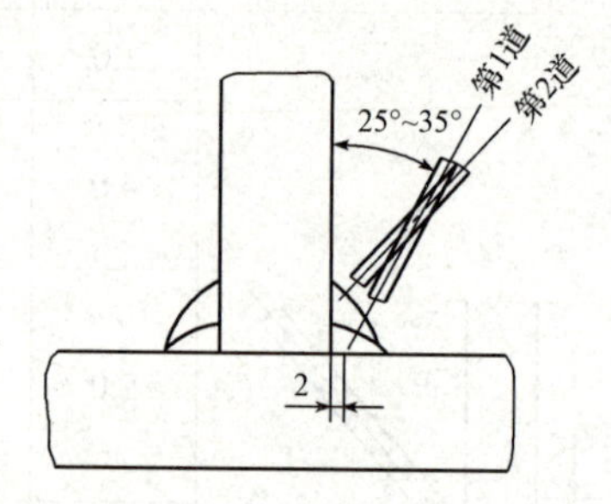

图 5-2-6　焊两道角焊缝的焊丝位置

⑤按表 5-2-4 的焊接工艺参数焊接反面的第 3 道和第 4 道。

⑥正、反面焊缝的焊接方向应该是同方向的。

⑦层（道）间温度保持为 81 ℃～ 146 ℃。

⑧焊接线能量要求为 15.1 ～ 23.0 kJ/cm。

⑨焊后外观尺寸测量及超声波探伤检验，若有缺陷，可用焊条电弧焊（E5015 焊条）进行修补。

表 5-2-4　T 形接头的焊接工艺参数

坡口及焊缝形式	焊接部位	焊道	焊丝直径 /mm	焊接电流 /A	电弧电压 /V	焊接速度 /（cm•min^{-1}）	备注
	正	1	2.0	380 ～ 430	33 ～ 34	40 ～ 42	焊丝 H10Mn^2，焊剂 SJ101
	正	2	2.0	330 ～ 380	33 ～ 34	40 ～ 42	
	反	3	2.0	400 ～ 450	33 ～ 34	40 ～ 42	
	反	4	2.0	320 ～ 370	33 ～ 34	40 ～ 42	

2. 角焊缝尺寸的检验

角焊缝尺寸的检验主要包括检验焊缝的厚度、焊脚、凸度和凹度，如图 5-2-7 所示。但在多数情况下，只测量焊脚长度 K_1、K_2；当图样标注中要求角焊缝厚度时，实际平角焊缝厚度不但要符合规范，还要求焊脚长度 K_1=K_2，因为只有这样才能准确度量 α 值。

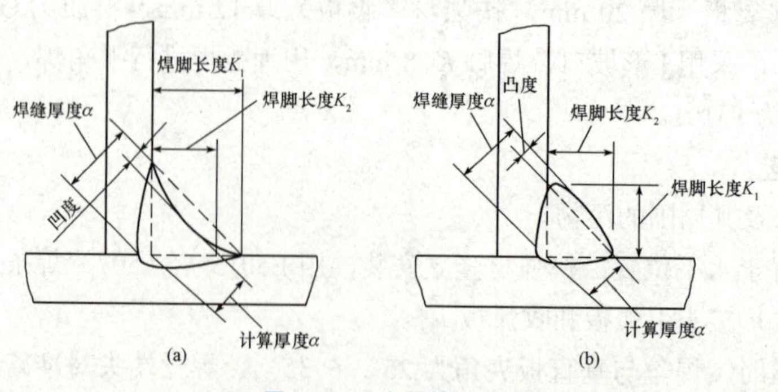

图 5-2-7　角焊缝尺寸

测量角焊缝可以使用焊接检验尺和样板。测量焊脚的方法如图 5-2-8 和图 5-2-9 所示；测量角焊缝厚度的方法如图 5-2-10 所示。

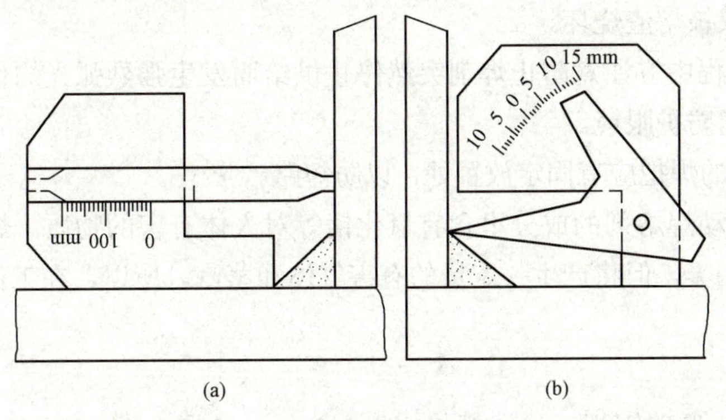

图 5-2-8　用焊接检验尺测量焊角

（a）测量Ⅰ，K=12 mm；（b）测量Ⅱ，K=12 mm

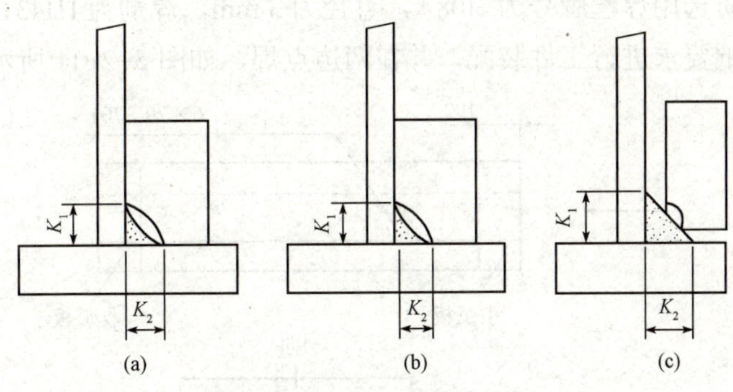

图 5-2-9　用样板测量焊角

（a）K_1，K_2 符合要求；（b）K_1，K_2 偏小；（c）K_1，K_2 偏大

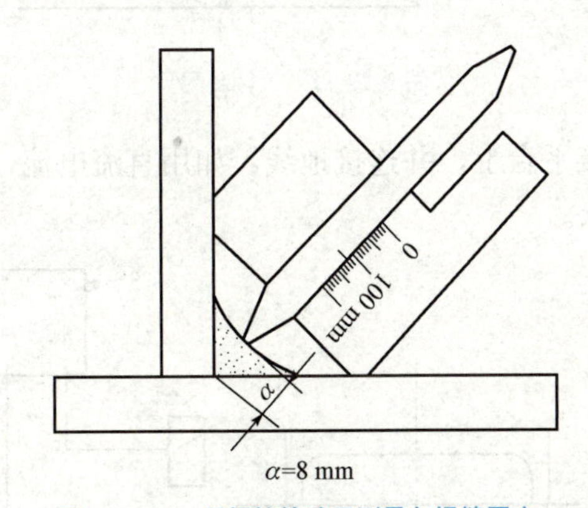

图 5-2-10　用焊接检验尺测量角焊缝厚度 α

5.2.3　任务实施

1. 安全文明生产

（1）埋弧焊缝坡口表面及其周围 20 mm 范围内必须无油、无锈、无水分，点焊焊点

处应清除氧化皮及杂物，否则焊缝内部和焊缝表面会产生气孔。

（2）埋弧自动焊机的小车轮子要有良好绝缘，导线应绝缘良好，工作过程中应理顺导线，防止扭转及被熔渣烧坏。

（3）焊接过程中应注意防止焊剂突然停止供给而发生强烈弧光灼伤眼睛。所以，焊工作业时应戴普通防护眼镜。

（4）埋弧焊的焊把应有固定放置处，以防短路。

（5）埋弧自动焊熔剂的成分里含有氧化锰等对人体有害的物质。焊接时虽不像手弧焊那样产生可见烟雾，但将产生一定量的有害气体和蒸汽。所以，在工作地点最好有局部的抽气通风设备。

2. 焊前准备

（1）Q235-A 低碳钢板一块，规格为 2 000 mm×300 mm×6 mm，槽钢一节，规格为 200 mm×2 000 mm×6 mm 一节。焊接小车导轨一辆，MZ-1000 埋弧焊机一台。

（2）根据材质选用焊丝牌号为 H08A，直径为 3 mm，焊剂为 HJ431。

（3）根据图纸要求进行工件装配，并在两边点焊，如图 5-2-11 所示。

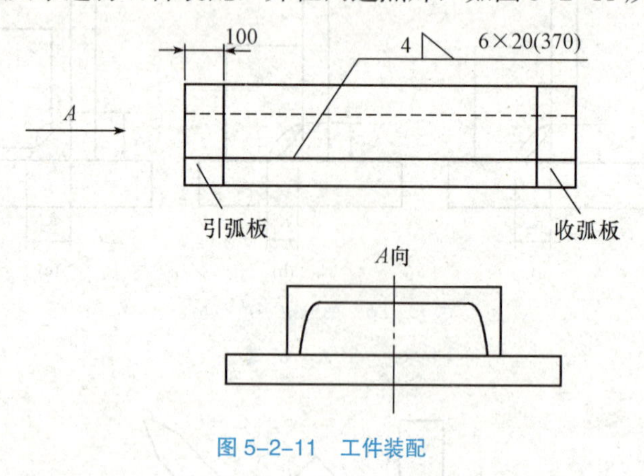

图 5-2-11　工件装配

（4）将工件置于焊接平台上，并连接地线。如用直流电流，工件接负极，焊接小车接正极，如图 5-2-12 所示。

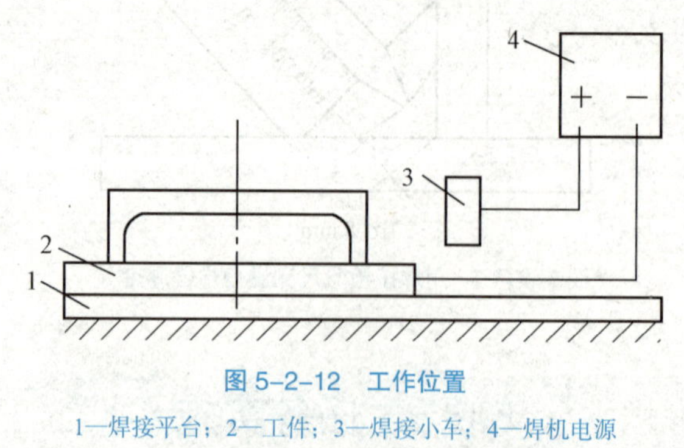

图 5-2-12　工作位置

1—焊接平台；2—工件；3—焊接小车；4—焊机电源

（5）将小车导轨放置在水平台上，并与工件相距适当尺寸，且平行于槽钢，如图 5-2-13 所示。

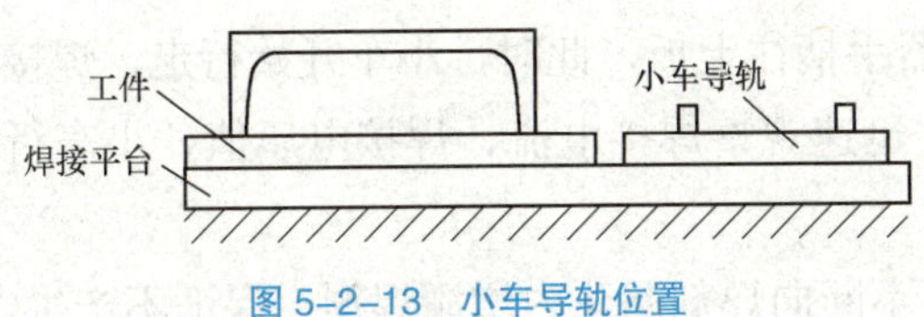

图 5-2-13 小车导轨位置

（6）将焊接小车放置小车导轨上，并安装好焊丝。

3. 焊接实施

（1）打开电源，使焊机通电。按向下按钮，使导电嘴送出焊丝 20 ~ 30 mm，如图 5-2-14 所示。

（2）调节焊接小车机头上的角度旋转装置，使伸出焊丝与工件下平面的夹角为 30° ~ 40°，如图 5-2-15 所示。

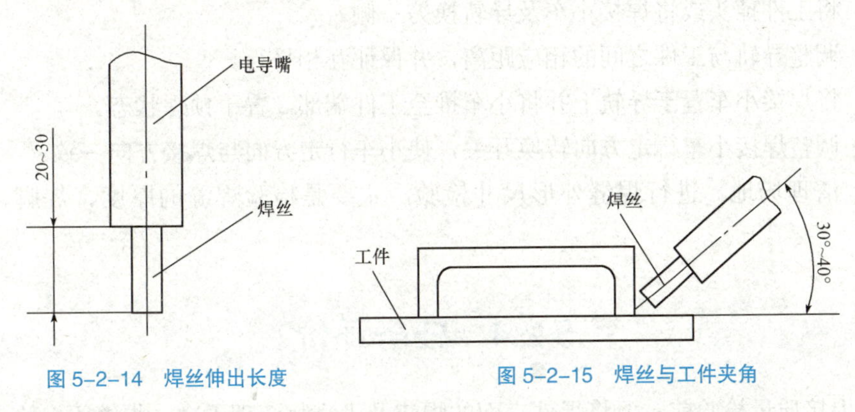

图 5-2-14 焊丝伸出长度

图 5-2-15 焊丝与工件夹角

（3）调节焊接电流旋钮，使焊接电流为 450 ~ 500 A，调节电弧电压旋钮，使电压为 28 ~ 32 V，调节焊接速度旋钮，使焊接速度为 50 ~ 60 m/h。

（4）将焊接小车转换开关至左或右，与焊接方向一致。

（5）将“焊接—空载”开关跳到“空载”位置，同时将小车离合器上扳，测试小车速度、行走位置是否合适，否则进行调整。最后使小车行至工件端部，将“焊接—空载”开关调至“焊接”位置上，将离合器下扳，如图 5-2-16 所示。

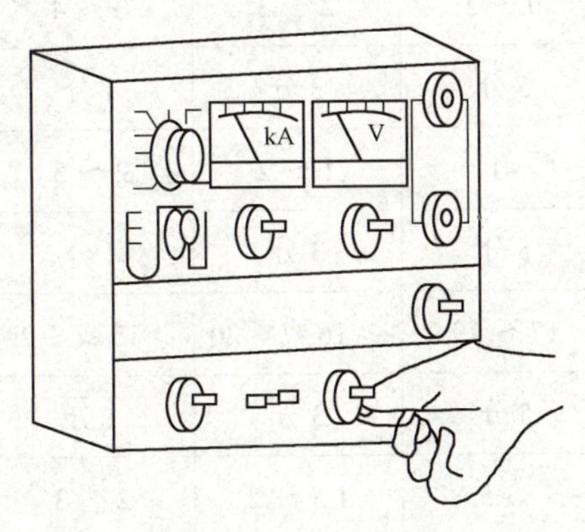

图 5-2-16 调整“焊接—空载”开关

（6）将焊接漏斗内加满焊剂，打开焊剂漏斗开关，使焊剂堆敷在预焊位置上。

（7）确认小车行走方向，行走速度正确及一切准备工作完成后，按下启动按钮，电弧引燃后，迅速将离合器手柄往上扳，此时，小车开始行走，焊接开始。

（8）焊接开始后，迅速观察焊接电流、焊接电压值、小车行走情况等是否正常，否则，马上进行相应调整。

（9）焊接过程中，不断向焊剂漏斗内增添焊剂，保证不产生电弧外漏。

（10）当焊至另一端部时，迅速将离合器手柄往下扳，同时将停止按钮按下一半。

（11）待电弧自动熄灭以后，再将停止按钮按到位。

（12）将焊接小车推至导轨端部。

（13）回收焊剂，清理焊渣。

4. 注意事项

（1）检查焊缝质量，用手工电弧焊焊补，并用端面砂轮打磨。

（2）将工件掉头或将焊接小车及导轨换另一侧。

（3）调整导轨与工件之间的相应距离，并保证互相平行。

（4）将焊接小车置于导轨上并将小车推至工件端部，置于预焊状态。

（5）调整焊接小车行走方向转换开关，使小车行走方向与焊接方向一致。

（6）清理场地，进行焊缝外形尺寸检验，主要是检验焊缝的厚度、焊脚、凸度和凹度。

5.2.4 任务评价

进行焊接质量检验前，要将焊件表面的焊渣及飞溅物清理干净，焊缝不允许修磨和补焊，应保持原始状态，T形构件平角埋弧焊考核评分方法见表 5-2-5。

表 5-2-5 T形构件平角埋弧焊考核评分方法

序号	检查项目	评判等级				得分
		Ⅰ	Ⅱ	Ⅲ	Ⅳ	
1	焊缝余高 /mm	0～2	2～3	3～4	<0 或 >4	
		5 分	3 分	1 分	0 分	
2	焊缝高度差 /mm	<1	1～2	2～3	>3	
		5 分	3 分	1 分	0 分	
3	焊缝宽度 /mm	17～19	≥16 或≤20	≥15 或≤22	<15 或 >22	
		5 分	3 分	1 分	0 分	
4	焊缝宽度差 /mm	<1.5	1.5～2	2～3	>3	
		5 分	3 分	1 分	0 分	

续表

序号	检查项目	评判等级				得分
		Ⅰ	Ⅱ	Ⅲ	Ⅳ	
5	咬边 /mm	无咬边	深度≤ 0.5		深度 >0.5	
		5 分	每 0.5 mm 扣 2 分		0 分	
6	正面成形	优	良	中	差	
		5 分	3 分	1 分	0 分	
7	背面成形	优	良	中	差	
		5 分	3 分	1 分	0 分	
8	背面凹量 /mm	0 ～ 0.5	0.5 ～ 1	1 ～ 2	>3	
		5 分	3 分	1 分	0 分	
9	背面余高 /mm	0 ～ 2	2 ～ 3	>3	>5	
		5 分	3 分	1 分	0 分	
10	角变形 /mm	0 ～ 1	1 ～ 3	3 ～ 5	>5	
		5 分	3 分	1 分	0 分	
11	错边量 /mm	0 ～ 0.5	0.5 ～ 1	>1	—	
		5 分	3 分	0 分	—	
12	外观成形	成形美观，焊缝均匀、细密	成形较好，焊缝均匀、平整	成形尚可，焊缝平直	焊缝弯曲，高低、宽窄明显	
		25 分	15 分	5 分	0 分	
13	安全文明	优	良	中	差	
		20 分	10 分	5 分	0 分	
汇总（100 分）						
注：若试件焊接未完成；表面修补及焊缝正反两面有裂纹、夹渣、气孔、未熔合缺陷；该件做 0 分处理。试板两端 20 mm 的缺陷不计						

5.2.5 任务拓展

将 T 形接头平角焊的位置旋转 45°，即成为船形位置角焊。

1. 船形位置角焊的特点

（1）熔池水平，焊缝成形好。船形位置角焊缝焊接时，熔池是处在水平位置，焊缝成形好，可以避免咬边及焊脚单边的缺陷。

（2）可用大电流，生产率高。船形位置角焊好似 90° V 形坡口对接的填充层焊接，可用粗焊丝大电流，生产率显著提高。

2. 船形位置角焊工艺

（1）焊丝位置。当 T 形接头的两板厚度相等时，焊丝应置在垂直位置，和两板均成 45°（对称船形位置角焊缝），如图 5-2-17（a）所示。若两板厚度不等，则焊丝应向薄板倾斜，电弧偏向厚板。不对称船形位置角焊缝（焊件和水平线不成 45°）焊接时，可能在一板上产生咬边，而在另一板上出现焊瘤。为避免这种缺陷，焊丝仍可处于垂直位置，但做少量偏移，如图 5-2-17（b）～（d）所示。当构件要求腹板熔深较大时，可将焊丝向翼板稍作倾斜，并使电弧偏向腹板，如图 5-2-18 所示。这样腹板受到的热量较多，能获得大的熔深，甚至可达到全焊透。

（2）焊件位置。对于开坡口 T 形接头的船形位置角焊，由于两板的焊脚要求是不等的，通常翼板的焊脚为 1/4 腹板厚度，且不大于 10 mm。为了获得良好的焊缝成形，焊前将 T 形焊件转成合适的位置，将要焊成的焊缝表面，置于水平位置，如图 5-2-19 所示，这时焊丝是垂直的，熔池是水平的。

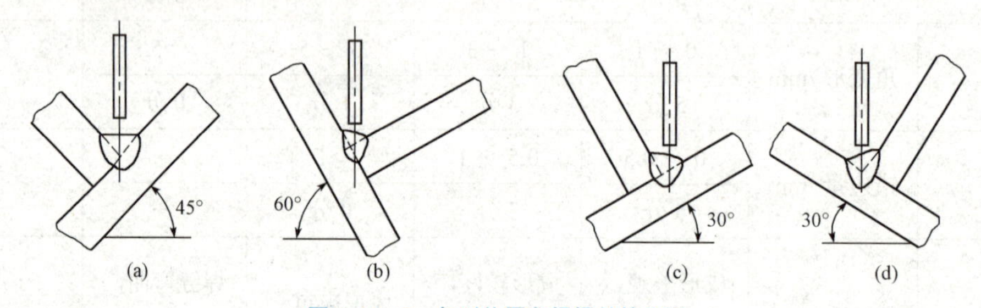

图 5-2-17　船形位置角焊焊丝的位置

（a）对称船形位置角焊缝；（b）～（d）不对称船形位置角焊缝

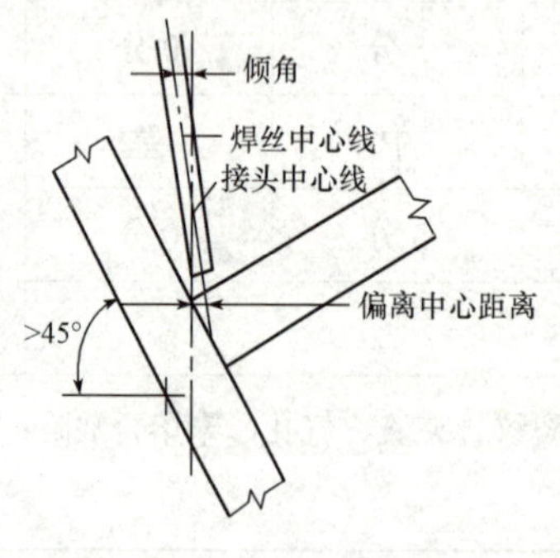

图 5-2-18　船形位置角焊时焊丝位置

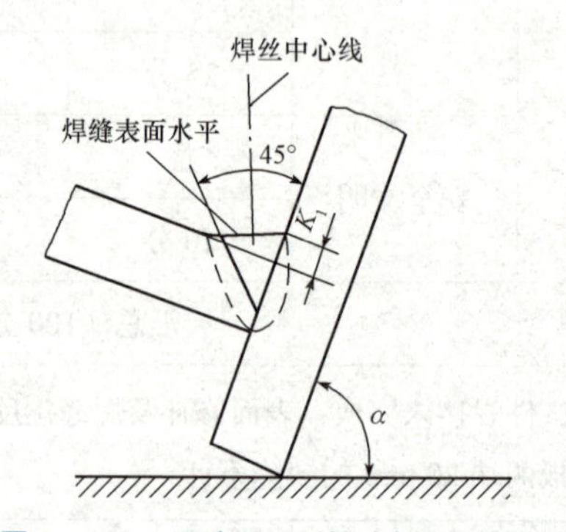

图 5-2-19　开坡口 T 形接头船形位置角焊示意

（3）间隙要求高。船形位置角焊缝的间隙要求不大于 1.5 mm，否则熔化金属易从间隙中流失，甚至可能烧穿，这时应在反面加上临时衬垫。

（4）粗焊丝、大电流、慢焊速，可焊大焊脚。由于熔池处于水平位置，焊缝成形好，不易产生焊脚单边，所以船形位置角焊可以使用大电流、粗焊丝和慢焊速。其一次焊成焊脚可达 12 mm。不开坡口船形位置角焊缝埋弧焊的工艺参数见表 5-2-6。

表 5-2-6　不开坡口船形位置角焊缝埋弧焊的工艺参数

焊接接头形式与焊接位置	焊脚 K/mm	焊丝直径 ϕ/mm	焊接电流 /A	电弧电压 /V	焊接速度 /（$m \cdot h^{-1}$）
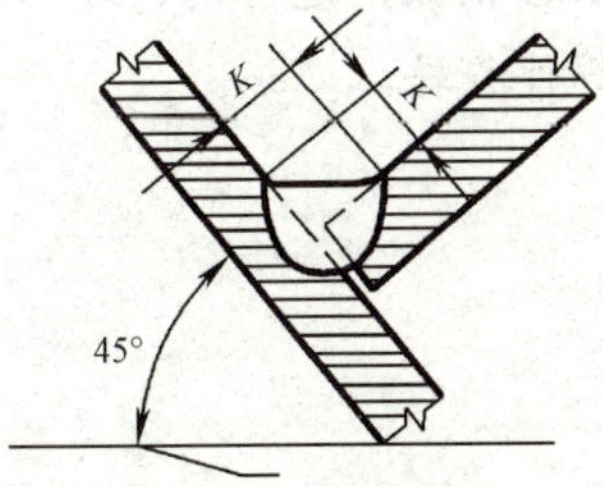	6	2	400 ～ 475	34 ～ 36	40 ～ 42
	8	2	475 ～ 525	34 ～ 36	28 ～ 30
		3	550 ～ 600	34 ～ 36	30 ～ 32
		4	575 ～ 625	34 ～ 36	31 ～ 33
		5	675 ～ 725	36 ～ 38	33 ～ 35
	10	3	600 ～ 650	33 ～ 35	21 ～ 23
		4	650 ～ 700	34 ～ 36	23 ～ 25
		5	725 ～ 775	34 ～ 36	24 ～ 26
	12	3	600 ～ 650	34 ～ 36	15 ～ 17
		4	725 ～ 755	36 ～ 38	17 ～ 19
		5	755 ～ 825	36 ～ 38	18 ～ 20
	14 第一层	5	650 ～ 700	32 ～ 34	31 ～ 33
	14 第二层	5	675 ～ 725	33 ～ 35	23 ～ 25

任务思考

1. 低碳钢的埋弧焊工艺要点有哪些？
2. 低碳钢进行埋弧焊时会出现哪些问题？如何克服？
3. 简单叙述平角埋弧焊的工艺。
4. 平角焊缝的规格检验项目有哪些？

实训任务 5.3　对接环缝双面焊

实训目标

1. 学习焊丝、焊剂的管理和使用；
2. 学习环缝焊接辅助设备的结构；
3. 熟悉环缝焊接辅助设备的应用；
4. 掌握环缝埋弧焊的技术操作；
5. 具备自觉遵守职业道德和实训操作规范的职业操守；
6. 具备良好的团队协作精神。

5.3.1 任务导入

在容器结构中，圆柱形筒体是最常见的结构，筒体的接长和筒体与封头的连接，都需要实施对接环缝的焊接。例如，潜艇分段、锅炉、压缩空气瓶等都需进行环缝焊接工作。这些环缝通常设置在垂直平面内，如果用焊条电弧焊，生产率会很低。如果用大电流的埋弧焊，生产率高且质量好。环缝焊接与直缝焊接最大的不同点是，焊接时经常要用到焊接辅助工艺装备。

现有直径 2 000 mm 的筒体 2 节，壁厚 16 mm，材料为 20 G 钢板，进行内、外环缝焊接。如图 5-3-1 所示，将焊件置于滚轮架上，由滚轮架带动焊件旋转。

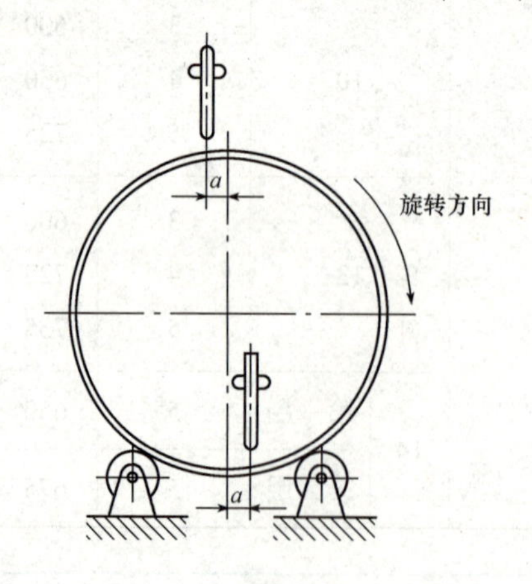

技术要求

1. 工件材料：20G 钢板。
2. 对直径 2 000 mm 的筒体实施对接 V 形坡口环缝双面埋弧焊。
3. 焊缝余高 0 ～ 3 mm，宽度 14 ～ 16 mm。
4. 利用操作机先焊筒体的内环缝，然后碳弧气刨清根，再焊外环缝。

图 5-3-1　对接环缝埋弧焊技术要求

焊机固定在操作机上不动，仅有焊丝向下输送的动作。因此，焊件旋转的线速度就是焊接速度。现进行对接 V 形坡口环缝双面埋弧焊。焊接时，先焊筒体的内环缝，将焊机置于操作机上，操作机伸入筒体内部进行焊接。内环缝焊完后，从筒体外面用碳弧气刨清理焊根，再焊外环缝。

任务分析

针对筒体对接环缝双面埋弧焊，学生首先要进行埋弧焊辅助设备、焊丝、焊剂的选用，主要是学会滚轮架、伸缩臂式焊接操作机的使用。在本任务中，环缝焊接采用的是 V 形坡口，应重点学会环缝双面焊接中 V 形坡口焊接的工艺、参数，掌握环缝焊接中引弧、熄弧及焊丝的偏移等关键技术。操作时，还应注意环缝焊接的安全事项，执行埋弧焊的相关焊接标准。要求焊缝外观成形整齐、美观，无咬边、焊瘤及明显焊偏现象。

5.3.2 相关知识

1. 开坡口的双面埋弧焊工艺

埋弧焊是大电流焊接工艺，它获得的熔深是很大的。焊条电弧焊仅能获得 3 mm 左右的熔深，所以板厚超过 6 mm 要开坡口。CO_2 气体保护焊通常板厚超过 10 mm 要开坡口。埋弧焊使用大的电流，通常板厚超过 14 mm 才开坡口。国家标准规定了碳钢和低合金钢埋弧焊焊接接头的坡口形式和尺寸，可以根据钢板厚度、焊接构件特点及焊接工艺方法来选定。国家标准中的主要坡口形式有 I 形、V 形、X 形、U 形及双 U 形等。V 形和 X 形坡口的组成三要素是坡口角度、间隙、钝边。对于对接接头来说，埋弧焊开坡口的目的如下：

（1）对于很厚的钢板，开了坡口可使焊丝伸入坡口根部，保证焊透根部；

（2）对于较厚钢板，埋弧焊大电流（可达 1 200 A 以上）可以达到熔透，但是大电流必然有大量的焊丝熔敷金属堆在不开坡口的钢板表面上，形成很高、很宽的焊缝，开坡口就可以把大量的熔敷金属安置在坡口内，使焊缝成形美观；

（3）通常焊丝金属的质量优于母材金属，开了坡口可使焊缝金属中含有较多的焊丝金属成分，改善了焊缝金属的性能。

V 形、X 形、U 形及双 U 形坡口的坡口形式及规格特点见表 5-3-1。

表 5-3-1　V 形、X 形、U 形及双 U 形坡口形式及规格特点

序号	板厚 /mm	符号	坡口形式	坡口规格
1	10 ~ 24			α=50° ~ 80° b=0 ~ 2.5 p=5 ~ 8
2	10 ~ 30			
3	24 ~ 60			α=40° ~ 80° b=0 ~ 2.5 p=6 ~ 10
4	50 ~ 160			β=5° ~ 12° b=0 ~ 2.5 p=6 ~ 10 R=6 ~ 10 β_1=5° ~ 12°
5	60 ~ 250			α=70° ~ 80° β=1° ~ 3° b=0 ~ 2 p=1.5 ~ 2.5 H=9 ~ 11 R=8 ~ 11

2. 坡口的形式与悬空双面埋弧焊工艺

（1）V 形坡口悬空双面埋弧焊。

1）V 形坡口。厚度 16 mm 以上的钢板为了保证焊透，采用 V 形坡口悬空双面埋弧焊。坡口角度为 45° ～ 60°，间隙尽可能小，不大于 1 mm，钝边可选为板厚的一半。通常先焊开坡口的正面，焊 1 道或 2 ～ 3 道，焊好正面后，反面碳刨清根，最后焊满反面坡口。

2）坡口清理。V 形对接的清理包括坡口面和钝边及坡口两侧各 20 mm 范围。

3）焊第一道焊缝。焊第一道焊缝首先要防止烧穿，其次要有一定尺寸的焊缝厚度，防止产生裂纹，尤其是厚板刚性大的 V 形对接接头更应重视。

4）碳刨清根。为了保证焊透和使反面焊缝成形良好，通常在 V 形坡口焊好的反面，碳刨清根出约 6 mm 深刨槽。对于可以使用大线能量的钢种，也可以不清根或少量清根，利用加大焊接电流和降低焊接速度来保证焊透。

5）焊反面焊缝。焊反面第一道焊缝用较大的焊接电流，焊透到正面焊缝形成交搭 2 ～ 4 mm。焊反面焊缝的工艺参数见表 5-3-2。

表 5-3-2　焊反面焊缝的工艺参数

焊缝形式	厚度 δ/mm	直径 /mm	焊道	送丝速度 /（m·h⁻¹）	焊接速度（m·h⁻¹）	焊接电流 /A	焊接电压 /V	电源种类	反面碳刨深度 /mm
δ=12	12	4	1	74.5	27	550 ～ 600	34 ～ 35	交流	4
			2	87.5	23	650 ～ 700	34 ～ 34		
δ=16	16	5	1	74.5	—	725 ～ 775	34 ～ 34	交流	6
			2	81		800 ～ 850	36 ～ 38		
δ=18	18	5	1	81	—	750 ～ 800	34 ～ 36	交流	6
			2	87.5		800 ～ 850	34 ～ 36		

（2）X 形坡口悬空双面埋弧焊。

1）X 形坡口。对于相同板厚的对接接头来说，采用 X 形坡口的焊缝截面面积要比 V 形坡口的小，可以节省焊丝、焊剂及电能，且焊接变形应力小。X 形坡口的角度通常为 45° ～ 60°，钝边为板厚的 1/3 或略小点，间隙也是尽可能小，通常不超过 1 mm。X 形坡口可以制成对称的，即两面坡口的深度是相等的，也可以制成不对称的。

2）焊接工艺参数。由于钢板较厚，多选用 5 mm 焊丝直径，焊第一面宜用偏小的焊接电流防止烧穿，翻身再焊第二面，可用较大的焊接电流，以保证焊透。板厚 16 ～ 24 mmX 形坡口悬空双面埋弧焊的工艺参数见表 5-3-3。

3）多层多道焊的焊接工艺参数。钢板厚度大于 30 mm 时，埋弧焊通常采用多层多道焊，焊打底层时，为了防止焊穿，不宜用大电流焊接，焊以后的填充层时，为了焊透和提高生产率，宜用大电流焊接。在焊盖面层前，先观察一下焊缝是否有高低不齐情况，如有，则适当调节工艺参数，用小的电流、高的电弧电压和大的焊接速度在低凹处焊上一条薄的焊道，达到填平补齐焊缝的要求。焊盖面层前，焊缝厚度应达到离钢板表面 1 ～ 2 mm，然后焊盖面层，为了使焊缝外形美观，其焊接电流用得要小一点。

表 5-3-3　X 形坡口悬空双面埋弧焊工艺参数

接头形式	板厚 /mm	h_1/ mm	h_2/ mm	h_3/ mm	焊道	焊丝直径 /mm	送丝速度 /$(m \cdot h^{-1})$	焊接速度 /$(m \cdot h^{-1})$	焊接电流 /A	焊接电压 /V	焊接电源
60°；1；2；h_2；h_1；h_3	16	4	6	6	1	5	57	29	550 ～ 600	36 ～ 38	直流反接
					2		74	25	775 ～ 825	38 ～ 40	
	18	5	6.5	6.5	1	5	74.5	27	750 ～ 825	36 ～ 38	交流
					2		87.5	25	900 ～ 950	36 ～ 38	
	20	6	7	7	1	5	81	27	800 ～ 825	36 ～ 38	交流
					2		95	25	950 ～ 975	38 ～ 40	
	24	8	8	8	1	5	81	19.5	800 ～ 850	36 ～ 38	交流
					2		103	18	900 ～ 950	38 ～ 40	

4）对称焊法。X 形坡口通常是对称的，为了减小变形及应力，采用对称焊法，如图 5-3-2（a）所示。在焊接大厚度 X 形对接焊缝时，为了减少焊件翻身的次数，采用两面交替轮先的对称焊法，如图 5-3-2（b）所示，这也是有效地减小变形及应力的方法。

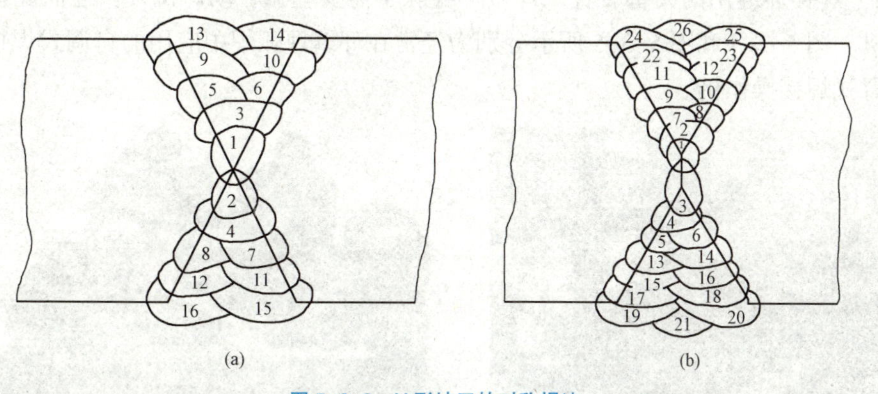

图 5-3-2　X 形坡口的对称焊法

（a）对称焊法；（b）两面交替轮先的对称焊法

（3）U 形坡口悬空双面埋弧焊。当板厚大于 50 mm 时，为了节省熔敷金属可以考虑开 U 形坡口或双 U 形坡口，坡口根部半径为 8 ～ 10 mm，坡口角度为 20°（每个坡口面角度为 10°）。在焊接压力容器的纵缝或环缝时，考虑到在筒体外焊接施工比筒体内要方便得多，通常把坡口开成不对称的 U 形坡口，将工作量大的坡口开在外面，而筒体内开成深度较浅的U形坡口，也可开成V形坡口，如图5-3-2（a）所示。焊接这种不对称坡口时，焊道顺序对焊件的角度和挠曲变形影响较大，图5-3-2（b）所示的焊接顺序有减小焊接变形的效果。在U形坡口中焊接第一层是以单道焊来完成，而第二层采用双道焊，以后可视坡口宽度焊三道或更多道数。

在U形多层多道焊时，若是每层三道焊（图5-3-3中的4～6和7～9等），则先焊左右两道，确保焊道坡口两侧壁良好熔合，第三道焊在中央，中央焊道的热量对前两道焊道起回火作用，改善焊缝的金相组织和性能。同理，后层焊道的热量对前层焊道也起回火作用。U形坡口多层多道焊时，由于坡口角度小且深度大，清渣工作较难，应该予以重视，不可忽视。

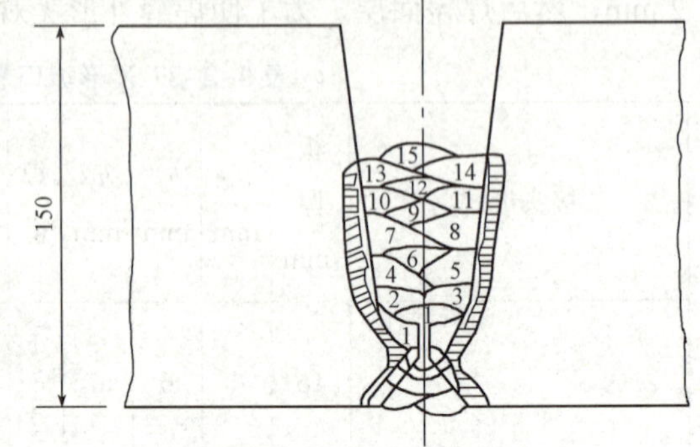

图5-3-3　后焊道对前焊道起回火作用

3. 对接环缝的焊接方法及辅助设备

（1）对接环缝的焊接方法。对于大直径厚板的对接环缝，多采用悬空双面埋弧焊。由于圆筒体外的工作环境较好，所以大量的焊接工作尽可能在圆筒外进行，如采用X形坡口，则选用不对称X形坡口，大坡口设置在圆筒外面。对于大直径，厚度不大的对接环缝，先焊内环缝，焊好内环缝后再焊外环缝。对于小直径筒体的对接环缝，由于焊机或人不能进入筒体内焊接，只能采用单面焊接，通常采用CO_2气体保护焊或焊条电弧焊打底焊，再焊上一、二层，焊缝厚度达到6 mm后，就用埋弧焊焊满坡口。如果构件重要，又无法底部清渣，则打底层用氩弧焊，其上几层用CO_2气体保护焊或焊条电弧焊，加焊到焊缝厚度达6 mm后，再用埋弧焊焊成。

（2）焊接环缝用的设备装置。焊接环缝除了需要埋弧自动焊机外，还需配备滚轮架和操作机。图5-3-4和图5-3-5所示分别为经常在环缝埋弧焊中应用的自调式焊接滚轮架和伸缩臂式焊接操作机。

图5-3-4　自调式焊接滚轮架

图5-3-5　伸缩臂式焊接操作机

1）焊接操作机。焊接操作机是将焊机准确地保持在焊接位置上，或以给定速度均匀移动焊机的装置。设置在焊接操作机上的埋弧焊机，与焊接滚轮架等设备配合，可以方便地完成内外环缝、内外纵缝的焊接；与焊接变位机配合，可以焊接球形容器焊缝、堆焊焊缝等。

埋弧焊焊接操作机较常见的有伸缩臂式、平台式、龙门式和悬臂式等多种形式（图 5–3–6）。其中以伸缩臂式焊接操作机的功能最全、通用性最强、在国外应用较多，国内也有定型产品。

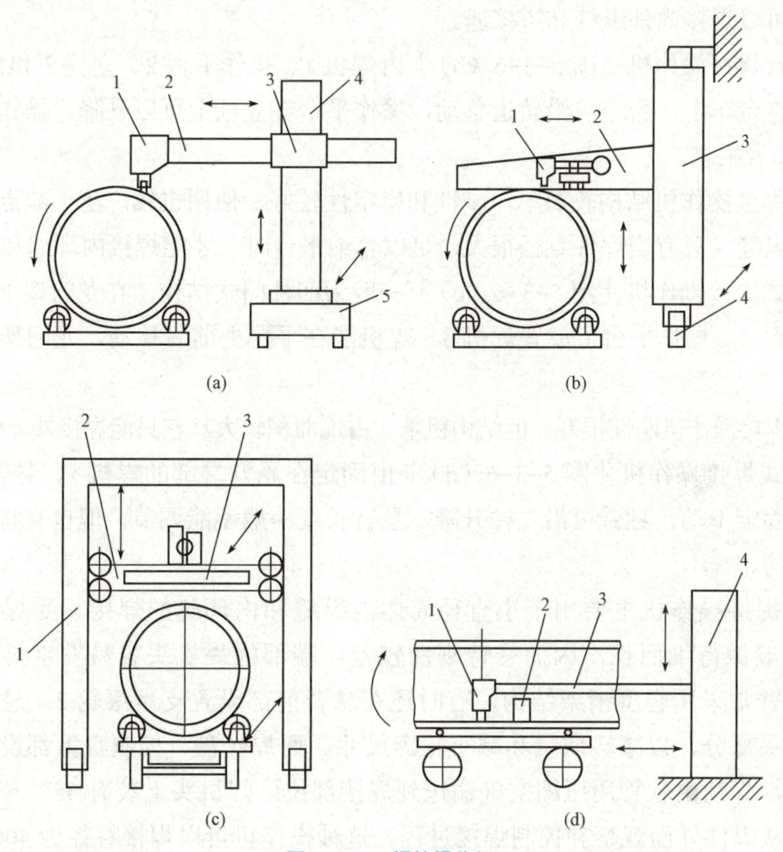

图 5–3–6　焊接操作机

（a）伸缩臂式；（b）平台式；（c）龙门式；（d）悬臂式

①伸缩臂式焊接操作机［图 5–3–6（a）］，由埋弧焊机 1、横臂 2、滑座 3、立柱 4 和台车组成。台车上装有立柱，立柱可绕自身轴线回转，滑座可沿立柱升降，滑座内装有可沿水平方向伸缩移动的横臂，埋弧焊机 1 设置在横臂的一端。控制横臂、滑座、立柱和台车的位置，可将焊机送到操作机动作范围内的任何一处地方。由于操作机的活动环节较多，除各部件要具有足够刚性之外，还应保证加工装配的精确度。

伸缩臂式焊接操作机的横臂可沿立柱升降，空程时的升降速度为 60 m/min，升降行程为 4 m，并能沿齿条导轨在横臂进给机构的拖动下进行伸缩。空程时，伸缩速度为 300 m/min；焊接时，伸缩速度为 6 ～ 60 m/min，此速度即为焊接速度，伸缩行程为 3.5 m。立柱可绕轴线回转，焊接回转转速为 0.5 r/min；立柱回转角度为 360°，也可依靠手动回转。行走台车在钢轨上移动，空行速度为 360 m/h。

伸缩臂式焊接操作机具有横臂升降和伸缩、立柱回转、台车移动四个运动功能，并能以规定的焊接速度，沿预定的焊接路线移动焊机，将焊机送到并保持在焊件位置上。因此，它能在多种工位上实现焊接。可完成的焊件直径为 0.4 ～ 4 m，长度最大为 3.5 m。

为保证焊接质量，立柱回转、台车运行、横臂伸缩要求保证平稳，不发生颤抖和冲击。

伸缩臂式焊接操作机与焊接滚轮架配合，可以焊接内外环缝；将焊件固定，利用横臂伸缩移动，可以焊接内外纵缝和拼接缝。

②平台式焊接操作机［图 5-3-6（b）］由焊机 1、操作平台 2、立柱 3 和台车 4 组成。立柱固定装在台车上，台车可沿轨道移动，操作平台在立柱上可以升降。操作平台供焊机 1 行走和操作者乘坐。

平台式焊接操作机结构较简单，刚性和稳定性较好，使用也较广泛。缺点是只能焊接外环缝和外纵缝（只有当焊件直径很大，足以容纳平台时，才能焊接内环缝和内纵缝）。

③龙门式焊接操作机［图 5-3-6（c）］一般为四柱门式结构，在龙门架 1 内，有可升降的操作平台 2，操作平台上放置焊机 3。焊机能在平台上前后移动，龙门架则在地面轨道上移动。

龙门式焊接操作机刚性很好，但结构粗笨、占地面积较大。它只能焊接外环缝和外纵缝。

④悬臂式焊接操作机［图 5-3-6（d）］由固定在悬臂端部的焊机 1、悬臂 3、立柱 4 组成。立柱固定不动，悬臂可沿立柱升降。悬臂长度一般不能调节，但也有将悬臂做成多节伸缩可调的。

悬臂式焊接操作机主要用于小直径筒体内纵缝和内环缝的焊接。受焊件尺寸的限制，悬臂一般做得细而长，因而悬臂刚性较差，端部的焊机头容易发生抖动而影响焊接。为此悬臂常采用轻型桁架结构，有时还在悬臂前部设置支承滚轮 2。悬臂端部仅安装焊机的机头部分，以减轻质量和减小轮廓尺寸。而焊丝盘、控制盘等都设置在悬臂靠立柱的一端，焊剂由软管用压缩空气输送到焊接部位。焊机头上装有 45° 布置的平面反光镜，可以从焊件外面观察和控制焊接过程。这种操作机可以焊接直径为 400 ～ 500 mm 的筒体内焊缝。

焊接时，筒体放置在可沿轨道移动的台车式滚轮架上，悬臂上的焊机头固定不动，依靠筒体在台车式滚轮架上转动焊接内环缝；或靠台车带动筒体以焊接速度移动，焊接内纵缝。

2）焊接滚轮架。焊接滚轮架是靠滚轮与焊件间的摩擦力带动焊件旋转的装置，适用筒形和球形焊件纵、环缝的焊接。

焊接滚轮架由机架和机架上的滚轮组成。滚轮有全钢轮、橡胶缘钢轮及组合轮等多种结构形式。全钢轮承重能力大，但与焊件的摩擦系数小，传动不够平稳；橡胶缘钢轮是在钢轮的外缘包覆橡胶圈制成的，这种滚轮与焊件的摩擦系数大，传动平稳，但重载时橡胶易压坏，一般用于载重量 50 t 以内的滚轮架。组合轮由钢轮与橡胶轮并排在一起组成，它同时具备前两种滚轮的优点，但结构较复杂，一般用于载重量在 50 t 以上的滚轮架。

一台焊接滚轮架至少具有两对滚轮，其中可有一个、一对或一排是主动滚轮，也可以全部是主动滚轮。具有一对主动滚轮的径向传动式滚轮架，它的应用最广。全主动滚轮滚轮架主要用于球形焊件。焊接滚轮架大多采用无级调速，可在需要范围内改变主动滚轮的转速，主动滚轮外缘的线速度就是焊件的焊接速度。

为了保证滚轮架运行稳定和使用安全可靠，滚轮架滚轮间的中心距离与焊件直径应保持一定关系，使焊件截面中心与两个滚轮中心连线的夹角为 50° ～ 110°（图 5-3-7）。当超出这个范围时，一般应该调节滚轮中心距。

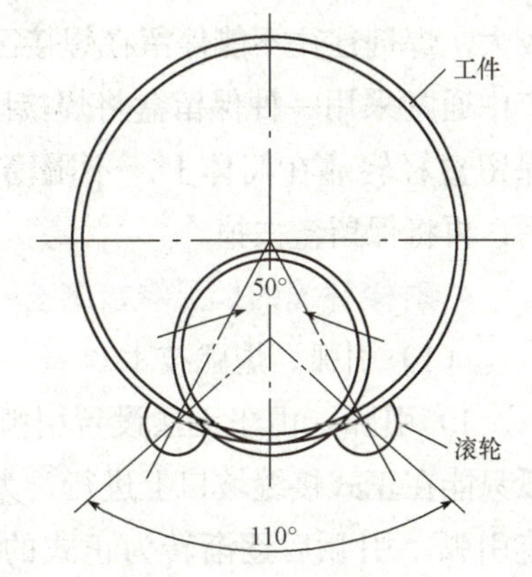

图 5-3-7　焊件直径与滚轮中心的距离示意

在焊接滚轮架上焊接环缝时，往往会出现焊件的轴向偏移，使焊丝偏离焊接部位，焊接多层环缝时，轴向偏移更为严重。造成轴向偏移的主要原因，除焊件本身存在锥度等可变因素外，还与滚轮架的制造和安装精度有关，比较难以控制。防止轴向偏移的简便方法，是在焊件端面加支撑滚轮。先进的方法是利用传感器检测焊件端面的偏移量，将信号送到执行机构，调节一对滚轮的方向或高低，使焊件向反方向偏移实现补偿。利用这种原理工作的自动补偿滚轮架，可将焊件的轴向偏移量控制在 0.5 mm 范围内。

3）焊剂垫。焊接环缝时，可在筒体外侧下部装设焊剂垫。常用的焊剂垫有连续带式和圆盘式两种。

连续带式焊剂垫的构造如图 5-3-8 所示。带宽 200 mm，绕在两个带轮上。一个带轮固定，另一个带轮通过丝杠调节机构做横向移动，以放松或拉紧带。使用前，在带的表面撒上焊剂，将筒体压在带上，拉紧可移带轮，使焊剂垫对筒体产生承托力。焊接时，由于人体的转动带旋转，使熔池外侧始终有焊剂承托。焊剂垫上的焊剂在焊接过程中会部分撒落，这时应再添加一些焊剂，以保证焊剂垫上始终有一层焊剂存在。

圆盘式焊剂垫如图 5-3-9 所示。工作时，将焊剂装在圆盘内，圆盘与水平面成 45°，摇动手柄即可转动丝杠，使圆盘上下升降。焊剂垫应压在待焊筒体环缝的下面（容器环缝位于圆盘最高部位，略偏里些），焊接时，由于筒体的旋转带动圆盘随之转动，焊剂便不断进到焊接部位。

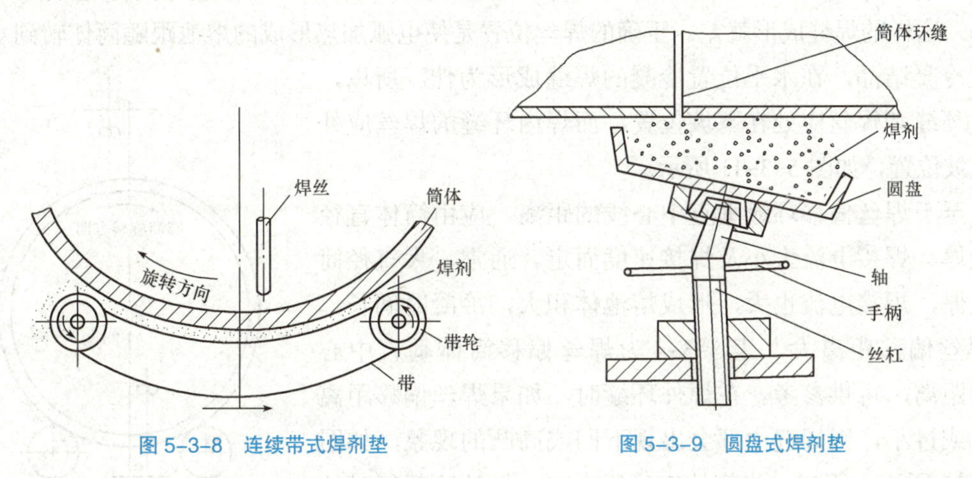

图 5-3-8　连续带式焊剂垫　　图 5-3-9　圆盘式焊剂垫

由于圆盘倾角较小，焊剂一般不会流失，但焊接时仍应注意经常在圆盘上保持有足够的焊剂，升降丝杠必须有足够的行程，以适应不同直径筒体的需要。

圆盘式焊剂垫的主要优点是焊剂能始终可靠地压向焊缝，本身体积较小，使用时比较方便、灵活。

4）焊剂保留盒。直径小于 500 mm 的筒体进行外环缝焊接时，由于筒体表面的曲率较大，焊剂往往不能停留在焊接区域周围，容易向两侧散失，使焊接过程无法进行。在生产中通常采用一种保留盒将焊接区域周围的焊剂保护起来，如图 5-3-10 所示。焊接时，保留盒轻轻靠在筒体上，不随筒体转动，待焊接结束后，再将保留盒去掉。

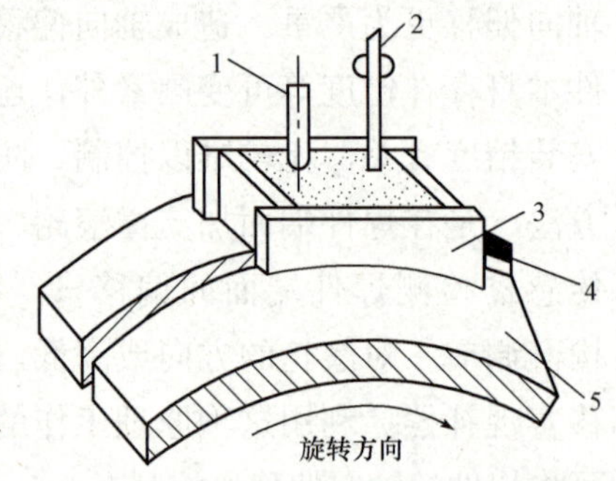

图 5-3-10　焊剂保留盒的使用

1—焊剂输送管；2—焊丝；3—焊剂保留盒；4—焊缝渣壳；5—筒体

4. 对接环缝的埋弧焊接工艺

（1）引弧、熄弧技术。

1）引弧。由于无法设置引弧板，环缝埋弧焊的引弧只能在正式接缝坡口上进行，为防止焊穿，可用小电流引弧，引弧后逐渐转为正式的焊接工艺参数进行焊接。对于引弧段焊缝可以用以下两种处理方法：

①将引弧段焊缝用碳刨刨去；

②用上一层稍大的焊接电流将其全部焊透，由于引弧段焊缝用小电流焊上层薄的焊缝，所以把它焊透是可行的，对于一般的结构可用此法。

引弧时切记一定要先引燃电弧，然后启动滚轮架使筒体转动。若同时按焊机启动按钮和滚轮架运转按钮，一旦引弧未成焊丝粘住钢板，筒体转动将拖住焊机走动，无法焊接。

2）熄弧。对于多层焊的熄弧不必担心焊穿，只要焊过前一层的开始端 5 ～ 10 mm，即可熄弧。若出现余高过高现象，可用砂轮打磨。对于单层焊的熄弧，要焊到正常焊缝（引弧段不计入）方可熄弧。

（2）焊丝的偏移距离。众所周知，熔池处在水平位置冷凝结晶时，焊缝的成形最佳。环缝埋弧焊时，熔池从熔融状态至冷凝结晶状态，其位置是在变化的。如果焊丝处于水平位置（外环缝最高点，内环缝最低点），则熔池由水平位置的熔融状态转到倾斜位置冷凝结晶，这样的焊缝成形就差。正确的焊丝位置是使电弧加热形成的熔池跟随筒体转到水平位置冷凝结晶，在水平位置冷凝的焊缝成形为佳。所以，焊外环缝和焊丝应处在下坡位置，而焊内环缝的焊丝应处在上坡位置，如图 5-3-11 所示。

至于焊丝偏移环缝垂直中心线的距离，应由筒体直径与板厚、焊接电流大小及焊接速度而定。通常，大直径筒体板厚，焊接电流也大，形成熔池体积大，冷凝时间长，则焊丝偏移距离大，表 5-3-4 为焊丝偏移筒体垂直中心线的距离，可供参考。在焊外环缝时，如果焊丝偏移距离过大或过小，则焊缝中部会出现下凹或高凸的现象，如图 5-3-12 所示。不过，当筒体直径很大时，熔池冷凝行过的圆弧段，接近直线，这样焊丝偏移距离就没有多大意义了。

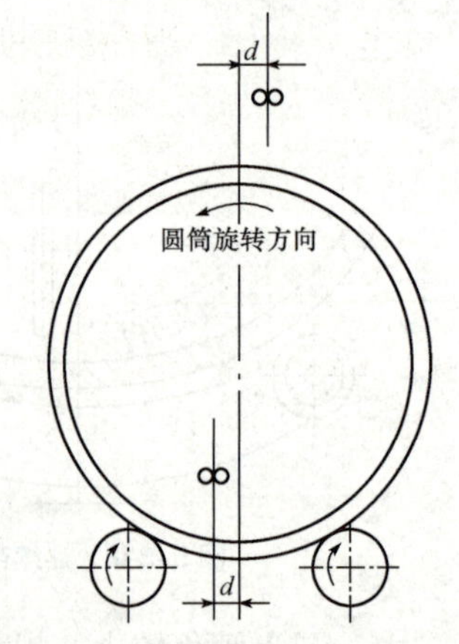

图 5-3-11　焊内环缝、外环缝时焊丝的偏移位置

表 5-3-4　焊丝偏移筒体垂直中心线的距离

筒体直径 /m	0.6 ～ 0.8	0.8 ～ 1.0	1.0 ～ 1.5	1.5-2.0	>2.0
焊丝偏移距离 /mm	15 ～ 30	25 ～ 35	30 ～ 50	35 ～ 55	40 ～ 75

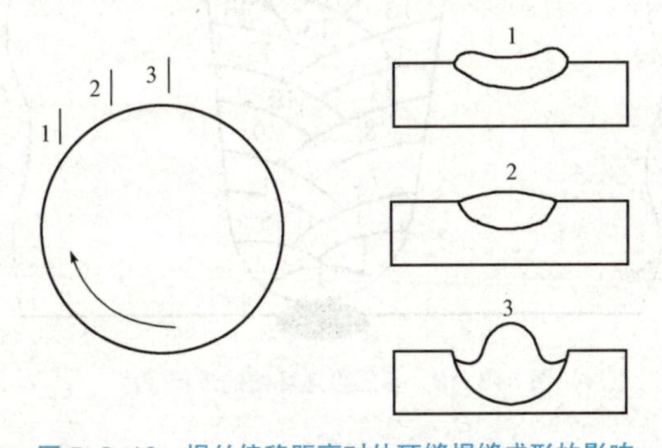

图 5-3-12　焊丝偏移距离对外环缝焊缝成形的影响

1—焊缝下凹，熔深最浅；2—焊缝平整，美观易脱渣；3—焊缝凸鼓，熔深最大

（3）环缝埋弧焊的工艺参数。焊环缝需要焊丝偏移，其结果：焊内环缝是上坡焊，焊外环缝是下坡焊。显然上坡焊的电流应该比平焊的电流要小，对于 5 mm 直径焊丝来说，约减小 50 A；而电弧电压提高 2.4 V，且减小焊接速度。下坡焊适当减小焊接电流和电弧电压，但焊接速度应略提高，防止熔池金属向两侧满溢，使焊缝能平滑过渡。在焊接多层环缝时，认为筒体转速不变，焊接速度也不变，这是错误的。当进行外环缝焊接时，逐层向上焊，电弧和筒体转动中心距离远了（半径增大了），虽然筒体转速是不变的，但电弧移动的速度（焊接速度）增大了。越是向上层焊接，焊接速度增加越大。在此情况下，有两种方法解决：

1）逐层焊接时，可逐层减小筒体转速，这样能使焊接速度维持基本不变。

2）逐层增大焊接电流，以补充因增大焊接速度而减小的焊接线能量，使焊接线能量维持基本不变，这样焊缝的截面可保持基本不变。当然在增大焊接电流的同时，相应提高一些电弧电压。当焊接厚板多层内环缝时，若筒体转速不变，越向上层焊，电弧和筒体转动中心距离越近，则焊接速度越小。这和焊外环缝的焊速变化是相反的。

（4）环缝的焊接顺序。

1）内外环缝的焊接顺序。对于低碳钢和低合金结构钢筒体上的环缝，先焊内环缝后焊外环缝。因为在筒体外进行碳刨清根和焊接工作的条件要好得多。对于不锈钢筒体的环缝，由于接触腐蚀介质的是内环缝，为了防止内环缝产生晶间腐蚀，则是先焊外环缝后焊内环缝。

2）多层多道环缝的连续焊接。多层多道的环缝，可以实施连续焊接。当第一层环形焊道将要焊成时，可将导电嘴略微升起，不间断地焊第二层焊道。当由几道焊道组成一层时，先在靠坡口一侧开始焊，由近及远地焊到坡口另一侧，升高导电嘴焊上一层，则从坡口另一侧开始焊，返回到坡口原一侧，电弧往复来回逐层向上，如图 5-3-13 所示。当变更焊道横向位置时，应平稳快速地横向移动导电嘴和焊丝。

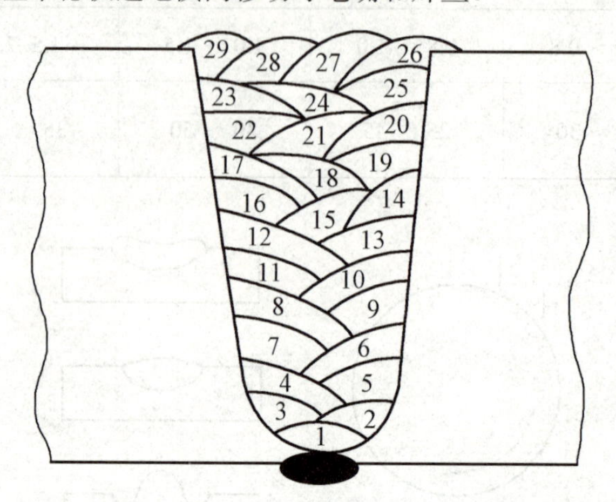

图 5-3-13　多层多道环缝的焊接顺序

多层多道环缝是连续焊接的，由于连续不停弧，这就要求焊接电源在 100% 负载持续率条件下工作，要注意焊接电源是否过载。多层多道环缝埋弧焊时，同样要重视清渣工作，还应注意焊丝和焊剂的量是否备足。

5.3.3　任务实施

1. 安全文明生产

（1）埋弧焊大电流工作时，电弧电压可达 40 ～ 50 V，电压值大于安全电压，所以不宜在此情况下，直接用手去触摸焊丝。在调整送丝机构及焊机工作时，手不得触及送丝机构的滚轮。

（2）焊接工作结束，在离开施工现场前，必须切断电源，关掉焊机。

（3）凡在坠落高度基准 2 m 以上（含 2 m），有可能坠落的高处进行的作业，称为高处作业。高处作业的主要危险是高处坠落事故。焊工在高处作业，必须戴好安全帽，使用标准的安全带，安全绳的保险钩要系扣在牢固的结构件上。

2. 焊前准备

（1）焊机。MZ-1000 型埋弧自动焊机一台。

（2）伸臂式焊接操作机一台。

（3）无级调速式焊接滚轮架一台。

（4）焊丝。选用 H08MnA，直径 45 mm，并将焊丝盘丝机清除油污后装入焊丝盘中备用。

（5）配合 SJ101 氟碱型烧结焊剂。根据焊丝与焊剂的保管规定，焊前，焊剂要放在烘干箱中，经 350 ℃、2 h 烘干后使用。SJ101 是氟碱型烧结焊剂，它是一种碱性焊剂，碱度约为 1.7，为灰色球形颗粒，粒度为 10 ～ 60 目。焊接时，SJ101 可交直流两用，直流时焊丝接正极。最大焊接电流可达 1 200 A。SJ101 焊接工艺性好，电弧燃烧稳定，脱渣性好，焊缝成形美观。

（6）焊件。直径 2 000 mm 的筒体 2 节，壁厚 16 mm 低碳钢板。

（7）装配定位。焊件板厚 16 mm，对接坡口为 V 形，坡口角度约为 60°，钝边为 6 ～ 7 mm，采用机械法（立式车床进行车削）制备。首先将焊口及边缘两侧的铁锈、油污等用角向磨光机打磨干净至露出金属光泽，再进行装配定位。装配时要保证对接处的错边量在 2 mm 以内，对接处不留间隙，局部间隙应小于 1 mm，定位焊采用直径 4 mm 的 E4303 焊条，定位焊缝长 20 ～ 30 mm，间隔 300 ～ 400 mm，直接焊在筒体外表。定位焊结束后，清除定位焊缝表面渣壳，用钢丝刷清除定位焊缝两侧飞溅物。

（8）碳弧气刨设备及直径 8 mm 的实心碳棒、角向磨光机、风动扁铲、钢丝钳、扳手、钢丝刷、焊缝万能量规等。

（9）备有虹吸式焊剂回收装置。

3. 焊接实施

（1）滚轮架的调整。焊接筒体的环焊缝，应在埋弧自动焊专用的辅助设备上进行。将组装并清理干净的筒体件吊放在焊接滚轮架上。为了保证滚轮架运行安全可靠，焊件转速均匀，应调整焊件截面中心与两个滚轮中心的夹角为 50°～ 110°。若筒体有锥度，应采用限位滚轮进行调整，防止筒体轴向窜动。

（2）调整轴向偏移时，人要站在筒体正面被动轮一侧，使筒体向上转动。用石笔扁平端贴在滚动轮架上，使之与转动的筒体接触留下画痕（100 mm 长），再转动轴同样画痕，若两条线重合，则表明无轴向偏移；若不重合，两条线的间距 *B*，即为轴向偏移量，此时用撬棍将被动轮架朝焊件偏移的反方向移动 *B′*，使 *B′* =*B*（图 5-3-14），重复复校至符合要求（焊件每转动一周轴向偏移应 <2 mm）。

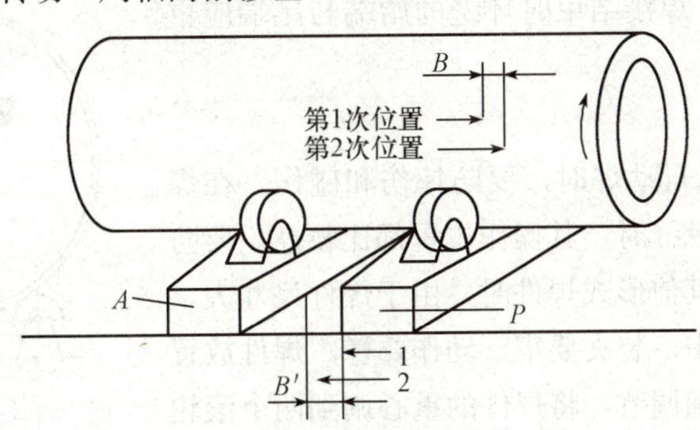

图 5-3-14　滚轮架的调整方法

A—主动轮；*P*—被动轮；
B′—筒体向右偏移的距离；被动滚轮架向左调整距离 *B′*=–*B*

（3）确定工艺参数。先进行筒体的内环缝焊接，根据相关知识中 V 形坡口双面埋弧焊工艺，选择筒体环缝焊接的工艺参数，见表 5-3-5。因为焊接滚轮架上的筒体靠焊接滚轮架的被动轮带动，通过与筒体表面的摩擦使筒体匀速转动，而在筒体上作业的埋弧焊机，其焊接速度必须与筒体的线速度同步才能正常工作。因此，焊接筒体的线速度即为焊接速度。操作时，可通过焊接滚轮架的无级调速达到与焊接速度相一致。

表 5-3-5　筒体焊接的工艺参数

板厚 /mm	焊剂牌号	焊丝直径 /mm	焊接电流 /A	电弧电压 /V	焊接速度 /（m · h^{-1}）
14	SJ101	5	760 ～ 850	38 ～ 40	20 ～ 30

（4）引弧前，接通焊接操作机的电源，移动伸缩臂，将焊丝调到偏离筒体中心 30 ～ 40 mm 的地方，处于上坡位置。引弧时，采取慢速引弧法（划擦引弧法），即焊件先转动→焊丝慢速送给→划擦焊件→引燃电弧→正常送丝焊接。此种引弧方法，焊丝送进慢速，有充分条件在焊丝与焊件之间产生电弧，并以此为信号自动反馈，使焊丝送给速度逐渐正常，达到预定的正常焊接工艺参数。

（5）开始焊接。在焊接过程中，要注意稳定焊接工艺参数，始终保证导电嘴、焊丝在接缝处的位置。因环缝焊接使筒体转动容易产生轴向移动，所以，必须及时调整导电嘴、焊丝与接缝的间距，防止产生焊偏。内环缝焊完后，从筒体外面用碳弧气刨清理焊根，刨槽深度为 5 ～ 6 mm，宽度为 12 ～ 14 mm。其气刨工艺参数见表 5-3-6。

表 5-3-6　清根气刨工艺参数

碳棒直径 /mm	刨割电流 /A	压缩空气压力 /MPa	刨削速度 /（m•h^{-1}）
8	300 ～ 350	0.5	32 ～ 40

（6）清根后，清除刨槽及两侧表面的刨渣，将焊接操作机移到筒体上方，焊丝调整为偏离中心约 35 mm 处，相当于内环缝的下坡焊位置焊接外环缝，其他工艺参数不变，如图 5-3-15 所示。

（7）焊接结束。焊接结束时环缝的始端与尾端应重合 30 ～ 50 mm。

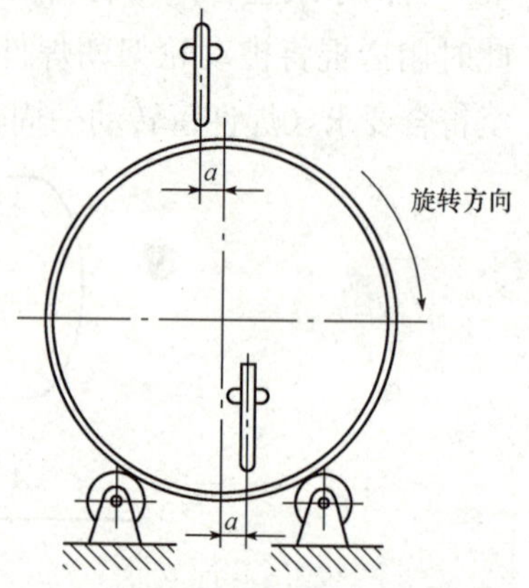

图 5-3-15　环缝焊接时焊丝偏移量

4. 注意事项

（1）在进行埋弧自动焊时，要防摔伤和碰伤。在焊接筒体的外环缝或外纵缝时，其操作位置都比较高，要防止摔伤。焊接筒体或其他形式焊件时，由于焊件尺寸大，质量大，在吊装过程中，装夹要牢，动作要稳。焊件放置在滚轮架上时，应仔细调节，将焊件的重心调到两个滚轮中心至焊件中心连线夹角允许的范围内。若焊件筒体由于制造误差带锥度时，则应采用限位滚轮，防止筒体轴向窜动。

（2）环缝埋弧焊是由多人联合操作，每次焊接时必须要有 2 ～ 3 人同时进行，1 人操纵焊机，1 人添加焊剂，1 人负责清渣（或后两者可由同 1 人负责），所以操作时应密切配合，并服从操纵焊机的焊工指挥。

（3）埋弧焊时若焊丝偏移量调节不当，会造成熔渣超前；当焊丝不对中，焊接电流小，一侧温度偏低时，会导致焊剂残留在焊缝中而形成夹渣缺陷。

（4）当焊剂保留盒过低存有黏渣时，在焊接过程中熔渣容易被黏渣拖压，则会出现焊缝中间凸起、两边凹陷的不良外观形状。

（5）焊丝位置和角度不正确，焊接工艺参数选择不当，容易产生咬边缺陷。

（6）焊接速度过慢，电弧电压过高，焊丝偏移量选择不当，焊接时前部焊剂过少并且焊丝向前弯曲时，会产生焊缝金属满溢的缺陷。

5.3.4 任务评价

焊接质量检验前要将焊件表面的焊渣及飞溅物清理干净，焊缝不允许修磨和补焊，应保持原始状态。对接环缝埋弧焊考核评分方法见表 5-3-7。

表 5-3-7 对接环缝埋弧焊考核评分方法

序号	检查项目	评判等级				得分
		Ⅰ	Ⅱ	Ⅲ	Ⅳ	
1	焊缝余高 /mm	0～2	2～3	3～4	<0 或 >4	
		5 分	3 分	1 分	0 分	
2	焊缝高度差 /mm	<1	1～2	2～3	>3	
		5 分	3 分	1 分	0 分	
3	焊缝宽度 /mm	17～19	≥16 或≤20	≥15 或≤22	<15 或 >22	
		5 分	3 分	1 分	0 分	
4	焊缝宽度差 /mm	<1.5	1.5～2	2～3	>3	
		5 分	3 分	1 分	0 分	
5	咬边 /mm	无咬边	深度≤ 0.5		深度 >0.5	
		5 分	每 0.5 mm 扣 2 分		0 分	
6	正面成形	优	良	中	差	
		5 分	3 分	1 分	0 分	
7	背面成形	优	良	中	差	
		5 分	3 分	1 分	0 分	
8	背面凹量 /mm	0～0.5	0.5～1	1～2	>3	
		5 分	3 分	1 分	0 分	
9	背面余高 /mm	0～2	2～3	>3	>5	
		5 分	3 分	1 分	0 分	

续表

序号	检查项目	评判等级				得分
		Ⅰ	Ⅱ	Ⅲ	Ⅳ	
10	角变形 /mm	0 ～ 1	1 ～ 3	3 ～ 5	>5	
		5 分	3 分	1 分	0 分	
11	错边量 /mm	0 ～ 0.5	0.5 ～ 1	>1	—	
		5 分	3 分	0 分	—	
12	外观成形	成形美观，焊缝均匀、细密	成形较好，焊缝均匀、平整	成形尚可，焊缝平直	焊缝弯曲，高低、宽窄明显	
		25 分	15 分	5 分	0 分	
13	安全文明	优	良	中	差	
		20 分	10 分	5 分	0 分	
汇总（100 分）						
注：若试件焊接未完成；表面修补及焊缝正反两面有裂纹、夹渣、气孔、未熔合缺陷；该件做 0 分处理。试板两端 20 mm 的缺陷不计						

5.3.5 任务拓展

焊剂的保管和使用要求如下：

（1）焊剂应有生产厂的质量保证书，每包焊剂必须有检验产品合格证。

（2）焊丝应堆放在通风良好、干燥的库房内，库房的室温 10 ℃以上，最大相对湿度为 60%。

（3）要按焊丝类别、规格分别堆放，要避免混放，防止发错、用错。

（4）堆放焊丝时，不允许直接放在地面上，堆放焊丝的架子或垫板应离开地面、墙壁不小于 300 mm。

（5）搬运焊丝时，要避免乱扔乱放，防止包装破坏。切勿滚动，防止焊丝乱散。

（6）开包后的焊丝应在 2 天内用完。当焊丝未用完，需放在焊机上过夜时，要用塑料纸或其他物品将焊丝盘罩住，以减少焊丝与潮气接触。

（7）对于 3 天以上不用的焊丝，要将焊丝连同焊丝盘取下，退回材料仓库保管。

（8）使用焊丝时，应防止焊丝吸潮、生锈、沾污。

（9）若发现焊丝有明显机械损伤或过量的锈斑，应将焊丝退库。

（10）焊前没有必要烘干焊丝，但对于受潮严重的焊丝，可采用烘箱烘干，温度为 120 ℃～ 150 ℃，保温 1 ～ 2 h。各种焊剂的焙烘工艺参数见表 5-3-8。

表 5-3-8　各种焊剂的焙烘工艺参数

焊剂类型	焊剂牌号	焙烘工艺参数 温度/℃	时间/h	保存温度/℃
熔炼焊剂	HJ130、HJ131、HJ150	250 左右	2	120～150
	HJ151	250～300	2	
	HJ152	350 左右	2	
	HJ172	300～400	2	
	HJ211	350±10	1	
	HJ230	250 左右	2	
	HJ250、HJ251	300～350	2	
	HJ252	350 左右	2	冷至 100 ℃以下出炉
	HJ260	300～400	2	120～150
	HJ330	250 左右	2	
	HJ331	300	2	
	HJ350、HJ351	300～400	2	
	HJ360	250 左右	2	
	HJ380	300～350	2	
	HJ430、HJ431、HJ433	250 左右	2	
	HJ434	300	2	
烧结焊剂	SJ101	300～350	2	120～150
	SJ103	350	2	
	SJ104	400	2	
	SJ106	300～400	1	
	SJ107、SJ201	300～350	2	
	SJ202	300～350	1～2	
	SJ203	250 左右	2	
	SJ301、SJ302、SJ303	3002～350	2	
	SJ401	250 左右	2	
	SJ403、SJ501	300～350	2	
	SJ502、SJ504	300	1	
	SJ503、SJ522	300～350	2	
	SJ524	350～400	1～2	
	SJ570、SJ601、SJ602	300～350	2	
	SJ605、SJ606	350～400	2	
	SJ607、SJ608、SJ608A	300～350	2	
	SJ671	400	2	

任务思考

1. 环缝对接埋弧焊生产中常见的辅助设备有哪几种？各有什么作用？
2. 怎样进行对接环缝的双面埋弧自动焊？
3. 怎样进行 V 形、X 形、U 形坡口的双面埋弧焊？
4. 对接环缝埋弧焊时，为什么要进行偏移量的选择？

参考文献

[1] 徐继达. 金属焊接与切割作业 [M]. 北京：气象出版社，2007.
[2] 钟诚. 金属焊接工 [M]. 北京：煤炭工业出版社，2006.
[3] 朱兆华. 焊接与热切割作业 (初训) [M]. 3 版. 徐州：中国矿业大学出版社，2009.
[4] 朱兆华. 焊接与热切割作业 (复训) [M]. 3 版. 徐州：中国矿业大学出版社，2009.
[5] 雷世明. 焊接方法与设备 [M]. 3 版. 北京：机械工业出版社，2019.
[6] 许志安. 焊接实训 [M]. 2 版. 北京：机械工业出版社，2016.
[7] 王新民. 焊接技能实训 [M]. 北京：机械工业出版社，2005.
[8] 陈倩清. 焊接实训指导 [M]. 哈尔滨：哈尔滨工程大学出版社，2007.
[9] 俞灿明，黄祖源. 焊工（技师高级技师）[M]. 杭州：浙江科学技术出版社，2008.
[10] 王大志. 焊接技术与焊接工艺问答 [M]. 北京：机械工业出版社，2007.
[11] 劳动和社会保障部. 中国高技能人才楷模事迹读本 [M]. 北京：中国劳动社会保障出版社，2006.
[12] 孙景荣. 实用焊工手册 [M]. 3 版. 北京：化学工业出版社，2007.
[13] 赵伟兴. 埋弧自动焊焊工培训教材 [M]. 哈尔滨：哈尔滨工程大学出版社，2006.